# 바람타고 날아올라라

# 바람타고 날아올라라

안동 어느 명문가 3대의 100년

/ 이해영 지음

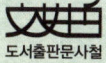
도서출판문사철

> **머리말**

　　1826년 늦봄의 끄트머리 어느 날, 경상도 예안의 도산에 사는 학자 후계後溪 이이순李頤淳(1754~1832)은 내앞 마을을 거쳐 도연폭포陶淵瀑布로 유람을 갔다. 그가 도연의 남쪽 맞은편에 있는 선찰암仙刹庵에 들렀을 때, 암자에서는 마침 『장고세고長皐世稿』를 인출印出하는 작업을 하고 있었다. 그곳에는 의성김씨 장고파의 많은 분들이 모여 있었다. 후계는 그 이야기를 적은 「유도연록遊陶淵錄」에 "『장고세고』는 운천의 손자인 야암, 야암의 아들들인 무위당, 일류당, 목암, 야암의 손자들인 칠탄, 질재, 월탄, 귀주 등 조祖·자子·손孫 3세 8인이 모두 문장으로 이름을 떨쳐서 각각 유고遺稿가 있었으므로 합하여 한 책을 만든 것으로, 대대로 내앞의 장고에 살았으므로 책의 이름을 『장고세고』라 붙였다고 한다. 아 융성하도다!"라고 기록하였다. 『장고세고』는 1890년 약간의 수정 보완을 거쳐 중간한 뒤, 1992년 야암의 아들 일한옹의 『일한옹일고』를 보태어 모두 9인의 조·자·손의 유고 모음으로 영인 간행하였다. 이 책은 『장고세고』의 내용을 바탕으로 장고파의 실질적 파조인 야암 김임과 그 아들 네 사람, 손자 네 사람의 평생 행적을 간략하게 정리하여 적고, 그들의 삶과 생각을 약간의 이야깃거리를 곁들이고 짐작해서 쓴 것이다.

내앞 의성김씨 500년 역사에 수많은 인물들이 나왔고, 가문의 성세가 끊임없이 이어져 온 것은 여러 사람들이 잘 아는 사실이다. 그 가문의 오랜 역사는 자손들의 기억 속에 나름의 문화적 유전자를 형성했을 것이고, 그것은 가문의 정체성이랄까 가풍이랄까 하는, 굳이 크게 드러나지 않는 형식으로 이어졌을 것이다. 물론 내앞 의성김씨 역사의 대부분을 차지하는 전근대적인 삶의 방식은 근대의 과도기를 거쳐 현대에 이르러서는 완전히 이질적으로 변했다. 그렇다고 하더라도 삶과 몸의 기억으로 전해지는 내앞김씨들의 문화적 유전자는 그들 자손들의 어딘가에 잠재되어 있을 것이다.

어떤 식물이 성세를 이루면 무리지어 떨기로 피어난다. 물론 때로는 홀로 오롯하게 피기도 하지만, 대부분의 경우는 떨기를 이루어 피어나 그 성세를 돋보이도록 한다. 내앞김씨 가문도 그러하였다. 청계 김진은 내앞 마을의 파조로서 그 아들 대에 큰 떨기를 이루었다. 그 떨기는 다섯 갈래로 나뉘어 뻗어나갔고, 그 손자, 증손자, 현손자 대에도 여러 인물들이 줄지어 나서 크고 작은 떨기를 이루었다. 그 가운데 도드라진 떨기의 하나가 그의 현손 야암 김임의 조·자·손 3대가 이루어낸 떨기이다.

떨기가 왕성하려면 눈에 보이지 않는 밑바탕에 튼실한 뿌리가 있어야 한다. 청계의 유훈遺訓 "차라리 부서진 옥 조각이 될지언정 온전한 기왓장으로 남으려 하지 말라.", 운천의 유계遺誡 "곤궁해도 의리를 잃지 말고 현달해도 도리를 어기지 말라."는 말씀이 튼실한 뿌리일 것이다. 『장고세고』는 그 왕성한 떨기가 남긴 흔적이다. 그 흔적을 통해 조부 야암 김임이 태어난 1604년부터 손자 귀주 김세호가 세상을 떠난 1722년까지 120여 년 사이에 살았던 안동의 한 명문 양반가 3대, 120여 년의 역사와 삶과 학문을 살펴볼 수 있다. 물론 재난과 망실로 인해 사라진 기록이 남아 있는 기록보다 훨씬 많아서 당대의 본모습을 제대로 헤아려 보기는 어렵다 하더라도 그 의미는 적지 않다.

야암이 64세로 세상을 떠난 1667년, 귀주는 16세였다. 그러므로 이 책의 시간적 배경은 1604년에서 1722년까지 120여 년, 한 세기가 넘지만 시공간적 배경을 함께해서 보면 동시대 한 공간에 얼굴을 맞대고 살았던 조·자·손 3대가 배경이다. 사실 내용의 많고 적음을 떠나 3대에 걸쳐 아홉 사람의 유고가 나왔다는 것은, 그 가문으로서는 대단히 자랑스러운 일이고, 그 가문의 저력을 넉넉히 증명하는 징표이다. 더구나 그 중 손자 대에 이르러 사촌형제들 사이에 세 사람의 문과 급제자가 동시에 나왔다는 사실은 더 없는 집안의 영광이다. 의성김씨 삼학사三學士, 내앞 삼문관三文官, 장고 삼학사 등의 영예로운 호칭은 사실에 비추어 전혀 손색이 없는 것이다.

그러나 3대 120여 년의 세월 내내 그들이 영광스러웠던 것은 아니다. 그들은 임진왜란의 후유증을 미처 추스르지 못한 상태에서 병자호란을 겪어야 했고 그 후유증마저 떠안아야 했다. 가난은 일상이었고 툭하면 천연두, 홍역 등 돌림병이 찾아와 병을 피해 이리저리 피난을 떠나야 했다. 때로는 병이 집안사람들의 목숨을 줄줄이 앗아가기도 했다. 정치적으로도 고단하였다. 그들의 정치적 당파는 남인이었다. 비록 손자 대에 이르러 3명이 과거에 급제하여 벼슬길에 나아갔으나, 그 시기는 숙종이 임금 자리에 있던 때로, 정국의 주도권이 몇 년 단위로 수시로 바뀌는 정치적 환경에서 그들은 승리하지 못했다. 그래서 조부 야암 이래 손자 귀주까지 대부분 많은 시간 은둔의 삶을 살아야 했다. 그러면서도 그들은 집안의 자제들을 교육하고 문내의 선비들, 이웃 사람들, 고을의 선비들과 교유를 하며 세상을 논하고 삶을 꾸려갔다. 그리고 그러한 삶의 모습들을 유고로 남겼다.

　야암은 만년에 정자를 짓고 야암野庵이라 이름 붙이면서, '야野' 속에 『논어』의 "그림 그리는 일은 흰 바탕을 마련한 뒤의 일이다. 〔繪事後素〕"의 소〔素 : 흰 바탕〕라는 뜻을 담았다. 이를 근거로 하여 3대 아홉 사람의 삶을 생각해보면, 야암은 후손들이 인생의 멋진 그림을 그릴 수 있도록 흰 바탕을 마련한 셈이고, 그 아들들인 무위당, 일류당, 목암, 일한옹은 붓과 물감을 잘 마련한 셈이다. 손자들인 칠탄, 질재, 월탄, 귀주는 조부가 마련한 흰 바탕에 부형들이 준비한 붓과 물감으로 그림을 그린 셈이다. 그렇게 보면 이 책을 쓰는 자료의 바탕이 되는 『장고세고』는 한 집안 3대가 각각 역할을 맡아 그림을 완성해가는 과정이 고스란히 담겨있는 기록이라 하겠다.

　1657년 즈음 빗골에 야암을 지었을 때 야암 김임의 손자들은 10여 세 남짓 혹은 그 이하였다. 손자들은 조부가 1667년 세상을 떠날 때까지 10년 동안 야암에서 집안 자제들을 가르치며 집안의 장래를 기약하는 것을 보았을 것이고, 때로는 조부에게 직접 가르침을 받기도 하였을 것이다. 또래 또래인 그들은 그러한 분위기 속에서 함께 놀고 함께 경전, 역사서, 시, 문장을 공부하며 앞날을 꿈꾸었을 것이다. 그 꿈의 결실이 사촌형제 세 사람의 과거 급제로 드러났고 집안의 큰 영광이 되었다. 이 삼문관, 삼문관댁이라는 영예로운 호칭은 그 후손들의 자랑거리이기도 했지만, 자기 자신을 단속하고 다짐하는 자긍심의 밑천이 되었다. 1907년에 내앞 의성김씨 가문에서 태어나 생장하고, 진성 이씨 퇴계 후손 가문으로 시집을 가서 살았던 김시양이라는 안노인은 고진감래의 일생을 회고한「노인회심곡」이라는 생애가사生涯歌辭에서 "… 나도 나도 이럴망정 아희 적은 귀녀로다. 안동 땅 천전동의 삼문관三文官 후예로서 부모님의 그늘 아래 자유활동 놀고 놀제 …"라 하여, 삼문관의 후예라는 자긍심을 한껏 드러내었다. 그 가사를 읽어보면 전근대적인 시집살이의 고달픔 속에서도 희망의 끈을 놓지 않고 삶을 꾸려가고 자식들을 바르게 키워가는 그 마음가짐의 배경에 삼문관의 후예라는 자긍심이 자리하고 있다는 사실을 잘 알 수 있다.

　야암 주손 김복영씨로부터 이 책에 대한 기획을 들은 지는 10여 년이 된다. 은근한 부탁을 대차게 거절하지도 못하고, 자신 있게 하겠다고 확답도 못한 채 엉거주춤 보낸 시간이 8년, 겨우 써보겠다는 의욕을 내서 확답을 한 게 2년 전이다. 답을 하고 나서도 글쓰기는 영 엄두가 나지 않았다. 기본자료인『장고세고』는 내용이 매우 소략한 유고들인데다가 그 내용만으로는 어떻게 책을 구성해야할지 영 느낌이 오지 않았기 때문이다. 다행히 김복영씨가 작년 말에 우연치 않게 적지 않은 분량의 필사본『야암유고』(시 부분)를 구해주어 야암을 좀 이해하게 되었고, 전에 받아두기만 하고 펼쳐 보지 못한 필사본『무위당유고』를 들추어내 들여다보면서 무위당의 삶을 조금은 짐작하게 되어 용기를 다시 내 글쓰기를 시작했다.

누가 시작이 반이라 했던가. 시작하자마자 유고의 글들만으로는 삶과 생각의 퍼즐 조각 맞추기가 불가능하다는 생각이 들었다. 그렇게 봄 같지 않은 봄을 보내고 짜증스럽기 짝이 없이 무더웠던 올해 여름을 견뎠다. 다행히 한국국학진흥원에서 국역하는 『장고세고』 해제를 맡으면서 국역 초고를 얻어 볼 수 있어서 적지 않은 수고를 덜게 되었고, 그에 힘입어 새삼 올해 안에는 글을 마치자고 다짐했다.

이 책에서는 3대 아홉 분을 모두 다루었다. 야암 무위당 두 분에 관해서는 자료가 상당량 확보되어 어느 정도 그분들의 삶과 생각에 다가갔다고 생각하고 그 내용도 적지 않다. 반면 나머지 일곱 분에 대해서는 그 내용이 소략하고 삶과 생각에 가까이 가지 못한 듯하여 안타깝다. 어찌하겠는가. 필자의 능력이 그 뿐인 것을. 맨 앞부분에는 이 끄는 말(導論)이라 생각하고 내앞김씨의 내력과 정착 과정을 적었다. 내앞김씨의 내력과 그들이 안동의 임하에 정착하는 과정에 관한 자료는 분량의 많고 적은 차이가 좀 있을 뿐, 대략 비슷비슷한 내용으로 여러 책이나 글들에 보인다. 이 책에서는 김복영의 『안동 내앞마을』, 의성김씨천상문화보존회편 『내앞 500년』에 실린 이수건의 「의성김씨 천전과 문호의 성장과정」, 김언종의 국역 『표은선생문집』 해제, 졸저 『학봉 김성일의 삶과 생각』 등을 참고하여 정리하였다. 아홉 분 이외에 야암의 둘째 부인 신천강씨에 대하여 맨 뒤에 짤막하게 적었다. 부인은 야암이 세상을 떠나기 전 여러모로 어려울 수밖에 없었던 안살림을 맡아 잘 이끌었고, 남편이 세상을 떠난 뒤 30여 년을 더 살면서 집안의 안 기둥으로서 역할을 충실히 수행하며 집안을 잘 추슬러갔다고 생각했기 때문이다. 이 책의 제목은 '바람타고 날아올라라'이고, 부제는 '안동 어느 명문가 3대의 100년'이다. 제목은 부친 야암이 아들 무위당, 일류당 형제에게 가르침을 내린 시의 구절에서 따온 것이다.

  글쓴이는 글이 짧고 번역 경험도 매우 적다. 그런데 이 책의 구성상 제법 많은 부분이 번역문이다. 『장고세고』 번역 초고를 적지 아니 참고했지만, 주석을 붙이는 일은 이 책의 성격과는 썩 어울리지 않아서 의역을 하거나 읽기 쉬운 표현으로 바꾼 부분이 상당하다. 그러다 보니 한문 문장 특유의 질감을 제대로 살리지 못한 부분도 있을 것이고, 혹여 오역이 있을까 저어되기도 한다. 질감을 살리지 못한 부분과 오역이 있다면 그것은 전적으로 글쓴이의 무능에 기인한 것이고 그 책임은 오롯이 글쓴이에게 있다. 책에 주석이 없는 점을 조금이나마 보완하기 위해 뒤에 인명, 지명에 대한 아주 작은 소개를 해두었다.

  글을 쓴 사람의 입장에서 보아도 글 전체가 그다지 만족스럽지 않다. 그러나 더 이상 붙잡고 있기에는 심신이 너무 지쳐있는 것도 사실이다. 타고난 게으름과 무능함을 스스로 탓해보지만 어쩔 수가 없다. 이 또한 운명이다. 이런 사람에게 일을 맡겨 놓고 속으로 얼마나 조바심이 났을까? 하지만 겉으로는 느긋하게 기다려준 장고과 야암 주손 김복영씨에게 고마움을 전한다.

2018년 11월<br>
訥甫閑居에서

• 의성김씨 장고파 계도〔義城金氏 長皐派『長皐世稿』系圖〕•

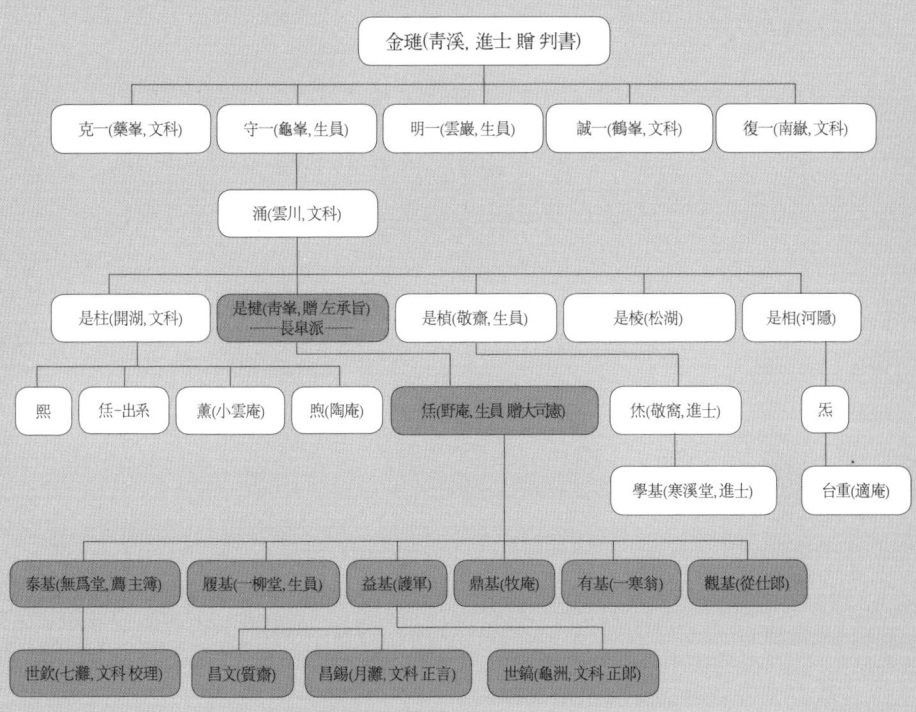

차례

- **머리말** | 4
- **의성김씨 장고파 계도** | 11

1 ‖ 의성김씨의 내력과 안동 정착 과정 | 15
2 ‖ 야암을 지은 뜻은 -야암 김임- | 35
3 ‖ 무위당의 무위옹 -무위당 김태기- | 105
4 ‖ 아픔과 고난 그리고 영예 -일류당 김이기- | 159
5 ‖ 유가적 행실의 은자 -목암 김정기- | 173
6 ‖ 다섯째 일한옹 -일한옹 김유기- | 191
7 ‖ 산과 강을 가슴속에 모두 담고 -칠탄 김세흠- | 203
8 ‖ 유가의 자유인 - 질재 김창문- | 223
9 ‖ 삼절 학사 -월탄 김창석- | 241
10 ‖ 산처럼 꿈쩍하지 않는 지조 -귀주 김세호- | 261
11 ‖ 집안의 안 기둥 -강씨 부인- | 277

- **인명 설명** | 285
- **지명 설명** | 296

# 1

# 의성김씨의 내력과 안동 정착 과정

## ▶ 의성김씨의 내력

　　의성김씨 시조로 받들어지는 김석金錫은 신라 마지막 임금인 경순왕 김부의 넷째 아들이고 어머니는 고려 태조 왕건의 딸 신령공주이다. 김석은 고려 초에 의성군義城君에 봉해지고 의성을 식읍으로 하사받았다. 그런 연유로 자손들이 그를 시조로 모시고 의성을 관향으로 삼게 되었다고 전한다. 의성김씨를 일명 문소聞韶 김씨金氏라고도 부르는데, 이는 원래 의성이 부족국가시대에 조문국召聞國이었다가 신라 때 문소군이 되고, 고려 때 다시 의성군으로 이름이 바뀌었기 때문에 옛 이름을 따라 문소 김씨라고 부르기도 하는 것이다.

　　고려개국과 함께 문호를 연 의성김씨는 고려 중후기 인물로 추정되는 8세 금오위별장金吾衛別將 김공우金公瑀의 아들 대에서 크게 번창하여 명문가의 기틀을 다진 것으로 보인다. 김공우는 문적으로 확인할 수 있는 이 일파의 상조이다. 그의 맏아들로 태자첨사를 지낸 김용비金龍庇는 15세기까지만 해도 이 가문의 시조로 받들어졌었다. 의성군

김석을 시조로 받들게 된 것은 17세기 이후의 일이다. 지촌 김방걸이 지은 족손 질재 김창문의 묘지墓誌에는 "성은 김씨로 본래 신라의 후예에서 나왔고 본관은 문소이며 고려 태자첨사 용비龍庇가 비조鼻祖이다."라 하였고, 귀주 김세호가 지은 그의 증조부 청봉 김시건의 묘갈墓碣에도 "우리 김씨는 본래 신라왕의 후예이고, 고려 태자 첨사 의성군義城君 용비가 우리 비조이다."라고 되어 있으니, 그때 까지도 김용비 시조론이 일반적이었던 듯하다. 반면 1720년 칠탄 김세흠의 「문소김씨족보서」의 "경순왕敬順王의 아들 휘 석錫에 이르러 의성義城에 봉해졌으니, 김씨의 관향이 의성이 된 것은 여기에서 시작되었다."라는 기록과, 지촌보다 100여년 후에 태어난 우고雨皋 김도행金道行(1728~1812)이 지은 월탄 김창석 행록의 "성은 김씨로 신라왕자 석이 의성을 식읍으로 받았고, 고려 태자첨사 용비가 의성군을 물려받았다. 자손들이 이로 인하여 의성을 본관으로 삼았다."는 기록에는 김석 시조론의 단초가 엿보인다.

김석에서 김공우에 이르는 8대를 상대 세계라 하는데, 상대 세계는 뚜렷한 증빙의 근거가 없다. 17세기 이전의 김용비 시조론이 문적을 근거로 가문의 역사를 정리한 것이라면, 17세기 이후에 만들어진 김석 시조론은 아마도 종족과 가문의 계통을 분명하게 이어간다는 유교의 종통宗統, 가통家統의식이 조선사회에 완전히 정착된 후, 신화처럼 설화처럼 만들어졌으리라 여겨진다. 여하튼 우선 김용비에서 내앞 마을을 확고하게 정착시킨 김진까지의 세계를 살펴보기로 한다. 태자첨사 용비의 아들은 감문위상장군을 지내고 은청광록대부 상서좌복야에 추증된 의宜이고, 의의 아들은 내영고소윤을 지낸 서지瑞之이다.

서지의 아들은 문예부좌사윤을 지낸 태권台權이고, 태권의 아들은 공조전서를 지낸 거두居斗이다. 이처럼 의성김씨는 고려조에 계속 대를 이어 명문의 지위를 유지해왔다.

## ❯ 의성김씨의 안동 정착

의성김씨의 중시조인 김용비의 후손이 안동지방에 정착하게 된 계기는 1363년고려 공민왕 12에 일어난 흥왕사의 변(친원 세력인 무신 김용金鏞이 일으킨 공민왕 살해 미수사건)이다. 그 사건으로 당시 문예부좌사윤으로 있던 김태권이 목숨을 잃게 되자, 그의 아들 김거두는 화를 피하여 안동 풍산현으로 내려왔다. 전하는 바에 의하면 거두에게는 거익이라는 아우가 있었는데, 형제가 같은 지역으로 피신하는 것보다 서로 다른 곳으로 흩어지는 것이 만일의 경우 가계를 보존하는 데에 유리할 것이라 생각하여, 형 거두는 영남으로, 아우 거익은 호남으로 각각 길을 잡았다고 한다.

현재까지 전해오는 의성김씨 호적 중 가장 오래된 문서는 1390년고려 공양왕 2에 작성된 김거두의 아들 김천金湁의 호구단자이다. 거기에는 천이 년 29세, 아버지 거두가 년 52세로 기록되어 있다. 김거두는 20대 중반의 젊은 나이에 어린 아들 천을 데리고 난을 피하여 안동으로 내려 왔던 것이다. 김천의 호적에 의하면 거두의 어머니는 충렬공 김방경金方慶의 증손녀이고, 아내는 문화 류씨 대언 총聰의 딸로, 정승 권한공權漢功의 외손녀이다. 즉 김거두는 김방경의 외현손이면서 권한공의 외손서이다. 김거두가 안동으로 내려온 것은 아마도 안동이 자신의 외가 고을이고, 아내의 외가 고을이라는 사실과 관련이 있을 것이다. 이러한 연고는 낙향한 그가 안동에서 사회적 경제적으로 기반을 마련하는 데 큰 도움이 되었을 것이다. 김거두는 시조 김석으로부터 13세이고, 중시조 태자첨사 용비의 현손이다. 그는 고려 말에 공조전서를 지냈으며, 56세 때인 1394년조선 태조3 경주부윤으로 재직할 때에 『삼국사기三國史記』를 다시 발간하면서 그 발문을 썼다고 한다. 그러한 사실은 그가 우리나라 역사에 깊은 지식과 관심을 가지고 있었다는 것을 짐작하게 해준다.

김천金洊은 1362년고려 공민왕 11에 태어나서 두 살 때 아버지를 따라 안동 풍산으로 내려왔다. 풍산현에 살던 그는 만년에 안동부 동쪽 성 밖으로 옮겨 살았는데, '나라가 바뀌었으니 나는 어디로 돌아갈까〔邦之革矣 我安適歸〕'라는 뜻으로 마을 이름을 방적동邦適洞으로 불렀다고 한다. 방적동은 그 뒤 '밤적골' 또는 '밤절골'로 불리어왔는데, 현재의 안동시 율세동栗世洞 지역에 해당하나 정확한 위치는 알 수 없다고 한다. 김천은 조선 초기 종4품 벼슬인 진례도도만호를 지냈으나 언제 세상을 떠났는지는 알 수 없다. 김천의 둘째아들 영명永命은 1398년태조7에 풍산에서 태어났다. 그는 1429년에 사마시에 합격하여 신령현감 겸 권농판관, 대구도병마단련판관을 지내고 1463년 66세에 세상을 떠났다.

김영명의 맏아들 김한계는 자가 형운亨運이고 호는 휴계休溪이다. 그는 1414년에 태어나서 1435년에 생원시에 합격하고 1438년에 문과에 급제 하였는데, 소 대과 모두 사육신인 하위지, 성삼문과 동방이

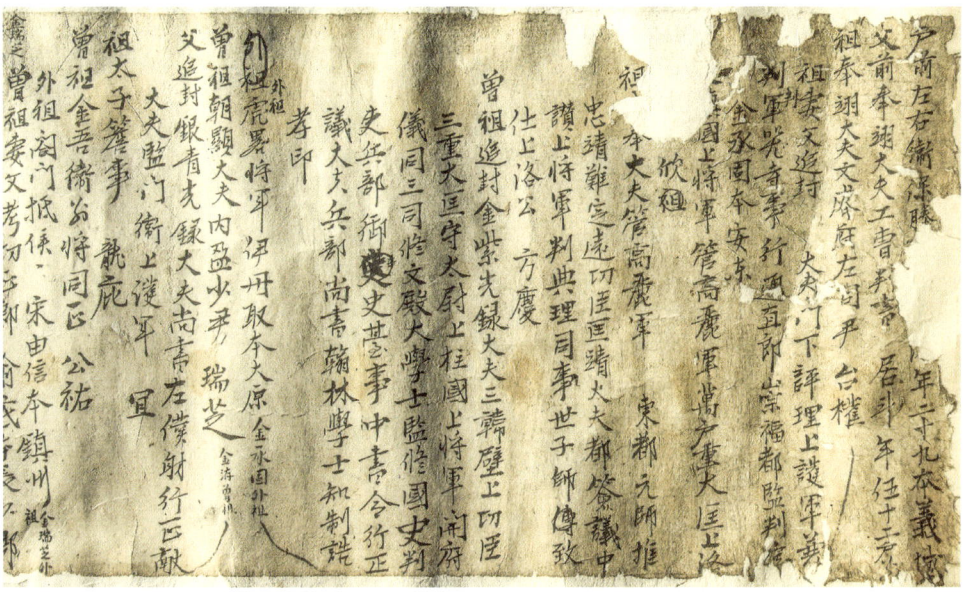

**1390년에 작성된 김천의 호구단자**

당시 29세인 김천의 6대조 까지 가계가 기록된 호적이다.

었다. 그는 집현전에 들어가, 춘추관기주관으로『고려사절요』,『세종실록』편찬에 참여하였다. 벼슬이 승문원사에 이르렀으나 세조가 집권하자 병을 핑계로 사임하고 향리 방적골에 돌아와 은거하였다. 거기에는 그가 문종의 왕비인 현덕왕후의 인척이 된다는 점도 작용했을 것이다.

김한계의 맏아들 김만근은 자가 신경愼卿이고 호가 망계望啓이다. 시조로부터 17세이고, 중시조 태자첨사 용비의 8대손이다. 그는 1446년에 태어났다. 1477년에 진사시에 합격하였고, 임하현에 살던 돈용교위 해주오씨 오계동吳季潼의 딸에게 장가들어 내앞[川前]으로 옮겨 살기 시작하였다. 내앞의 정착은 임하현 일대에 많은 땅과 재산을 가지고 있던 오씨의 경제적 기반을 인수한 데 근거하고 있다. 의성김씨의 내앞 시대를 연 그는 1500년 4월에 55세를 일기로 세상을 떠났다. 그 아들 김예범金禮範 역시 청송靑松 일대에 튼튼한 경제적 기반을 지니고 있던 영해신씨 신명창申命昌의 사위가 되면서 처가로부터 많은 재산을 상속받았다. 김예범은 2대에 걸쳐 마련한 강력한 경제적 기반을 발판으로 안동 의성김씨 가문의 기틀을 닦았다. 그는 뛰어난 경제적 관리 능력을 지녀서 재산을 잘 늘렸다. 그뿐만 아니라 자녀들의 교육에도 특별한 관심을 쏟아, 안동지역의 토착양반으로서 튼실한 바탕을 쌓았다. 또한 종가를 지을 때, 건물의 규모를 매우 크게 잡아서 자손들이 많이 늘어나도 불편함이 없도록 하는 등 중흥의 기초를 닦는데 힘썼다. 뒤에 통정대부 승정원좌승지로 증직되어 후손들은 그를 '승지공' 또는 '승지할배'로 칭한다.

## ▶ 내앞김씨 중시조 청계큰할배

 안동의 의성김씨 내앞파(川前派)의 중시조는 김예범의 아들인 김진金璡이다. 그의 자는 형중瑩仲, 호는 청계靑溪이다. 김진은 그의 6대조 김거두가 안동에 정착한 지 137년 되던 해, 그리고 내앞에 입향한 조부 김만근이 세상을 떠나던 해인 1500년 태어나서 1580년 향년 81세로 세상을 떠났다. 그는 일생 동안 의성김씨 내앞파의 기반을 완벽하게 다졌다. 청계 김진으로부터 내앞김씨의 시대가 열린 것이다.

 김진은 16세 되던 해에 아버지 김예범의 명에 따라 큰고모부인 권간權幹(1478~?)에게 학문과 예법을 배웠다고 한다. 그의 일생에 가장 큰 영향을 끼친 권간은 사림파 계열의 학자로서, 중앙의 권력다툼에 싫증을 느끼고 낙향하여 안동의 인근지역인 청송 안덕에 은거하여 살고 있었다. 권간은 집안에서의 행실도 아주 반듯하였거니와, 다른 사람을 가르치는 데에도 특별한 재능이 있었다고 한다. 그래서 청계의 부친 김예범이 매부인 권간에게 아들의 배움을 청했던 것이다. 권간은 일정한 교육과정과 방법으로 김진을 교육하였다. 교육의 내용은 대부분 '효제의 도리(孝悌之道)'에 관련된 내용이었는데, 김진은 몇 해 만에 배움이 크게 진보하였다. 그가 배운 효제의 도리란 유교 실천윤리의 출발점으로, 부모 형제 등 가족에 대한 성실한 자세와 그 실천을 말한다. 당시 조선조 사림파 학자들은 효제의 도리로부터 출발하는 유교적 이념을 스스로 실천하고, 또한 사람들에게 널리 알리고 교육하여 유교적 이상사회를 조선사회에서 구현하고자 하였다.

 김진은 권간이 글을 가르쳐 준 은혜를 늘 생각하였다. 그는 김성일 등 여러 아들이 벼슬에 나아가 귀하게 된 뒤 아들들에게 "너희들이 이렇게 된 이유를 아느냐? 참으로 나의 스승님께서 나를 가르쳐주신 수고가 없었다면 너희들은 이미 군대에 들어가 있었을 것이다. 내가 부모님께서 낳아주시고, 스승님께서 가르쳐주시고, 임금님이 먹고 살 수 있도록 해주신 세 가지 은혜에 보답하지 못한다면 지하에 계신 분들의 영혼을 뵐 수가 없을 것이다. 너희들은 이 점을 잘 알라."라고 하였다.

김진은 권간에게 배운 뒤 그와 인척관계에 있던 여흥민씨 민세경의 사위가 되었다. 그는 혼인한 뒤 처숙부 민세정의 가르침을 받았다. 민세정은 현량과賢良科를 통해 조정에 출사한 사림의 인물이었다. 어진 이를 추천받아 벼슬을 주는 이른바 현량과는 나라살림을 이끌어갈 인재를 등용하기 위한 제도로, 조광조趙光祖(1482~1519)의 건의로 1519년에 만들어졌다. 김식金湜등 사림파 선비들이 이 제도를 통해 벼슬길에 올랐다. 당시 이러한 정치운동을 주도하였던 조광조는 "소학小學은 인재를 기르는 근본이고, 향약鄕約은 풍속을 바르게 하는 법도이다."라고 주장하며, 왕에게 소학, 근사록近思錄, 성리대전性理大全 등 성리학의 기본서적을 읽어 바른 마음의 자세를 갖추고, 그 마음으로 왕도정치王道政治를 시행할 것을 강력하게 건의하였다.

민세정은 조광조를 중심으로 하는 사림세력의 한 사람이었다. 이 때문에 훈구척신세력이 사림세력을 조정에서 내쫓은 1519년의 기묘사화己卯士禍 때에 조광조와 함께 관직에서 쫓겨났다. 김진은 민세정을 통해 당시의 이름난 선비들의 학문과 사상을 듣게 되면서부터 더욱 그의 배움이 넓어지고 깊어졌다. 그가 배운 학문은 민세정이 현량과 출

**청계 영정**

1572년, 청계 김진이 73세 때의 초상화. 보물1221호로 지정되어 있다.

신이라는 점에서, 소학을 바탕으로 하는 실천유학 및 왕도정치를 이상으로 하는 성리학의 도학이념이 그 주된 내용이었을 것이다. 김진은 1525년에 사마시司馬試에 합격한 뒤 성균관에 유학하였다. 당시 그는 사림들 사이에 이름이 나 있던 하서河西 김인후金麟厚와 숙식을 같이 하면서, 이름 있는 사림파 선비들과도 서로 사귀었다.

그러나 얼마 뒤에 그는 갑자기 과거공부를 단념하고 고향으로 돌아온다. 그는 임하의 부암傅巖(범바우)곁에다 서당을 세웠다. 집안 아이들 뿐 아니라 마을의 소년들까지 모두 불러 모아 이들을 교육하는 일에 오로지 마음을 기울였다. 나아가 아들 5형제를 차례로 도산의 퇴계선생에게 보내어 심학心學을 공부하게 하였다. 당시 그가 어떤 이유로 과거를 보아 벼슬하려는 생각을 그만두고 갑자기 고향으로 돌아왔는지 알 수는 없다. 아마도 1519년 기묘사화 이후 나라의 혼란이 계속되자, 벼슬살이에 대한 희망을 접고 고향의 집안 아이들과 마을의 젊은 이들에게 효제와 같은 실천윤리를 교육하면서, 멀리 앞날을 계획했던 것이 아닌가 한다. 그에 관한 다음과 같은 일화가 내앞김씨 집안에 전해져 내려온다.

김진이 젊은 시절 서울에 가는 데 문경새재를 넘게 되었다. 고개마루에서 잠깐 쉬고 있는데 생김새가 남달라 보이는 한 백발노인이 그의 곁으로 다가와 말하기를, "어허. 신수를 보아하니 살아서 참판 벼슬하는 것보다는 죽어서 받는 증판서가 더 나을걸."하였다. 그 한마디 말을 던진 그 노인은 어디론가 급히 사라졌다. 증판서란 죽은 다음에 자손들이 잘되어 벼슬을 높여준다는 뜻이니, 자손들이 잘되리라는 말이다. 그는 이 말을 듣고 즉각 과거를 포기하고 고향으로 돌아와 자녀교육에 온 힘을 기울였다.

그 교육의 결과로 오현자五賢子라 불리는 5형제 가운데 김극일, 김성일, 김복일은 대과에 김수일, 김명일은 소과에 급제하였다. 그리하여 청계 가문은 세칭 5자등과댁이라는 별칭을 얻으면서 명문가로서 공고한 기반을 마련하게 되었다. 청계 자신은 뒷날 자헌대부 이조판서에 추증되어 생전에 마음속에만 묻어 두었던 입신의 꿈도 이루었다. 그는 출세의 뜻을 접어두고 향촌의 선비로 살아갔지만, 자손들에게 "차라리 부서진 옥 조각이 될지언정 온전한 기왓장으로 남으려 하지 말라.〔寧須玉碎 不宜瓦全〕"하고, 또 "나는 너희들이 군자답게 죽는다면 살아 있는 것으로 볼 것이나, 소인으로 살아 있다면 죽은 것으로 여기겠다."라는 큰 가르침을 내렸다. 자손들에게 대의와 명분에 따라 행동하고 목숨을 보전하려고 비굴하게 살아가서는 안 된다는 것을 강조한 것이다. 또 제사는 반드시 정성을 다하여 지내라고 하였으며, 또 "형제 종반은 물론이고 종족 간에 체면을 잊고 사리사욕을 탐하여 불목不睦하는 자는 엄히 벌을 주라."고 일러 조상을 공경히 섬기고 친족 간에 화목하게 지낼 것을 각별히 강조하였다.

그는 집안의 경영에도 탁월한 능력을 발휘하였다. 마을 앞을 흐르는 반변천을 따라 상류로 올라가면서 골짜기를 개척하고 원근의 땅을 개간하여 후손들이 정착할 터전을 마련하고, 자손들이 학문에 전념할 수 있는 경제적 기반을 조성하는데 온 힘을 기울였다. 내앞김씨 500년의 기틀이 모두 청계의 이러한 가르침과 노력에서 비롯된 것이다. 아직까지도 내앞의 의성김씨 후손들은 그를 '청계큰할배〔靑溪大祖〕'라 불러 받들어 모신다. 청계의 아들 5형제는 다섯 갈래로 나뉘어 뿌리를 뻗었다. 그들의 후손은 안동 내앞을 중심으로 주변으로 펼쳐나가 각각의 터전에 정착하였다.

## ▶ 내앞김씨의 가풍과 정체성

청계의 큰 가르침은 후대로 이어져서 청계의 손자인 운천雲川 김용金涌(1557~1620)은 임종을 앞두고 자제들에게 "선현의 글을 읽고도 실천하지 않으면 빈 말만 남는다. 나는 '곤궁해도 의리를 잃지 말고 현달해도 도리를 어기지 말라(窮不失義 達不離道)' 는 말을 평생 마음에 간직하고 살아왔다. 너희들도 이의 실천에 힘써야 한다."고 하였다. 이러한 선대의 훌륭한 가르침은 후손들에게 대대로 전해졌다. 그 가르침에 따라 내앞김씨들은 옳은 일에는 어떠한 권력이나 위세에도 굽히지 않았고, 그것은 기질로 굳어져 내앞김씨의 정체성이 되었다. 또한 그들은 출세를 위한 공부보다 내면의 덕성을 닦는 공부를 더 중히 여기는 전통을 지니게 되었다.

청계는 엄정한 가훈을 남겨 자손들이 살아가면서 지녀야 할 마음가짐을 제시하는 한편, 자손들의 학업을 독려하기 위하여 장학제도도 시행하였다. 대대로 전해오던 옥피리와 창포검을 포상품으로 주어 격려하고, 토지를 시상함으로써 경제적으로 구애받지 않고 공부에 전념할 수 있도록 배려하였다. 그 뒤 창포검은 문장검文章劍으로 이름이 바뀌고, 토지는 문장답文章畓으로 명명되어 학문의 성취가 뛰어난 자손에게 전해졌다. 이 시상품은 임란 때 의주 행재소에서의 일과를 기록

**청계 유언**

청계 김진이 78세이던 1577년 윤8월 17일에 친필로 작성한 유언이다. 제사를 검소하게 지낼 것, 종가를 성심으로 수호할 것 등을 당부하고 있다.

한 『호종일기扈從日記』를 남긴 운천 김용을 거쳐, 우리나라 최초의 도서해제집성이라는 평가를 받는 『해동문헌록海東文獻錄』을 저술한 경와敬窩 김휴金烋(1597~1638)에게로 전수되었다. 이 시상품들 중 임하동 소재 문장답과 옥피리는 운천 종가에 귀속되어 현재까지 보존되고 있고 문장검은 6.25전란 때 없어졌다.

문장검의 내력은 김휴가 쓴 「집안에 간직된 4가지 보물에 대한 기록〔家藏四寶記〕」에 "창포검은 시조로부터 내려온 것이다. 형상이 창포와 같아서 창포검이라 이름 붙였다. 이 검이 오래되어 거의 6~7백년에 이르니 우리 자손들에게는 실로 더할 나위 없는 보물이다. 조부 운천부군이 14세 때 논어 7권을 돌아 앉아 외우는데, 한 글자도 틀림이 없었다. 고조부 청계부군께서 크게 기뻐하며 말하기를 '이 검은 우리 시조께서 차시던 것으로 자손에게 전해져 나에게 이르렀다. 내가 그것을 전할 만한 사람에게 전하기를 기다렸는데, 이제 그것을 너에게 주니 너는 모름지기 삼가 간직하여 감히 선대의 업적을 떨어뜨리지 말라' 하였다. 이로부터 문장검이라 이름 붙여 불렀다."고 기록되어 있다.

자손들을 위한 청계의 이러한 올곧은 삶에 대한 가르침은 가풍으로 이어졌고, 학문진흥을 위한 경제적 배려는 가문에 면학풍조를 진작시켜 후대에도 도드라진 학문적 성과가 이어졌다. 내앞김씨의 그러한 전통은 후일 '오자등과댁五子登科宅', '도연사호陶淵四皓', '금적제구錦適霽九', '내앞삼문관', '금부도사가 세 번 다녀간 마을' 등 세상에서 일컬음을 받을만한 형태로 드러났다.

도연사호는 병자호란 이후 입신출세의 뜻을 접고 강호에 묻혀 살면서 학문을 닦고 후학 양성에 전념한 학사鶴沙 김시구金是榘(1594~1673), 표은瓢隱 김시온金是榲(1598~1669), 갈계葛溪 김도金燾(1602~1686), 야암野庵 김임金恁(1604~1667) 등 절의선비 네 사람을 지칭하는 말이다. 특히 숭정처사崇禎處士로 추앙받는 표은 김시온은 줄곧 산골에 은거하며 17세기 처사의 삶을 보여준 대표적인 안동의 절의선비였다. 이들의 강직한 의리정신은 후세들에게 그대로 전해져 17세기 후반에 내앞김씨들은 많은 인물을 낳았다.

금적제구는 17세기 후반 내앞을 대표하는 학자로서 퇴계학맥을 이어받고 가학을 계승한 금옹錦翁 김학배金學培(1628~1673), 적암適庵 김태중金台重(1649~1711), 제산霽山 김성탁金聖鐸(1684~1747), 구사당九思堂 김낙행金樂行(1708~1766)을 이르는 말이다. 특히 제산은 갈암葛庵 이현일李玄逸의 수제자로서 갈암 이후 퇴계학맥을 대표하는 학자의 하나이다. 학봉, 운천, 표은을 거쳐 이들로 이어진 학맥은 다시 우고雨皐 김도행金道行(1728~1812), 정외訂窩 김대진金岱鎭(1800~1871), 서산西山 김흥락金興洛(1827~1899) 등에게로 내려오면서 퇴계학통을 잇고, 영남유학의 흐름에 커다란 발자취를 남겼다.

이 시기, 안동 안팎의 이목을 집중시켰던 일은 삼문관三文官의 탄생이다. 야암 김임의 장손 칠탄七灘 김세흠金世欽이 1687년에 문과에 오르고, 3년 뒤에 칠탄의 사촌아우 월탄月灘 김창석金昌錫과 귀주龜洲 김세호金世鎬가 동방으로 급제하여 3명의 사촌형제가 함께 출사하니 세간에서는 이들을 '의성김씨 삼학사' 또는 '내앞 삼문관'이라 칭하고, 이들의 본가를 삼문관댁이라 불렀다.

금부도사가 세 번 다녀간 일은 내앞김씨들의 강직한 정체성을 드

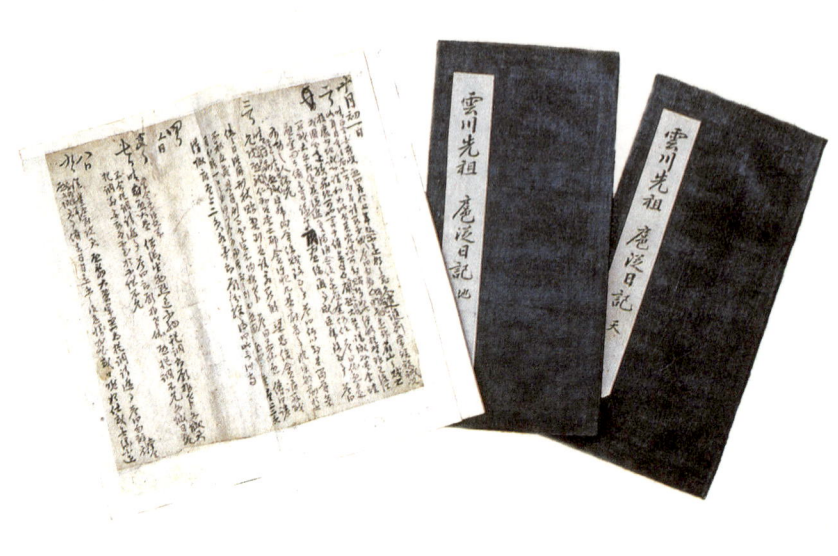

**운천 호종일기**

운천 김용이 37세이던 1593년 선조를 수행하며 당시 난중 정사를 기록한 사초이다. 보물484호로 지정되어 있다.

러낸 사례로 자주 인용된다. 옛 속담에 "갯밭에는 삼년마다 강물이 드나들어야 되고, 유가에는 삼년마다 금부도사가 드나들어야 된다."는 말이 있다. 이 말은, 갯밭에는 가끔 강물이 넘쳐 들어와 유기물을 공급해줘야 비옥한 토질을 유지할 수 있고, 선비는 몸을 사리지 않고 나랏일의 옳고 그름을 따지다가 금부에 잡혀가는 것을 오히려 영광으로 생각해야 한다는 뜻이다. 내앞에 금부도사가 출입한 첫 사례는 1694년 갑술환국으로 조정의 주도권을 장악한 서인세력이 5년 전 지촌 김방걸이 상소를 올리면서 효종임금 국상 때 의례가 잘못되었음을 지적하고, 세자의 호를 정하는(定號) 문제와 관련하여 송시열宋時烈을 규탄했던 것을 문제 삼아서이다. 두 번째는 1707년 칠탄 김세흠이 집권세력인 서인의 지도층을 탄핵하고 임금을 논박한 죄로 죽임을 당한 서울의 선비 이잠李潛을 변호하고 그 사건 처리의 부당함을 지적하는 상소를 올린 것을 죄주기 위해서이고, 세 번째는 1737년 귀양에서 돌아와 죽은 후에도 관작을 회복하지 못한 스승 이현일의 신원伸寃을 요청하는 상소를 올린 제산 김성탁을 잡아가기 위해서였다. 특히 칠탄은 1698년 홍문관 교리로 있을 때 올린 붕당朋黨, 기강紀綱, 기근飢饉의 문제를 논하는 상소로 집권세력의 탄핵을 받아 파직되었다가 9년 만에 복직되었는데, 출사한 지 두 달 만에 임금이 흉인으로 규정하여 죽인 자를 변호하는 상소를 올렸으니, 이는 당시의 정치현실에서 보면 죽음을 각오하지 않으면 실행하기 어려운 일이었다. 도연사호, 금적제구, 내앞삼문관, 금부도사가 세 번 다녀간 마을이라는 일컬음의 배경이 되는 시기는 내앞김씨 장고파의 융성기인 17세기 전반에서 18세기 초반까지와 겹친다. 그래서 앞의 이야기의 주인공들은 자주 이 책에 등장하게 된다.

# 2

## 야암을 지은 뜻은
### -야암 김임-

> 야암의 일생

　　의성김씨 내앞파 파조인 청계 김진의 아들 5형제가 모두 뛰어난 인물이었다는 점은 앞에서 이미 말하였다. 청계의 손자들도 뛰어난 인물들이 적지 않았는데, 그들 가운데 중심이 되는 인물은 청계의 둘째아들 귀봉 김수일의 맏이인 운천雲川 김용金涌(1557~1620)이다. 그는 1590년 증광문과에 합격한 뒤 통정대부 병조참의를 지냈고, 1592년 임진년 선무원종훈宣武原從勳으로 훗날 가선대부 이조참판에 추증되었고, 고종 때에 이조판서로 다시 추증되었다. 그는 벼슬할 때에 맑은 풍모와 곧은 절의로 큰 명성을 얻었다. 임종할 때에는 자손들이 후대를 살아가면서 지켜야 할 지침으로 "곤궁하여도 의리를 잃지 말고, 현달하여도 도리를 어기지 말라.〔窮不失義 達不離道〕"라는 큰 가르침을 남겨서 후대의 자손들에게 깊은 영향을 끼쳤다. 이 분이 야암 김임의 조부이다. 조모 증 정부인 진성이씨는 퇴계退溪 이황李滉 선생의 손녀이다. 아버지 개호開湖 김시주金是柱(1575~1617)는 1613년에 문과에 급제하여 승정원 주서를 지내고 병조좌랑에 올랐으나, 얼마지 않아 1617년 병으로 세상을 떠났다. 어머니 숙인淑人 안동권씨는 정랑 권위權暐의 딸이다.

야암野庵 김임金恁은 1604년 윤9월 24일에 천전리 집에서 김시주의 둘째아들로 태어났다. 어머니 숙인 권씨는 그를 임신했을 때에 태몽으로 기이한 꿈을 꾸었다고 한다. 태몽대로였는지 그는 태어나면서부터 보통 아이들과는 달리 매우 빼어났다. 그런데 겨우 세 살 되었을 적에 조부 운천의 명으로 중부仲父 청봉靑峯 김시건金是楗의 사후 양자로 들어가서 양모 안씨의 양육을 받았다. 청봉은 성품이 맑고 단정하며 문장이 빼어나고 재기가 넘쳐서 아버지 운천이 자주 칭찬하던 아들이었다. 그가 순흥안씨 문성공 안향의 후예인 호군 안담安霮의 딸에게 장가들어 겨우 두 해를 지내고 세상을 떠났기 때문에, 부인 안씨는 21세에 과부가 되었다. 그래서 7년 후 맏이 좌랑공 김시주가 둘째를 낳자, 조부 운천이 야암에게 중부 청봉공의 대를 이으라는 명을 내렸던 것이다.

안씨가 세 살 된 야암을 데려다가 자신의 친정인 가구촌佳丘村(현재의 안동시 와룡면 가구리)에서 길렀기 때문에, 야암은 대여섯 살이 되어도 자신이 생모 권씨에게서 태어났다는 것을 알지 못했다. 하루는 시냇가에서 즐겁게 노는데 어떤 사람이 지나가면서 말하기를 "이상하구나, 이 아이는 아무 집의 아이이다." 하였다. 야암이 즉시 집에 들어와 안씨에게 "어떤 나그네가 나에게 아무 집의 아이라고 하는데, 이것이 무슨 말입니까?" 물었다. 안씨가 그 뜻을 시험하고자 "만약 그렇다면 너는 내 아이가 아니다. 어찌 떠나지 않느냐?" 라고 응답하니, 그는 눈물을 흘리며 안씨 부인에게 사죄하였다고 한다.

처음 글자를 배울 무렵 조부 운천이 저물녘에 정원 앞의 배꽃을 가리키며 손자 야암에게 시를 짓게 하였다. 야암이 곧바로 "배꽃이 하염없이 희구나.〔梨花依依白〕"라 응답하였다. 조부 운천이 매우 놀라며 "'의의백依依白' 세 글자가 저물녘 경치를 잘 그려내었구나. 이 아이가 훗날 반드시 시로써 명성을 울릴 것이다."라고 감탄하였다. 12세에는 외조부 정랑공 권위權暐에게 『시전』을 배웠는데, 야암이 막힘없이 글을 읽어 내려가자 정랑공이 "옛날 내가 학봉鶴峯 선생께 배울 때, 성품이 어리석고 둔한 탓에 한 줄의 글도 제대로 외우지 못해서 항상 간절히 애를 썼었다. 그런데 지금 너는 이처럼 총명하니 어찌 가진 바 재주를 이루지 못할까 근심하겠는가."라 칭찬하였다.

당시 야암의 종형 경와敬窩 김휴金烋가 야암보다 여덟 살이 많았는데, 경와는 재능과 학문이 자기 또래들 가운데 매우 뛰어난 사람이었다. 조부 운천이 일찍이 "손자 중에 재능이 있다고 일컬어지면 반드시 아무와 아무일 것이다."라고 하였다. 여러 손자들 가운데 휴烋와 임烓 두 손자를 특히 눈여겨보았던 것이다. 하루는 조부 운천이 손자 야암에게 시를 지으라고 명했다. 그는 곧 조부의 곁에서 시를 지어 올렸는데, 시구詩句와 격식格式이 맑고 뛰어났다. 운천이 그를 더욱 기특하게 여겨 직접 지은 『십이가十二歌』를 써서 주었다고 한다.

야암은 1617년에 아버지 좌랑공의 상을 당했다. 그는 당시 나이가 14세에 불과했지만 형님 희熙와 함께 예절대로 상례를 잘 치렀다. 1620년에는 조부 운천의 상을 당하였고, 1623년 조모 정부인貞夫人의 상을 당했다. 청소년기, 거듭되는 상·제례 속에서도 야암은 틈나는 대로 경전과 역사서를 깊이 공부하였다. 게다가 제자백가도 공부하여 백가의 학설에 널리 통달하였다. 그 후로 그의 학문이 날로 크게 발전하였다. 그래서 당시 고을의 문인과 재주 있는 선비들이 모두 옷깃을 여미고 그의 학문과 문장을 높이 받들었다고 한다. 그의 성품은 매우 강직하였다. 사림士林들이 모여 어떤 일을 논의할 때에, 자신의 의견을 꿋꿋하게 제시하고 남의 의견에 무조건 따라가거나 남에게 굳이 잘 보이려 하지 않았다. 그래서 사람들이 더욱 그를 공경하고 어렵게 여겼다고 한다.

　야암은 어버이를 모시고 집에 있을 때, 겨울에는 따뜻하게 여름에는 시원하게 해 드렸다. 음식을 갖추어 잘 봉양하고 나아가 어버이의 뜻 또한 잘 받들었다. 그러자 양모 안씨가 "너는 내 마음으로 마음을 삼았구나."라고 매우 기특하게 여겼다. 이보다 더한 칭찬이 있을까? 야암이 양모의 마음을 제대로 이해하고 받들었기 때문에 이런 지극한 칭찬이 있을 수 있었을 것이다.

　야암은 동기간에도 우애가 매우 돈독하였다. 일찍이 형님의 질병을 보살피면서, 직접 탕약을 달이고 옷과 허리띠를 풀지 않은 채 몇 달 간을 밤낮으로 곁에 있으며 간병하였다. 이를 본 주위 사람들이 몹시 탄복하면서 "효자가 부모를 위해 간병을 한다 해도 이보다 더할 수 없을 것이다."라고 칭찬하였다. 아버지가 1617년 일찍 세상을 떠나신 뒤, 그에게 형님은 마음속으로 아버지를 대신하던 분이었다. 그 형님마저 1640년 장년의 나이로 세상을 떠나자, 야암은 양모 안씨는 물론 형님 몫을 대신하여 생모 권씨를 더욱 정성껏 모시고 두 아우들을 보살폈다. 막내아우 도암 김후와는 멀지 않은 거리에 살았는데, 그들은 나이 들어서도 즐거운 마음으로 형제간의 우애를 차곡차곡 쌓아 나갔다. 그 아우 도암이 일찍이 여러 해 병을 앓았다. 야암은 마음을 다해 약을 구하고, 전에 형님을 간병하듯 한결같이 지극정성으로 아우를 보살폈다. 아마 형님이 해야 할 몫으로 아우를 보살피는 그런 마음이었을 것이다.

그는 1632년에 초취 청주정씨淸州鄭氏를 잃는 아픔을 겪었다. 정씨 부인은 정간공貞簡公 약포藥圃 정탁鄭琢(1526~1605)의 손녀요, 주부 정윤위鄭允偉의 딸이다. 그래서 정씨 부인의 숙부인 청풍자淸風子 정윤목鄭允穆(1571~1629)이 어느 해 중양절에 질서인 야암을 찾아온 일도 있었다. 청풍자는 그 때 야암을 만나지 못하고 돌아가면서 오언절구 한 수를 지었다. 시의 말구末句 청풍淸風은 맑은 바람이면서 청풍자 자신이다.


수이 김임을 방문했으나 만나지 못했다 (訪金受而悆不遇)


그대 찾아 갔으나 그대는 보지 못했고  訪君君不見
내 질녀가 술 석 잔을 권하네  吾姪勸三卮
구월 구일 중양절에  九月黃花節
맑은 바람 쐬면서 읊조리고 돌아왔네  淸風詠而歸


정씨 부인은 1602년에 태어났다. 법도 있는 가문에서 생장하여 1621년 20세에 야암에게 시집왔는데, 그 짝이 되기에 넉넉한 덕성을 지녔으며 뜻과 행실이 곧고 밝았다. 불과 31세의 나이에 세상을 떠났으나, 야암과 정씨 부인은 둘 사이에 이미 올망졸망한 네 아들을 얻은 터였다. 그런데 그 아들들은 겨우 8세부터 태어난 지 얼마 안 된 갓난아이까지였다. 어머니를 모시고 그 어린 아들들을 보살피던 야암은 1635년 둘째 부인 강씨와 혼인하였다. 그런데 그 전 해인 1634년 그는 예안의 계곡리로 이사를 가서 살고 있었다. 계곡리는 강씨 부인이 태어난 곳으로 부인의 외가 마을이었다. 확실히 알 수는 없으나 야암이 그곳으로 이사한 것이 하나의 인연이 되어 강씨 부인과 맺어지는 두 번째 인연으로 이어진 것은 아닐까 생각해 본다. 어쨌든 강씨 부인과 혼인하던 1635년 그 해, 그는 사마시에 합격하여 성균관에 들어갔다. 그러나 1636년 병자년 오랑캐의 침입으로 국토는 짓밟히고, 백성은 수없이 희생되었으며, 임금은 남한산성 아래에서 오랑캐에게 항복하는 굴욕을 당하는 등 나라꼴은 이루 말할 수 없이 엉망이 되었다. 그러한 현실을 보고 겪은 야암은 과거에 응시할 마음을 버리고 향리로 돌아와서 여러 해를 자연을 벗삼아 지냈다. 그러다가 1641년에야 비로소 어머니의 명으로 마지못해 성균관에 유학하였는데, 마음이 벼슬에서 이미 멀어진지라 몇 달 만에 돌아왔다. 어머니가 과거를 보라고 명을 내린 것은, 아마도 할아버지 아버지 모두 과거에 급제한 집안의 전통을 아들이 이었으면 하는 뜻이었을 것이다. 그래서 그는 어머니의 명과 집안의 전통과 벼슬을 통하여 입신하던 관례에 따라 몇 차례 과거에 응시하였다. 그리하여 모두 다섯 번을 향시에 합격하였으나 번번이 전시殿試에는 실패하였다.

    야암은 1643년에는 학당學堂에서 공부하면서 형수의 숙부이자 당대의 유명학자이던 고을의 선배 학사鶴沙 김응조金應祖(1587~1667)와 여러 논의를 주고받았다. 이때 학사가 그에게 "식견과 문장이 무리 가운데 뛰어나니, 만일 높은 경지에 한 발 더 나아간다면 실로 영남의 희망일 것이다."라는 편지를 보냈다. 이는 학문과 재능이 모자람이 없는데도 복시에는 늘 인연이 닿지 않아 과거에 급제하지 못하는 야암에 대한 안타까움과, 이에 굴하지 말고 끊임없이 학문에 매진하여 더 높은 경지로 나아가기를 바라는 간절한 마음이 담긴 표현일 것이다. 야암은 유난히 강직한 성품이었다. 그가 1646년 성균관에 있을 적에 본래부터 친분이 있었던 이조좌랑 남노성南老星(1603~1667)이 그를 아주 간절히 만나고 싶어 하였다. 그러나 그는 벼슬하지 않은 선비가 조정의 인사담당자인 이조좌랑을 만나는 것은 바른 태도가 아니라고 사양하며 끝내 가지 않았다.

그에게 주어진 짐은 적지 아니 버거웠다. 양가, 생가의 두 어머니를 모시고 양가와 생가 두 집의 살림살이도 보살펴야 하고, 여러 자식들을 키워야 하고, 나아가 생가 아우들까지 돌봐야 했다. 그런 그가 비록 어머니의 명이라 하나, 올망졸망한 여러 아이들과 집안 대소사를 어머니와 후실 부인 강씨에게 맡겨두고, 낯선 서울 성균관에서 과거를 준비한다는 것은 참으로 견디기 힘든 노릇이었다. 과거를 준비하던 1641년 이후 몇 년은 그에게는 참으로 고단한 시절이었다. 게다가 그 사이에 어린 아들이 병들어 죽는 큰 슬픔을 맞기도 했다. 그는 그 슬픔을 다음과 같이 적고 있다.

아들 후갑后甲이 천연두에 걸려 1645년 정월에 죽었는데, 다인多仁의 족산簇山에 임시로 가매장을 했다. 이 해 10월 보름에 비로소 이

장을 계획했는데, 내가 아직 서울의 성균관에 머물러 있어서 무덤에 가서 영결할 길이 없었다. 아이가 병들었는데 애비가 가보지 못했고, 아이가 죽었는데도 애비가 염하지도 못했으며, 땅에 묻을 때도 애비가 임하지 못했으니 저 아득하고 푸른 하늘이여! 이렇게 된 것은 그 누구 때문인가? 겨우 절구 하나를 지어 가없는 비통함을 붙인다.

네가 죽은 뒤 달이 여러 번 바뀌었어도　自爾之亡月屢更
눈앞에 너의 모습 아직도 분명하다　眼前眉目尚分明
눈 덮인 산 어디메에 백골을 묻었나　雪山何處埋枯骨
하늘과 땅은 응당 부자의 정 알아주리　天地應知父子情

　　후갑后甲은 아명兒名일 것이다. 그 이름을 가지고 추측해보면, 후갑은 후실 부인 강씨가 낳은 첫아들이었던 듯하다. 다인은 강씨 부인의 친정 동네였기 때문이다. 야암은 이 시를 지은 다음 해 1646년 일단 귀향하였다. 아마 이조좌랑 남노성의 면담 요구를 거절한 뒤 얼마 지나지 않아서였을 것이다. 왜냐하면 야암은 1646년 7월에 학사 김응조 등 여러 선배 지인 분들과 낙연落淵(도연폭포)을 유람하였기 때문이다. 그 분들과 함께 한 낙연의 유람은 몇 년 동안 서울에서 지친 심신을 달래는 좋은 시간이 되었다. 야암은 낙연을 유람하며 같이 한 여러 분들과 시를 짓고 기문을 짓기도 하였다.
　　야암은 1648년에 생모 권씨 부인의 상을 당했다. 그는 장례를 치르고 나서 산소 곁에 여막을 지었다. 아침저녁으로 산소를 참배하였으며, 비바람이 불어도 그만두지 않고 자식으로서 도리를 다했다. 1650년 생모의 탈상이 끝난 후 다음 해 그는 서울에 과거를 보러갔다. 이때 양모 안씨가 생존했었는데, 그는 하직 인사를 하면서 자신도 모르게 눈물을 흘렸다. 서울에 도착해서는 어머니를 생각하는 마음을 억제하지 못하여 꿈속에 감응하기도 하였다. 그는 시를 읊어 그러한 마음을 드러내기도 했다. 과거를 보고 돌아오는 중에 양모 안씨가 세상을 떠났다는 소식이 전해졌다. 야암은 즉시 천 리 먼 길을 달려와 곡하였다. 그는 어머니의 임종을 지키지 못한 것을 너무 애통하게 여겨 거의 상을 치르지 못할 지경이 되었다. 그 때 어머니의 장례를 적극적으로 도운 사람이 삼종형인 활옹豁翁 김암金黯(1600~1654)이다. 야암은 활옹의 제문에서 그에 대한 감사의 마음을 다시 한 번 전했다.

……

내가 하늘에 죄를 얻고 하늘의 버림을 받아 신묘년(1651) 겨울에 화가 어머니에게 닥쳤습니다. 성균관에서 여관 생활하며 나의 행적이 안정되지 못했는데, 변고의 처음에 비록 자식들 몇이 있었으나 장례 치르는 큰 예절에는 경험이 없었으니, 형이 아니었다면 어찌 후회가 없었겠습니까. 병환 중에는 온갖 방도를 다하여 치료하였고, 돌아가시자 장례를 치르는 물품을 제대로 다 갖추어 인정에 걸맞고 법도에도 알맞지 않음이 없었습니다. 형이 온 정성과 공경을 다하여 장례에 유감이 없도록 한 것은 진실로 효도의 정신을 미루어 간 것이지만, 나로서는 마땅히 살아서는 목숨을 바치고 죽어서라도 결초보은해야 했습니다. ……

야암은 그 후로는 다시 과거에 응시하지 않았다. 남이 혹 과거를 보라고 권유하면 그때마다 비통한 표정으로 스스로 죄인이라 하였다. 야암의 삶은 그 때를 기점으로 처사의 삶으로 바뀐다. 아마도 그가 늘 존숭하던 종숙 숭정처사 표은 김시온金是榲의 산림처사로서의 삶이 하나의 본보기가 되었을 수도 있다. 또 종형 갈계 김도金燾가 살았던 처사의 삶도 동지의 삶과 같은 의미로 다가왔을 것이다. 사람들이 학사 김시구, 표은 김시온, 갈계 김도와 더불어 야암 김임을, 중국 한漢나라의 은일처사였던 상산사호商山四皓, 즉 동원공東園公·기리계綺里季·하황공夏黃公·녹리선생甪里先生을 빗대어 도연사호陶淵四皓라 일컬은 것도 다 그런 이유일 것이다. 그가 고향마을에서 처사의 삶에 대한 징표를 드러낸 첫머리는 야암野庵이라는 정자를 지은 것이다. 그는 양모 안씨가 세상을 떠난 1651년 이후 산수자연을 벗 삼아 지내다가, 1657년 경 내앞의 시냇가 빗골(우곡雨谷)에 집 한 채를 짓고 '야암野庵'이라 편액을 걸었다. 존재存齋 이휘일李徽逸(1619~1672)이 「야암기野庵記」를 쓴 날짜가 1657년 6월 1일이므로, 아마 그 해 초여름쯤 야암이 완성되었을 것이다. 야암이라는 호를 쓰기 시작한 것도 이때부터였다.

그러나 야암이 살아간 처사의 삶은 단순히 강호에 깊숙이 숨어서 세상을 오로지 외면하고 사는 은둔처사의 삶과는 좀 다른 형태를 띤다. 그는 날마다 야암에 거처하며 세상일을 멀리하고 자제들의 독서를 살폈다. 원근에서 배우려는 젊은이들이 수십여 명 몰려들었는데, 그는 과정課程을 엄격히 정해서 공부하도록 하고 가르치는 일도 밤낮으로 게을리 하지 않았다. 시절이 좋고, 바람 온화하며, 경치 아름다운 때를 만나면 반드시 이웃을 초대하고 젊은이들을 모아 막걸리와 산나물로 그들과 함께 진솔한 모임을 가지기도 하고, 백발동안으로 세상 밖에서 한가로이 노닐기도 하였다. 그는 일찍이 "이 또한 인간세상에서 한 가지 좋은 일이다."라고 말하였다. 그는 이러한 생활을 기본으로 하면서 때로는 주변의 여러 지인들과 교유하며 노년의 삶을 꾸려갔다.

    1666년은 야암이 돌아가기 바로 전 해이다. 그 해 겨울 어느 날, 그는 심한 감기로 위독해졌다. 그는 자제들이 약 들기를 청하자, "죽고 사는 것은 천명이다. 어찌 약을 먹어서 생명을 연장할 수가 있겠느냐."라고 하면서 약을 거부하였다. 그리고 스스로 만사輓詞 한 편을 지었다.

    행실은 남을 따르지 못했고 行不逮人
    덕은 남에게 미치지 못했네 德不及物
    강호에서 늘그막을 보냈으니 送老江湖
    담백한 세월이었네 灑灑日月
    살아서는 세상에 도움 못 되었고 生無益於世
    죽어서도 후세에 이름 없으리니 死無聞於後
    그저 조화에 따라 돌아가 聊乘化而歸盡
    달갑게 초목과 함께 썩으리라 甘與草木同腐

    이어 여러 아들에게 "너희 아비의 평생이 이 가운데 다 있으니 다시 남에게 구하여 과장할 필요가 없다."라고 말하고, 그렇지만 "만약 벗이나 친척이 혹 스스로 지어온 만사가 있으면 쓰지 않을 수 없다."라고 하였다. 야암은 몇 개월 지난 뒤 정신과 기력이 차차 나아져서 건강을 회복한 듯 했다. 그러던 어느 날, 그는 외부의 손님 및 일가 자제들과 시를 짓고 회포를 나누며 종일 지친 기색 없이 보냈다. 그런데 다음 날 아침 갑자기 병세가 심해져 사흘이 지난 뒤 마침내 세상을 떠났다. 1667년 4월 3일, 향년 64세, 조부 운천이 세상을 떠난 연세였다.

 야암은 수많은 서적을 두루 읽었다. 특히 사서四書에 정밀하였고 그 중 『중용』・『대학』은 평생토록 늘 암송하였다. 글은 평이하고 까다롭지 않았으며, 오직 정밀하고 적절하였다. 시詩 또한 맑고 상쾌하고 뛰어나서 세속의 속된 맛이 없었으므로, 사람들이 당唐나라 시인들의 풍격을 지녔다고 평가하였다. 처숙부 청풍자 정윤목이 항상 "아무의 시는 이태백에게서 얻은 것이 가장 많다." 칭찬하였는데, 청풍자는 1629년 세상을 떠났으므로 그 칭찬은 야암의 20대 초중반 시절의 성취에 대한 칭찬이다. 그는 약관을 넘긴 지 얼마 되지 않아 이미 시로써 이름이 났던 것이다. 개곡開谷 이이송李爾松(1598~1665)이 당시의 동료들 중에 문장을 잘 하는 이를 여럿 거론하는 가운데, 야암에 대해서 "아무의 재주는 우리들이 미칠 바가 아니다."라고 매우 높이 평가한 것도 다 이유가 있었던 것이다.

 야암은 젊었을 때에는 언론과 풍채가 가파른 산보다 날카로웠다고 한다. 유난히 강직한 성품이 그렇게 드러난 것이다. 하지만 중년 이후로는 예리한 기운을 다잡아 겸손하고 온화한 기운을 드러냈다. 늘 마음가짐과 몸가짐을 삼가서 자신을 지켰고, 겸손하고 성실하게 남을 대하였다. 남달리 행동하지는 않았으나 일을 실천할 때는 굳세고 과단성이 있었다. 자제와 조카들에게는 항상 지성스럽게 "마음을 다스려서 허물을 적게 해야 한다.〔治心寡過〕", "곤궁함을 잘 견디고 부지런히 배워야 한다.〔固窮勤學〕"고 말했다. 그리고 수양에 대한 스스로의 마음가짐을 다음과 같이 표현하기도 하였다.

허물 적길 바라건만 허물은 적어지지 않고 庶幾寡過過無寡
마음 편안하려 하지만 마음은 편안치를 않네 祇欲安心心靡安

야암의 삼종질로서 그에게 깊이 아낌을 받은 금옹錦翁 김학배金學培 (1628~1673)는 야암 언행록에서 야암의 일생을 다음과 같이 서술하였다.

......

아, 공은 용모가 단정하고 성품이 강직하였으며 윤택한 옥처럼 온화하고 우뚝한 산처럼 엄정하였다. 게다가 재주와 풍격이 맑고도 높아 총명함이 남들보다 뛰어났다. 일찍이 참판공(운천)의 가르침을 가슴에 새기고 백씨 및 사촌형들과 독실하게 뜻을 세우고 공부하여 날로 달로 매진하니, 옥 나무가 뜰에 가득하고 난초향이 남들에게 젖어들어 사람들이 모두 흠모하였기에, 머지않아 벼슬자리에 오를 것이라 여겼다. 그러나 불행하게도 때와 일이 어긋나고 운명과 원수가 모의하여, 2, 30년 사이에 거의 다 몰락하였고 공 또한 기구하게 낭패를 당했는데 이미 만년이 다가왔다. 하늘을 찌르는 재능으로 빈 골짝에서 헛되이 늙고, 질풍처럼 달리는 천리마가 큰 길에서 달리지 못했다. 아는 이들이 이를 한스럽게 여겼으나 공은 털끝만큼도 원망하거나 탓하는 기색이 없었다. ......

어떤 한 사람의 정체성은 그 사람이 그 시대를 살아가면서 부딪친 수많은 사건들과 마주친 다양한 상황들, 그리고 그 과정 속에서 만난 사람들과의 관계에서, 그가 어떻게 생각하고 행동하였는가를 보면 어느 정도 짐작할 수 있다. 그러니 야암이 어떤 분인가는, 즉 야암의 정체성은 바로 야암의 삶 자체에서 찾을 수밖에 없다. 야암의 삶은 야암이 선택한 삶이지만, 선택할 수밖에 없었던 삶이기도 하다. 금웅은 야암의 삶을 '뛰어난 재주와 온축된 학문, 강직하며 온화한 성품을 지녔으면서도 시대와 어긋나고 운명이 순탄치 못하여 뜻을 이루지 못한 삶'으로 규정하고, 이는 마치 천리마가 큰 능력을 지니고도 마음껏 달리지 못한 것과 같다고 비유하였다.

그러나 그 삶은 조부 운천선생의 유계, "곤궁하여도 의리를 잃지 말고, 현달하여도 도리를 어기지 말라."는 말씀에 비추어 보면 비록 곤궁하였으나 도리를 어기지 않은 삶이었다. 그 삶은 비록 벼슬길에 나아가 현달하지는 못했으나 전 후취 두 부인, 청주정씨와 신천강씨 사이에 아들 여섯, 딸 둘을 두었고, 손자 손녀 20여명을 둔 어쩌면 매우 다복한 삶이었다.

반면에 생가 양가의 두 어머니를 모셔야 했고, 8남매나 되는 자식을 키우면서 일찍 세상을 떠난 아버지와 형님을 대신하여 집안을 추스르고 아우들까지 아울러 보살펴야 했으므로, '가지 많은 나무 바람 잘 날 없다'고 한 평생이 바람 잘 날 없이 고단하기만 한 삶이기도 했을 것이다. 그러나 그는 효성이 지극하고 형제들과 우애가 매우 돈독하였으므로 그것을 고단한 일로 여기지 않았다. 일찍이 백씨가 병이 들자 탕약을 직접 달였고 몇 개월 동안 밤에도 허리띠를 풀지 않고 보살폈

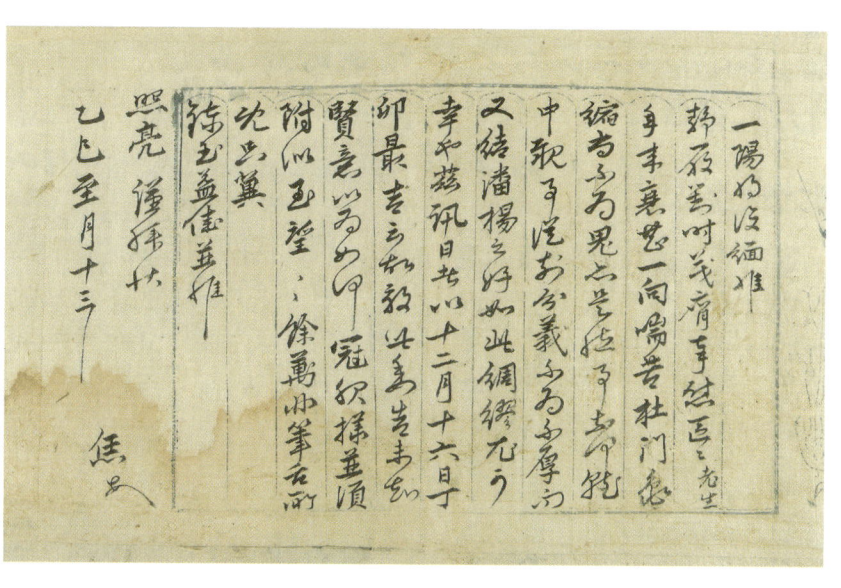

야암 김임의 글씨

다. 막내아우와는 멀지 않은 거리에 살면서 하루도 오가는 일을 거른 적이 없었다. 나이 들어 지팡이 짚고 오갈 때도 그러하였다. 아우가 여러 해 병을 앓자 마음을 다해 약물로 치료하며 밤낮으로 보살피고 비바람이 불어도 그만두지 않았다. 분가할 때에 자신은 보잘것없는 가산家産을 가졌고, 고아가 된 조카를 자신의 자식처럼 돌보아 가르치고 길러 자립하게 하였다.

　그러한 마음은  주변의 사람들에까지 미쳤다. 전답을 매입하자는 집안사람들의 말을 듣지 않고 그 돈을 내어 어려운 친척을 도왔다. 곡식을 맡은 노비가 이자를 취하는 것을 꾸짖고 그 문서를 불태워 이웃에 혜택을 베풀었다. 그는 이처럼 집안사람뿐 아니라 친척에게도 돈독히 대하고 궁핍한 이를 돌보았던 것이다.

　앞서 말했지만 그는 자신의 삶을 돌이켜 스스로 만사를 지은 바 있다. 그 말미에 그는 "그저 조화를 따라 돌아가 달갑게 초목과 함께 썩으리라."했다. 그의 삶은 야인의 삶이요, 강호의 삶이었다. 벼슬길에 나아가지 않고 시골에 은거하여 자연과 더불어 살아가는 야인의 삶, 야암의 주인이 되어 살아가는 강호의 삶은 자연의 흐름에 맞추어야 했다. 그는 날마다 해가 뜨고 지는 자연의 흐름을 보다 보면, 어느새 세월이 흘러 자연의 결에 따라 늙어간다는 것을 몸과 마음으로 체득하였다. 아래 두 편의 시는 일출과 일몰, 자연의 변화 모습을 통해서 자연의 흐름을 체득한 야암의 술회이다.

### 출몰에 대해 읊다.〔出沒吟〕

동쪽 산에 해 뜨는 것을 보고 東山見日出
서쪽 산에 해 지는 것을 보네 西山見日沒
해 뜨고 지는 걸 오래 보자니 長見日出沒
어느덧 노인이 되어가네 居然作老物


### 술회〔述懷〕

백발에 농사 얘기해봐야 먹고 살기 어렵고 白首談農食尙艱
깊은 골목 작은 집엔 사립문이 닫혔네 弊廬深巷掩柴關
밤 되니 고요해져 오직 밝은 달뿐이고 夜來喧息惟明月
비온 뒤 구름 돌아가니 단지 푸른 산뿐이네 雨後雲歸只碧山
하나의 이치 천지 안에서 순환하고 一理循環天地內
온갖 형상 고금 사이에서 살고 죽네 衆形生死古今間
분분한 논설 어찌 끝난 적 있으랴 紛紜論說何曾了
파리한 몸 잠시도 한가할 틈이 없네 蒼白斯須不暫閑

    자연은 쉼 없이 순환하고 온갖 형상은 시간 속에서 태어났다 사라진다. 사람도 마찬가지다. 그러니 자연의 결 따라 살아가는 삶은 조화를 타고 꾸려가는 삶이고, 자연의 법칙에 따라 때가 되면 초목이 스러지듯 저절로 사라지는 삶이기도 하다. 이미 강호에서 노니는 삶이기에 세상의 명예와 이익과 영화 따위는 야암 자신에게는 하잘 것 없는 것들이고, 그것들을 좇아가는 삶은 부질없는 짓에 지나지 않았던 것이다. 이상이 야암 김임이 어떤 분인가 어떻게 살았는가를 개략한 것이다. 그러면 이제 야암의 생각과 삶을 몇 가지로 나누어 좀 자세히 살펴보기로 하자.

## ▶ 작은 집 짓고 야암이라 이름 붙이다

야암은 1651년 양모가 세상을 떠난 이후 벼슬에 대한 생각을 완전히 접었다. 양모 안씨의 탈상이 지나자 그는 자신이 생각하는 야인〔野人〕의 삶을 제대로 누리고 싶었다. 그 바람을 이루기 위해 그는 살던 곳 주변의 계곡물을 끌어들여 못을 만들고, 그 못가에 집을 짓고자 하였다. 마침 살던 빗골 집 동쪽에 작은 집을 지을 만한 터가 있었다. 그래서 1656년 가을, 야암은 집 동쪽 계곡 가장자리 가래나무가 여러 주 있는 돌밭 하나를 샀다. 이 땅은 못을 파고 집을 짓고자 하는 그의 마음속 바람에 딱 들어맞았다. 야암은 바로 작은 집을 짓고자 하였으나 날씨가 추워서 공사가 진척되지 않았다. 그래서 자연의 조화로운 기운(봄)을 기다려서 그 공사를 계속해서 집을 완성하였다. 동시에 네모지게 못을 파고 계곡물을 끌어들였다. 전통적인 네모 못〔方塘〕의 형태를 바탕으로 추론해보면 네모 못 가운데 둥그런 섬 같은 것을 만들어 '하늘은 둥글고 땅은 모나다〔天圓地方〕'는 전통적 세계관의 모습을 형상했을 것이다. 그는 1657년 여름, 집이 완성된 후 집의 이름을 야암이라 붙이고 야암에 대하여 시를 지었다.

야암에 제 하다.〔題野庵〕

산 절로 우뚝하고 물 절로 흐르는　山自我我水自流
골짝 어귀의 집 형세 자못 그윽하네　庵臨谷口勢偏幽
세상 피하려는 뜻 아니니 어찌 숨으랴만　志非避世寧長往
남만 못한 재주이니 쉴만하다네　才不踰人可以休
물고기가 갓 핀 연꽃 흔드니 거울 같은 수면에 물결이 일고
魚動新荷波鏡面
구름이 옛 골짝에 돌아오니 자라봉우리 드러나네
雲歸舊壑露鼇頭
몸은 한가해도 그래도 할 일 많으니　身閒且說猶多事
때로 촌로 불러 막걸리 마시고자 하네　村酒時邀野老謀

　　야암은 이 시에서 산수 뛰어난 곳에 그윽한 작은 집을 지은 것은, 세상을 피하려는 단순한 은둔이 아니라는 뜻을 먼저 드러낸 뒤에, 야암에서 바라보는 풍광을 적었다. 나아가 야암에서 하고자 하는 바를 은근히 적었다. 이어 그는 이 집에 왜 야암이라 이름을 붙였는가를 설명하는 시를 지었다. 여기에는 야암의 인생관, 세계관이 담겨있다 할 수 있다.

## 야암이라 이름 지은 뜻을 게시하다.〔揭示野庵名義〕

내 오두막집 사랑하여 야암이라 이름 붙이니　吾愛吾廬以野名
모습도 상관없고 소리도 상관없다네　不于形色不于聲
순수한 바탕을 가꾸어야 참으로 허물이 없고　白能受賁眞无咎
충심에서 우러난 예라야 바르게 행할 수 있다네　禮必因忠乃有行
본말에서 선후의 차례를 볼 수 있으니　本末且看先後序
공부는 모름지기 성현의 길을 따라야 한다네　工夫須向聖賢程
멋진 꾸밈보다는 촌스러움이 나에게 어울리니　與其史也吾寧野
공자의 가르침 해와 달처럼 밝게 빛나네　孔訓昭昭日月明

　　야암이 들 '야野'자를 써서 자신이 지내는 곳을 야암이라 이름 붙인 것은, 들이라는 거처의 자연적 환경만을 염두에 두어 그렇게 정한 것이 아니다. 또한 세상을 피하여 숨어사는 은둔처사형의 도가적 삶에 뜻을 두어 그렇게 이름 지은 것도 아니다. 오히려 유가의 선비들이 늘 택했던 출처出處 의식, 즉 나라가 평안한 세상에서는 나아가 자신의 뜻을 펴고, 나라가 어지러워 뜻을 펴기 어려울 때는 재야로 물러나 자신을 수양하고 젊은이를 교육한다는 전통적 선비의식의 연장선상에 있다.

　　야암의 설명에 따르면 야의 뜻은 우선 '티끌 없이 깨끗하고 소박한 바탕'을 의미한다. 그래서 세 번째 구절에서 『주역』비괘〔山火賁〕의 맨 윗 효爻의 효사爻辭 '희게 빛나면 허물이 없으리라〔白賁無咎〕'를 인용하였다. 이 효의 형상이 의미하는 바는 '위에서 뜻을 얻음'이기 때문에 흰 바탕, 소박하고 순수한 바탕을 기초로 하는 아름답고 빛나는 삶을 구상한 것이다. 그러면 그 순수한 바탕은 무엇을 말함인가? 야암은 뒤이어 『논어』의 공자가 "그림을 그리는 것은 흰 바탕이 마련된 뒤의 일이다.〔繪事後素〕"라고 말했을 때, 자하가 "예는 진심이 갖추어진 다음의 일입니까?〔禮後乎〕"라고 대답한 내용을 인용하여, 예는 충심에서 우러나야 바르게 행할 수 있다고 하였다. 그러니 앞의 순수하고 소박한 바탕은 진심이요 충심인 것이다. 이어 그는 『대학』의 "사물에는 근본과 말단이 있으며 일에는 끝과 처음이 있으니 먼저하고 나중에 할 바를 알면 도에 가까워지리라.〔物有本末 事有終始 知所先後 則近道矣〕"는 구절의 뜻을 인용하였다. 본말과 시종의 선후를 알아 행하는 것이 바로 성현이 간 길을 따라가는 일이라고 말하는 것이다. 나아가 그는 『논어』 「옹야편」의 공자 말씀, "본바탕이 겉의 꾸밈을 이기면 촌스럽고, 겉의 꾸밈이 본바탕을 이기면 꾸밈만 잘하는 것이니, 겉의 꾸밈과 본바탕이 잘 어울려야 군자이다.〔子曰 質勝文則野 文勝質則史 文質彬彬 然後君子〕"라는 구절에 대한 송나라 때 학자 양시楊時(1053~1135)의 주석, "꾸밈만 잘하는 것보다 차라리 촌스러움이 낫다.〔與其史也寧野〕"는 구절을 인용하여 '야'를 추구하는 스스로의 삶의 방향이 바로 성현의 가르침에 따르는 것이라는 점을 강하게 제시하고 있다. '야'의 뜻은 야암의 부탁에 의하여 「야암기野庵記」를 지은 존재 이휘일李徽逸의 기문을 보면 더 잘 드러나는데, 야암은 기문을 부탁하면서 자신이 집에 야암이라는 이름을 붙인 이유에 대해 다음과 같이 자세히 설명하였다.

 나는 성품이 촌스럽고 말이 투박하며, 바탕이 솔직하고 꾸밀 줄을 모른다네. 이 때문에 시속時俗에 안 맞아 초야에서 조용히 지냈는데, 이제 노쇠하여 백발이 듬성듬성해졌네. 기꺼이 촌로들과 짝이 되어서 봄에 밭 갈고 가을에 수확하며, 부지런히 농사에 힘써서 스스로 먹을 것을 마련하고 털끝만큼도 남에게서 구하지 않으니, 이는 내가 들에 거주하는 즐거움이네. 본래의 참된 성품을 따르고 행실을 어그러지게 하지 않으며, 번거로움을 사절하고 소박함을 보존하며 교묘하게 꾸며서 남이 기뻐하기를 바라지 않으니, 이는 내가 야인으로 사는 태도라네. 태도가 촌스럽고 거주지가 들판이니, 마땅히 딴 데에서 취할 것이 없어서 내 집을 '야野'라 이름 지었으니, 그대는 나를 위하여 기문을 지어 주시게.

위의 내용을 보면 그가 집을 야암이라 이름 붙인 이유는, 자신이 솔직하고 꾸밀 줄 모르는 성품 때문에 출세를 바라는 세상의 일반적 정서와는 맞지 않아 초야에서 지내게 되었다는 점, 들에서 농사를 지으며 자연스럽게 살아가는 즐거움을 누린다는 점, 성품을 타고난 자연스러움에 맡기고 소박함을 취하며 남에게 잘 보이려 꾸미지 않는 태도로 살아가는 점에 있다고 하였다. 즉 태도가 소박하고 사는 곳이 들이니 '야'라 이름 지었다고 한 것이다. 이에 대해 이휘일은 「야암기」에서 '야'의 의미를 『논어』 「선진편」에서 공자가 "나는 선배들의 촌스러운 예악을 따르겠다."고 말한 뜻으로 이해하였다. 그리고 이를 근본을 얻어 말단이 잘 실행되는 경지로 보았다.

농사는 일의 근본이요, 충심忠心은 예禮의 바탕입니다. 밭두둑 사이에서 만족하여 외부의 부귀영화에 뜻을 끊고, 말과 행실을 삼가서 충신忠信을 잃지 않는다면, 마음의 덕이 온전해져서 예를 바르게 행할 수 있을 것이니, 그 촌스러움이 바로 그 근본을 얻었다고 말할 수 있습니다. …… 또 근본을 도탑게 하는 뜻에 정성스러워 이미 스스로 호를 짓고 스스로 살피시니, 그렇다면 장차 본本과 말末이 모두 잘 시행되어 날로 그 덕이 찬란하게 드러날 것이니, 어찌 단지 촌스러울 뿐이겠습니까?…… 너그럽고 한가로운 흥취와 도모하여 획득한 유익함에 이르러서는 진실로 일찍이 몸소 겪어서 스스로 얻으셨으니, 만약 이것을 다시 논하면 군더더기가 될 것입니다.

존재 이휘일은 야의 의미를 진심을 바탕으로 하는 예의 실천, 근본이 바로 서서 모든 말단의 일들이 바르게 실천되는 경지로 보고, 야암은 실제로 그러한 경지에 이른 사람으로 보았던 것이다.

야암은 그 집에서 자·질·손들과 주변의 젊은이들을 교육하고, 때로는 이웃의 촌로 지우들과 교유하면서 노년의 삶을 가꾸어 갔다. 이는 두 가지 사실을 의미한다고 본다. 하나는 야암이 고조부 청계공이 자신의 영달보다는 후대의 자손이 잘 되기를 바라는 마음에서 벼슬을 포기하고 후대의 교육을 위해 애썼던 일을 마음속으로 충실하게 이어받고 있었다는 사실, 다른 하나는 내가 흰 바탕을 잘 가꾸면 후손들이 그 위에 아름다운 그림을 그리게 될 것이라는 믿음을 가졌으리라는 사실이다. 백호 윤휴尹鑴(1617~1680)는 야암의 묘갈명에서 다음과 같이 야암을 기리었다.

글도 있었고 행실도 있었건만 有文有行

막히어서 드러나지 못하였으니 欝而不章

그 남은 경사와 남긴 복으로 餘慶遺福

자못 그 후손이 번창하리라 殆其後之昌

야암의 믿음 때문이었는지, 아니면 백호의 예언 때문이었는지는 알 수 없지만, 실제로 그의 손자 대에서 사촌 형제 셋이 문과에 급제하는, 가문에 더할 나위 없이 영광스러운 일이 일어났다. 할아버지가 마련한 흰 바탕 위에 손자들이 아름다운 그림을 그린 것이다. 그 바탕을 가꾼 일을 귀주 김세호는 칠탄 김세흠의 제문에서 다음과 같이 서술하고 있다.

……

우리 조부 維我王考

많은 손자 두셨지 有孫詵詵

같이 놀고 함께 공부하며 同遊共業

실로 어릴 때부터 함께 했지 實自齠年

공부한 것은 무엇인가 其業伊何

경전과 역사서와 시와 문장이었네 經史詩文

장고의 언덕 위에서 長皐陌上

빗골의 물가에서 雨谷溪畔

손에 손에 책을 들고서 捧書相隨

어린 총각들이 옹기종기 모였었네 累累角卯

그가 비록 만년에 야암에서 촌로로서 유유자적하게 자·질·손들을 비롯한 젊은이들을 교육하고 주변의 지우들과 시를 짓고 교유하며 즐겁게 지냈지만, 생애의 어느 시기에는 마음 한 구석에 선비로서 학문을 닦아 명성을 이루고 벼슬을 통해 자신의 뜻을 펴고 싶다는 생각이 있었을 것은 당연한 일이기도 했다. 그래서 그는 표은 김시온의 시에 화답하면서 다음과 같이 속내를 피력하기도 하였다. "내가 나이 오십이 넘도록 이름 없이 시골에서 생활하지만, 이는 은나라의 명재상이었던 이윤이나 부열이 젊은 날 시골에서 농사짓고 담을 쌓으면서 스스로 길을 갔던 것과 같다. 한편 나는 수양을 통해 허물이 적어지기를 바라고 학문은 정자 주자를 배우기 바랐다. 내 비록 우물 안 개구리처럼 지내지만 언젠가는 세상 밖으로 나가고 싶다. 하지만 조건이 주어지지 않으니 욕심 버리고 고인을 우러르며 수양하고 싶다."고. 하지만 그가 살았던 시대의 환경은 뜻대로 살아가기에는 너무나 험난했고, 짊어질 수밖에 없었던 집안의 짐은 버거울 정도로 무거웠다. 그래서 그는 광가행(狂歌行)이라는 시에서 출세나 세상의 명성에 대한 욕심을 버리고 안빈낙도의 삶을 선택하고 싶다고 강조하며 다짐하였다.

광가행(狂歌行)

나 원하지 않네, 반생처럼 붓 던지고 서생으로 일어나
我不願班生投筆起書生
만리후에 봉해져 큰 명성 남기는 것을  封侯萬里垂雄名

나 원하지 않네, 임공처럼 큰 낚시로 동해에서 낚시질하여
我不願任公巨緡釣東海
드높은 큰 뜻 마침내 이루려 하는 것을 落落大志終能成
다만 원하는 건 한평생 큰 허물없이 但願平生無大過
온종일 오두막 아래서 팔 베는 것이라네 永日曲肱衡茅下

반생은 후한後漢 사람 반초班超이다. 집이 가난해서 관청의 문서文書를 베껴 쓰는 일을 하며 어머니를 봉양하였다. 그는 만리후萬里侯에 봉해질 골상骨相을 지녔다는 관상가의 말에 힘을 얻어 붓을 내던지고 떨쳐 일어나, 마침내 서역西域에 가서 큰 공을 세웠고, 정원후定遠侯로 봉해졌다. 임공은 전설 속에 나오는 물고기를 잘 잡는 사람으로, 세상을 초월한 고고한 선비를 가리킨다. 야암은 이들처럼 화려한 명성도 바라지 않고 고고한 선비로 이름나기를 원하지도 않는다. 그는 공자가 말한 '나물밥 먹고 물마시며 팔을 베고 눕더라도 편안하고 즐거운 삶' 즉 안빈낙도의 삶을 꿈꾼다.

야암은 이러한 안빈낙도의 삶을 야암 팔영〔野庵八詠〕이라는 제목의 시로 표현하였다. 제목에 따라 그 시 8수를 순서대로 늘어놓으면, '남쪽 연못에 물고기를 기르다〔南池養魚〕」,「북쪽 섬돌에 매화를 심다〔北砌種梅〕」,「서산에서 고사리를 꺾다〔西山采薇〕」,「동쪽 골짜기에서 버섯을 따다〔東谷摘蕈〕」,「개포의 저녁 소나무〔開浦晩翠〕」,「신애의 새벽빛〔新厓曉紅〕」,「잉어 못에서 고기잡이를 구경하다〔鯉淵觀漁〕」,「호정에서 서열에 따라 술을 마시다〔壺亭序飮〕」,'이다.

그는 야암의 남쪽 연못에 물고기를 기르고 북쪽 섬돌에 매화도

심는다. 서쪽의 산에서는 고사리를 꺾고, 동쪽 골짜기에서는 버섯을 딴다. 집의 동서남북 사방이 눈을 즐겁게 해주는 완상거리요, 먹을거리를 제공하는 즐겁고 고마운 공간이다. 아침에는 바위 언덕에 붉게 비친 햇살을 보고, 저녁 어스름에는 개포에 늘어선 소나무를 감상한다. 때로는 잉어 못에서 어부들이 물고기 잡는 것을 구경하기도 하고, 어느 때는 호은정壺隱亭에서 이웃, 벗들과 서열에 따라 술을 마시기도 한다. 아침저녁 시간의 흐름에 따라 달라지는 풍광을 감상하고, 그 흐름 틈틈이 다른 삶의 모습을 바라보기도 하고, 이웃 벗들과 더불어 삶의 한 멋을 누리기도 한다. 그는 바깥세상을 향한 나의 바람을 접고 나의 작은 집에서 안빈낙도의 즐거운 나의 삶을 꾸려가는 것이다. 그는 나천羅川에서 안빈낙도의 삶을 살아가던 조이흥趙以興(1612~1681)에게 증정한 시에서 자신의 안빈낙도의 삶을 다음과 같이 읊고 있다.

내 집이 어디에 있나 빗골에 있으니　我家何在在雨谷
앞이 툭 트이고 경계 절로 그윽하네　面勢寬閒境自僻
시냇가 둑에는 버들이 있고　溪邊有堤堤有柳
버들 옆에 국화 심어 시내 굽이를 둘렀네　柳旁種菊繞溪曲
늦봄에 버들개지 흰 눈처럼 흩날리고　絮飄春暮白雪紛
서리 온 뒤 황금 꽃망울 거듭거듭 피어나네　萼綻霜後黃金疊
가운데 판 작은 못은 거울 같아서　中關小池一鑑如
위아래 별들이 푸른 물에 잠기었네　上下星斗涵虛碧
창문 열면 앞산 아지랑이 걷혀 사랑스럽고　開戶前山愛嵐歇
베개에 기대면 한밤에 물고기 뛰는 소리 들리네　欹枕中宵聽魚躍

**야암정사**

1657년, 야암 김임이 54세 때 빗골에 작은 집을 지어 야암이라 편액하고 안빈낙도하며 가학을 전수하던 곳이다. 훗날 자손들이 규모를 넓혀 장고에 중건하였다.

사계절의 아름다운 흥취 절로 넉넉하니　四時佳興自有餘
눈에 가득한 구름과 노을 나를 즐겁게 하네　滿目雲霞聊樂余
아침저녁으로 지팡이 짚고 홀로 소요하니　日夕扶杖獨逍遙
귀밑머리에 그저 바람만 서서히 불어오네　鬢邊惟有風來徐
마을의 수재가 때때로 서로 찾아오니　村中秀才時相從
글자 세고 글 줄 찾는 재미 매우 좋다네　數墨尋行味偏濃
……

　야암에서 자연을 벗 삼아 소요하며 지내고, 때로는 젊은이들을 가르치며 지내는 안빈낙도의 삶은 그가 선택한 삶이기도 했지만 여러 상황에 따라 그에게 주어진 삶이기도 했다. 야암의 자는 수이受而이다. 받아들임이다. 죽고 사는 것, 부귀와 빈천이란 마치 밤낮이 바뀌고 더위가 지나면 추위가 오는 것과 같은 것은 자연스러운 현상이니 어찌 그것에 마음 쓸 것인가? 오직 순수하게 받아들일 뿐인 것이다. 그는 주어진 현실을 그저 순수하게 마음으로 받아들임으로써 안빈낙도의 경지에 이른 것은 아닐까 한다. 이는 당시 유가의 참된 선비들이 세상에 나가 뜻을 마음껏 펼치지 못하고 귀향하여 지낼 때 지녔던, 이른바 심원心遠의 경지라고도 이해할 수 있다. 심원은 도연명의 시, "내 집, 사람 사는 동네에 있어도, 시끄러운 수레 소리 전혀 없어라. 묻노니 어떻게 그럴 수가 있느뇨, 마음이 멀면(心遠) 땅은 저절로 외지게 된다네.(結廬在人境 而無車馬喧 問君何能爾 心遠地自偏)"에서 나온 말인데 시속時俗에서 굳이 벗어나고자 아니하지만 세상의 부귀와 권력이나 명예에는 관심이 없는 그런 경지이다. 야암은 저절로 심원의 세계에 들어섰던 것이다. 그는 돌아가기 전 해, 63세가 되던 1666년 새해 아침에 감흥이 일어 다음이 같이 그러한 마음의 회포를 토로하였다.

새해아침 감흥이 있어〔元朝有感〕

귀머거리인 듯 소경인 듯 난 늘 부끄러웠네 如聾如瞽我常慙
어느 새 나이 육십삼 不覺行年六十三
선함과 이익 사이 아직도 분별하지 못했는데 善利兩間猶未辨
하물며 하늘과 사람이 한 이치인 경지에 이를 수 있을까
天人一理況能參
미천한 삶 속에 마음 어찌 슬플까 褐寬博裡心何感
집 곁에서 노래하매 흥 또한 무르익네 屋側歌邊興亦酣
내 삶 며칠이나 남았을까 從此吾生餘幾日
올봄에는 마땅히 농사일이나 말해야지. 今春應當又農談

## ▶야암과 형제들의 우애

야암이 형제들과 우애가 돈독하였다는 점은 앞에서도 간략히 언급한 바 있다. 그는 4살 위인 형님이 병이 들자 밤낮으로 곁에서 돌보며 탕약도 직접 달였다. 그것을 본 주위 사람들이 "효자가 부모를 위해 한다 해도 이보다 더할 수 없을 것이다."라고 탄복하였다. 그는

1642년 형이 돌아간 뒤에는 더더욱 형제간의 우애를 다짐하여 실천하였다. 야암은 형제와 같이 살지 못하고 떨어져 지내는 안타까운 마음을 「우거하는 중에 마음대로 읊다〔寓中雜詠〕」라는 시들 가운데 「형제를 생각하다〔思兄弟〕」라는 제목으로 나타내고 있다.

> 형제가 헤어져 각자 시위 떠난 화살 되었으니 兄弟分襟各矢弦
> 강 가 어디에서 동전 던져 점쳐볼까 江頭幾處卜金錢
> 해가 한 길 반이나 솟도록 꿈속에서 그리고 日高丈五猶牽夢
> 삼경 깊은 밤이 되어도 잠 못 이루네 夜占更三也不眠
> 지금껏 탈 없는 게 참으로 다행이니 無恙到今眞幸耳
> 이처럼 시름하며 늙어간다네 有愁如許合頹然
> 어느 때 활짝 핀 매화를 함께 찾아가 何時索共梅花笑
> 기쁨에 겨워 손잡고 한 자리에서 춤출까 歡極提攜舞一筵

야암은 아우 소운암小雲庵 김훈金薰(1608~1667)과는 수많은 시를 주고받으며 형제간의 우애를 다졌다. 『야암유고野庵遺稿』에는 소운암과 관련된 30여 편의 시가 실려 있다. 율리栗里에 살고 있던 막내아우 도암陶庵 김후金煦(1613~1695)와는 늘그막에 이르러서도 지팡이를 짚고 비바람을 헤쳐가면서 까지 거의 매일 왕래하였다. 이 아우가 일찍이 여러 해 병을 앓았는데, 야암이 마음을 다해 약을 구하며 형님때와 같이 밤낮으로 보살폈다. 그는 만년의 어느 날 아우를 찾아가는 도중에 시를 지어 두 아우에 대한 그리움의 깊이를 나타냈다.

형제 네 사람 중에 세 사람이 남았는데 四人兄弟三人在
하루를 못 보아도 열흘 못 본 듯하네 一日不詹十日如

둘째 아우 소운암은 봉화군 법전면 풍정리(시드물) 추만秋巒 이영기李榮基(1583~1661)의 딸에게 장가들었다. 송월재松月齋 이시선李時善(1625~1715)이 바로 소운암 부인의 남동생이다. 그런 인연으로 소운암은 1636년경 가솔들을 거느리고 처가가 있는 봉화 풍정리로 들어갔다. 연보 등 확실한 기록이 없어서 단언하기는 어렵지만, 소운암은 풍정리에 살다가, 내앞으로 돌아와 살다가, 다시 풍정리로 갔다가 하면서 생활하였다. 그는 1647년경에는 풍정리에 있었고, 1650년경에는 내앞에서 풍정으로 돌아갔고, 1654년 겨울 풍정의 집에서 내앞으로 돌아오는 등, 조금은 안정되지 못한 삶을 살았던 듯하다. 「풍정에서 아우 덕이 훈을 작별하며〔楓井別舍弟德而薰〕」라는 시는 1647년경에 지은 것이다. 아마 야암이 봉화 풍정으로 아우 소운암을 찾아갔다가 다시 집으로 돌아올 때였을 것이다.

떠나려 하니 되레 떠나기 어려워　欲去還難去
멈추어 읊조리고 다시 한 번 읊조리네　停吟復一吟
만났을 때엔 도리어 말을 잊었고　逢時却忘語
작별하는 곳에서 거듭 마음 아프네　別處重傷心
하인은 험한 벼랑 오르는 게 겁나고　怯攀厓險
말은 깊은 눈길 걷는 게 시름겹네　馬愁踏雪深
생각이야 또 얼마나 더할까　相思更何許

백사장의 달만이 홀로 새소리를 듣네 沙月獨聽禽

1650년 경 소운암은 내앞에 있었다. 『야암유고』에는 "아우 덕이가 가난함을 견디지 못해 봄에 풍정으로 돌아갔다. 병중에 오언율시를 지어 전별하였다."라는 사연 아래에 이별의 애달픔을 절절히 그린 시가 적혀 있다. 생활이 어려워 처가 동네로 다시 떠나는 아우, 병든 몸으로 아우를 보내는 형의 모습이 그림 같은 장면으로 눈에 선하다.

자네와 함께 늙어가려 했더니 與爾俱遲暮
인연이 어찌하여 또 이별인가 緣何又別離
평소에는 오히려 덤덤하더니 平居猶等過
병들어서는 서로 그리워하네 病裏宣相思
쓸쓸한 몸은 나그네 같고 錯莫身如寄
가라앉은 숨소리는 위태롭다네 沈冥喘已危
내 생명 오래지 않음을 알아 吾生知不久
손잡고 언제 만날까를 기약하네 携手問前期

이 때 야암 소운암 형제는 계속 시를 주고받으며 이별의 아픔과 슬픔을 나누었다. 형제간의 애달픈 이별이 주고받는 시를 통해 점차 깊어지고 고조되는 것이다. 소운암은 시의 재능이 뛰어나고 문장이 맑았다. 그러니 역시 뛰어난 시인이었던 형과 시를 주고받으며 우애를 더욱 돈독히 할 수 있었던 것이다. 형은 아우를 아끼고 믿으며 끊임없이 보살폈고, 아우 또한 형을 존경하고 신뢰하였다. 『야암유고』에는 둘째아우와 관련하여 주로 아우와 이별하는 아픔을 그린 시, 그리고 병든 아우를 위로하는 시가 많다. 두 형제분의 시 가운데 야암과 소운암이라는 각각의 작은 집을 주제로 화답한 두 편의 시를 소개한다.

야암은 야암을 짓고 나서, 소운암에게 자신이 지은 「게시야암명의揭示野庵名義」와 「제야암題野庵」, 「야암팔경시野庵八景詩」를 보여주고 화답을 구하였다. 이에 소운암은 그 시들의 운자를 따서 시를 짓고 이를 형님께 드렸다. 이 시들은 형님의 마음과 삶을 잘 아는 아우가 그려낸 형님의 마음이자 삶이다. 그 가운데 「야암이라는 이름을 설명한 시[揭示野庵名義]」에 대한 소운암의 차운시는 다음과 같다.

세상사람 모두 이름 날리고자 하는데 擧世滔滔慕立名
어진 형님 홀로 명성 드러냄 기뻐하지 않으시네 賢兄獨不喜馳聲
진흙탕에 묻혀서 스스로 오래 칩거하시니 泥蟠自行身長蟄
매인 신세가 아니라 도가 행해지지 않음을 한탄하신 것이네
匏繫寧嗟道未行
바탕이 먼저이고 꾸밈이 뒤인 것은 참으로 순서를 얻으신 것이니
先質後文眞得序
벼슬하지 않고 들에 사는 것은 본래 길이 다르기 때문이네
非朝卽野本殊程
암자에 현판 단 깊은 뜻 그 누가 알리오 揭菴深意誰能會
경중과 취사에 밝음을 나는 안다네 輕重吾知取捨明

야암 또한 아우가 소운암을 지었을 때 아우의 시에 차운하여 그

의 마음을 헤아리고 위로하였다.

    아우가 암자를 지은 즐거움 산비탈에 있으니 舍弟開庵樂在阿
    늘그막의 마음을 그윽한 연꽃에 부치네 暮年心賞寄幽荷
    다가앉으니 연못 빛은 거울 열어 시리고 池光逼座寒開鏡
    창을 여니 산 빛은 구름 속에 푸르구나 岳色堆窓翠擁螺
    늙음은 다가오고 기쁨은 가버리니 自覺老來歡緖去
    누가 알리, 만남은 적고 이별의 시름은 많은 것을
誰知會少別愁多
    차 끓이며 지내는 삶만 넉넉다 말하지 말게 莫言茶鼎生涯足
    이르는 내와 산마다 병 조리할 만하다네 隨處溪山可養痾

    야암의 막내아우인 도암 김후는 1613년 2월에 내앞의 집에서 태어났다. 야암보다 9살이 어린 아우이다. 도암은 4형제 중 막내여서 부모로부터 매우 사랑을 받았다. 그런데 나이 겨우 5세에 아버지 좌랑공이 세상을 떠났다. 어머니 권씨는 막내아들이 일찍 아버지를 여읜 것이 너무 안쓰러워 10여세가 될 때까지 공부를 시키지 않았다. 둘째형 야암이 막내아우의 공부가 지나치게 늦는 것을 걱정하여, 아우를 데리고 지동초당池洞草堂에 가서 아우와 침식을 같이하며 틈틈이 기본 역사서와 경전을 가르쳤다. 그런데 도암은 형님이 번거롭게 하나하나 이끌어 깨우쳐주지 않아도, 마치 전에 배운 일이 있던 것처럼 글을 읽었다. 야암은 이에 매우 기뻐하였고, 도암 또한 형이 가르쳐주는 것을 배우며 즐거워하였다. 도암은 지동초당에 머물러 있으면서 형에게 여러 해를 배웠는데, 문장과 생각이 점차 진보하여 말하면 문득 사람을 놀라게 하였다. 그것을 본 사람들마다 모두 "내앞 집안사람들은 따라갈 수가 없다."라고 말했다 한다.

도암은 1626년 병인년 봄 매형 설송雪松 김숭조金崇祖(1598~1632)에게 가서 시와 문장을 배우면서 과거공부를 하였다. 도암의 매형 설송은 학호鶴湖 김봉조金奉祖(1572~1630), 학사 김응조의 막내아우인데, 뛰어난 실력을 지닌 선비로 이미 진사시에 합격한 터였다. 그는 매형에게 배운지 한 해 남짓 만에 뛰어난 성취를 이루었다. 도암은 그 성취를 바탕으로 1634년에 약관의 나이에 소과에 합격하였다. 그러나 병자호란 뒤에 분통한 마음을 이기지 못하고 과거를 포기하였다. 그는 청성산 북쪽 기슭, 낙동강 변 율리栗里에 거처를 정하고 도암이라는 편액을 걸고 도연명과 같은 삶을 살고자 했다. 야암은 어려서 아버지를 잃었고, 몸이 병약한 데다 직접 데리고 공부를 시킨 이 아우에게 매우 깊이 마음을 썼다. 야암은 어느 해 봄날, 나물거리인 거여목 싹을 보자 막내아우에게 맛보여주고 싶은 마음이 들었다.

거여목 나물을 춘경에게 줄 것을 생각하며〔思苜蓿菜寄春卿〕

새봄 초 싹들이 풍성한데 新陽初藹藹
거여목 나물 이미 향기롭네 首蓿已芳菲
지극한 맛 사탕수수처럼 달고 至味甘猶蔗
부드러운 잎새 고비보다 더 모드랍네 柔膚脆勝薇

좋아함은 단 대추와 같고 嗜同羊棗獨

생각은 살찐 쏘가리처럼 깊다네 思深鱖魚肥

캐서 손바닥에 가득 채우리니 采采應盈掬

행여 부쳐줄 수 있을까 倘教寄使歸

 

야암뿐 아니라 바로 아래 아우 소운암도 병약한 이 막내아우를 위해 많은 애를 썼다. 『야암유고』를 살펴보면, 야암, 소운암, 도암 삼형제는 이러한 과정에서 서로 차운시를 주고받으며 우애를 다졌다. 그런데 도암은 50여세 즈음에 새로 천연두를 앓았던 듯하다. 천연두는 당시 매우 무서운 돌림병이어서, 그 병으로 죽는 사람이 아주 많았다. 다행히 병이 낫자 야암, 소운암 두 형이 기뻐서 시를 지어 축하하였다. 이에 도암이 차운하여 시를 짓고, 이 시들은 야암, 소운암, 도암 삼형제의 깊은 우애를 잘 드러내는 징표가 되어 세상에 널리 알려졌다. 『도암집』에는 표은 김시온의 차운시도 실려 있는데, 시에 "춘경이 천연두를 겪은 뒤 형제들이 더불어 창수한 시 4수를 나에게 보여주기에 차운하여 축하하였다."는 제목을 붙였다. 그 뒤 도암은 백운정으로 야암 형님을 찾아왔다. 야암은 매우 기뻐하여 다시 지난번의 운자를 써서 도암에게 주었다.

 

막내아우 김후 춘경이 새로 천연두를 겪고 백운정을 찾았기에 매우 기뻐서 써 주다.〔季君春卿 煦 新經痘患來訪雲亭喜甚書贈〕

아우 얼굴 처음 보고 그 괴로움 생각하니 初看君面想君艱
점점이 헌 데 자국 아직도 얼굴에 가득하네 點點痂痕尚滿顏
천연두 귀신은 교화해 바뀌게 할 수 없는가 不有痘神能化貿
어찌하여 몸에 두루 흉터를 남게 하는가 胡敎形體遍痕斑
나는 아직 천연두를 면하지 못해 가련한데 憐吾未免爲人客
자네는 이제 마마 귀신을 벗어나 부럽다네 羨爾從今出鬼關
손으로 어루만지고 거듭 탄식하지만 以手撫摩重歎息
차마 밑 서성이며 읊는 흥취 절로 떨치기 어렵네 巡簷吟興自難刪

『도암집』에는 야암의 이 시에 대한 도암의 차운시가 실려 있는데, 야암의 이 시에 차운한 것은 도암만이 아니다. 이 시는 고을에 널리 알려져 『도암집』에는 두 형제간의 지극한 우애와, 낫기 힘든 천연두를 나이 들어서 견뎌낸 도암을 축하하는 의미에서, 그 운자를 따서 지은 당대의 여러 명사들의 시가 실려 있다. 갈계 김도, 야계冶溪 유학柳㰒(1607~1688), 김종명金宗溟(1625~?), 고산 이유장, 금옹 김학배, 조카 무위당 등 18명의 시가 그것이다.

1664년 갑진년 9월 28일 그 막내아우가 형님을 찾아 내앞의 야암에 왔다. 야암의 회갑이 9월 24일 이었으므로 아마 회갑을 축하하기 위하여 방문했던 듯하다. 야암은 아우 조카와 더불어 술 단지를 열어 막내아우의 장수를 축원하였다. 그리고 장율시를 지어주어 기쁨의 뜻을 표하였다. 이 자리에는 야암, 소운암, 도암 삼형제와 삼형제의 자제들이 참여했던 듯하다. 막내아우의 장수를 축원한 것은 아마 무서운 천연두를 무사히 벗어난 아우에게 보내는 축원이었을 것이다. 『야암유고』에는 이와 관련된 몇 편의 시가 실려 있다. 가랑비 내리는 저물녘, 삼형제가 서로 술을 권하고 시를 주고받으며 즐겁고 기쁜 마음으로 우애를 다지고, 그 자손들은 노래로서 어른들이 오래 사시기를 축원하는 내용이 그 안에 있다. 그 광경을 머릿속으로 그려보는 것만으로도 마음이 넉넉해지지 않는가. 이제는 보기 힘든 일이 되었지만, 몇 십 년 전만 해도 부모의 회갑에 자손들이 모여서 노래 부르고 춤추며 부모의 장수를 축원하는 광경은 그리 드물지 않았었다.

## ▶ 야암과 교육

야암은 전 후취 두 부인과의 사이에 아들 여섯과 딸 둘을 두었다. 형제 또한 넷이었으므로 조카들도 여럿이었다. 그는 아들과 조카들 손자들을 교육하는데 마음을 많이 썼다. 그는 암자를 짓고 나서 유유자적 세상을 멀리하며 지내는 삶에 머무르지 않았다. 그는 아들 조카 손자는 물론이려니와 배움을 청하는 젊은이들에게 많은 가르침을 주었다. 그는 항상 아들 조카 등에게 "마음을 다스려서 허물을 적게 해야 한다." "곤궁함을 잘 견디고 부지런히 배워야 한다."라고 정성을 담아 말하곤 했다. 『야암유고』에는 이와 관련된 사연과 함께 시 한편이 실려 있다.

아들 태기의 시에 가난을 걱정하는 내용이 있었다. 가난이란 선비에게 늘 있는 일이다. 이 때문에 『논어』(「위령공편」)에 "군자는 도를 걱정하지 가난을 걱정하지 않는다."고 하였다. 진실로 학문에 뜻을 두었으면서 부귀영화 명예 같은 외물에 따르면 어떻게 제멋대로 행동함을 면할 수가 있겠는가라는 꾸지람을 담아 그 시를 차운하여 경계하였다.

정월이 되어 북두칠성이 동쪽으로 돌았다 三陽已泰斗回東
슬기롭고 어리석음이 모두 네 한 몸에 달렸다 爲知爲愚在爾躬
학문이란 공부하여 높은 경지로 올라감을 귀히 여기고
學貴着功須向上
마음은 욕심을 줄여 속내 편안함을 바라는 것이다
心要寡欲乃安中
안연의 안빈낙도는 이르는 곳마다 생애가 넉넉하고
顏瓢到處生涯足
관녕의 검소한 생활에 세상 생각 끊기어라 管榻穿來世慮空
이를 따라 잠시의 시간이라도 마땅히 노력하라 從此分陰宜自勉
오랜 전통의 유가는 이것이 가풍이니라 遠傳儒素是家風

젊은 아들의 생각에는 학문을 닦아, 그것을 통하여 벼슬도 하고 가난도 벗어나고 싶은 마음이 있었을 것이고, 그러한 아들의 마음을 야암도 충분히 헤아릴 수 있었을 것이다. 그 자신도 젊어서 해보았음 직한 생각이기 때문이다. 그러면서도 야암은 학문이란 자기 수양을 통해 높은 경지로 나아가는 것이며, 안빈낙도의 삶이 바로 바람직한 삶이고, 우리 집처럼 오랜 전통이 있는 유가의 가풍이라는 말로 아들에게 꾸지람과 가르침을 동시에 내리고 있다. 부친 야암의 가르침을 받은 맏아들 태기와 둘째아들 이기는 다시 앞의 운자로 시를 지어 올렸는데, 그 내용에 자못 지난날의 게으름을 바꾸고 새로움을 도모하고자 하는 생각이 들어 있었다. 야암은 기뻐서 다시 그 운자를 사용하여 시를 지었다.

> 하루 내내 처마 끝에서 뚝뚝 소리 들리는데 　終朝簷沿響丁東
> 쓰러져 누워 멀뚱멀뚱 늙은 몸 살핀다　頹臥無眠省老躬
> 조촐한 밥 한 사발 길손께 드리고　疏飯一盂供客裏
> 옛 책 천권을 한가한 가운데 마주한다　古書千卷對閑中
> 게으른 늙은이는 못난 마음 부끄럽고　衰慵自愧吾心拙
> 자질구레한 걱정이야 너희들 배고픔이네　滅裂常憂爾腹空
> 읊은 시에서 뜻을 세웠음을 기쁘게 여기나　喜看吟詩能立志
> 모름지기 바람타고 날아올라라.　會須毛骨有排風

아버지의 꾸지람과 가르침을 제대로 받아들인 아들들은 앞의 운자를 써서 시를 지어 아버지께 드렸다. 그 시에서 지난날의 잘못을 뉘우치고 새로운 학문의 길로 나아가려는 뜻을 본 야암은 기뻐서 그 운자를 다시 써서 아들들을 격려하였다. 야암은 자신의 삶을 되새김하고, 아버지로서 자식들의 배고픔을 걱정하는 마음을 토로한 다음에, 너희들이 학문에 뜻을 세운 것을 기뻐한다는 마음을 전한다. 그러면서 맨 마지막 '모름지기 바람타고 날아올라라'는 구절로서 학문을 통해 자식들이 입신하기를 간절히 바라는 아비의 마음을 절실하게 전하고 있다.

「우거하는 중에 마음대로 읊다〔寓中雜詠〕」에 들어 있는 「아이들에게 권면하다〔勉兒輩〕」와 1661년 설날에 지은 「설날에 아이들에게 보이다〔元朝書示兒輩〕」라는 시는 모두 앞의 시들과 내용이 대동소이하다고 할 수 있다. 숙부 경재敬齋 김시정金是楨(1579~1612)의 시 운자를 따서 아주 가깝게 지냈던 종형 경와 김휴의 아들인 종질 한계당寒溪堂 김학기金學基(1621~1666)에게 지어준 시도, 그 시들과 맥락을 같이하는 학문과 입신에 관한 내용이 있다. 원래 야암의 숙부 김시정은 아들 김휴에게 다음과 같은 시를 지어 학문을 통하여 가문의 이름을 떨치기를 부탁하였다.

> 학문하면 훗날에 존귀함과 영화를 얻겠지만 學問他日得尊榮
> 잡된 기예는 한갓 성정만을 해친다 雜藝徒能喪性情
> 한 마디 말이라도 실천하면 족하나니 一語踐行斯亦足
> 만 마디 말 헛되이 외워봤자 무슨 성취 있으랴 萬言空誦竟何成
> 부모를 섬기고 어른을 받드는 일은 근본의 경지 愛親敬長根基地
> 뜻을 성실히 하고 몸을 수양하는 것은 그 다음 단계이다
> 誠意修身次第程
> 네 아비 한 평생 병을 달고 살아서 汝父一生長抱病
> 언제나 너에게 가문 명성 떨치길 희망했다 尋常望汝振家聲

야암은 종형 경와를 대신하는 마음으로 이 시를 차운하여 종질인 한계당에게 주었다.

삼가 숙부 경재공의 영자 운에 차운하여 종질 학기에게 주다.
〔敬次叔父敬齋公榮字韻 贈從姪學基〕


대대로 덕성을 닦는 일이 참된 영광이니 世修天爵是眞榮
명리 다투는 곳에서 마음 허비하여 무엇하랴 肯向名場枉費情
억지로 조장하면 마침내 해가 됨을 경계해야 하고
須戒揠苗終有害
한 삼태기라도 모자라면 끝내 산을 못 이룬다 하지 말라
莫敎虧簣竟無成
마음 기울여 틈틈이 학문을 탐구하고 潛心究得三餘學
목표를 정해 만 리 길에 바로 임해라 定脚平臨萬里程
너는 현명하니 내가 어찌 꾸짖으랴 責爾則明吾豈敢
서로 힘써 집안 명성 이어가길 바란다 庶幾相勖繼家聲


청계 김진, 운천 김용 이래로 내앞의 김씨들은 학문을 통하여 입신을 하고 집안의 명성을 이어가기를 간절히 바랐다. 하지만 문장의 학문을 가지고 과거를 통해 벼슬아치로 입신하고 집안의 명성을 이어가는 방법도 있지만, 덕성의 학문으로 학자로 입신하고 집안의 명성을 이어가는 방법도 있다. 야암의 시대는 임진왜란의 뒤끝에서 시작되고 병자호란의 와중을 거치면서, 전쟁의 후유증이 심각하게 백성의 삶을 도탄에 빠뜨리고 나라를 혼란으로 몰아넣은 어지러운 시대였다. 혼란의 와중에 조정엔 당쟁의 소용돌이가 빚어져 더욱 나라의 혼란을 부추기고 있었다. 그러므로 뜻있는 선비들에게는 벼슬살이 보다 강호에

묻혀 사는 삶이 의미도 있고 혹 재미도 찾을 수 있는 시대였다. 그러나 학문만으로는 현실에서 맞닥뜨리게 되는 삶을 꾸려가기가 몹시 벅찬 것도 사실이었다. 벼슬살이와 강호 처사의 삶 사이에 마음의 줄다리기가 야암 시대의 학자, 선비들에게 주어졌다고 할 수 있는 것이다. 그러한 고민은 표은 김시온이 학사 김시구, 야암 김임에게 보낸 편지에 잘 드러나 있다.

학사 김시구 형에게 올리고 아울러 종질 수이 임에게 보내다.
〔上鶴沙兄 金是榘 兼奉從姪受而 任〕

봉이 와서 여러분의 기거가 편안하고 복되다는 것을 알고 매우 위로 되었습니다. 시험 기일이 멀지 않았는데 문중의 자제들은 부지런히 공부하고 있습니까? 비록 선현들이 과거가 사람의 본심을 빼앗는다는 점을 경계하였더라도, 뜬구름 잡는 얘기만 하고 과거시험 같은 속된 학문 또한 곧장 결정하지 않는다면, 장차 쓸모없는 한 마리 좀 벌레가 되는 것을 면할 수 없을 것입니다. 나같이 어리석은 도깨비 같은 사람이 비록 권면하려고 하나 바른 데에서 나오지 못하는 것을 어찌하겠습니까? 여러분들은 반드시 문중의 젊은 이를 불러 모아서 백부는 선인을 계승하고 문중을 다시 일으키고 싶다는 한 구절을 가지고 그들의 어리석고 나태한 상태를 깨우쳐 주십시오.

표은 김시온은 과거란 자기의 덕성을 닦는 것을 기본으로 삼는 유가 학문의 본질이 아니고, 그래서 자신은 비록 은둔의 처사로 살아가지만, 문중의 현실적 장래를 생각할 때 문중의 젊은이들은 노력하여 과거를 봐야 한다고 말한다. 그것이 윗대의 문중어른들의 뜻을 계승하여 문중을 다시 일으키는 길이라고 주장하며, 그러한 자신의 뜻을 집안의 젊은이들에게 전해주기를 바란다. 표은의 아들인 지촌 김방걸이 과거를 통해 출사하여 대사간을 지낸 일은, 그러한 사정을 잘 알려준다 하겠다. 앞에서도 말했지만 표은 김시온, 학사 김시구, 갈계 김도 야암 김임은 당시 내앞 문중을 대표하는 처사의 인물들로 사람들에게 받아들여졌다. 그래서 사람들은 이들을 도연에 은둔하여 사는 덕 높고 나이 많은 네 사람의 은사(도연사호)로 일컬었던 것이다.

> ## 집안 선비들과의 교유

『야암유고』를 살펴보면 그는 평생 동안 수많은 교유를 가졌고, 수많은 사람들과 시를 주고받았다. 교유는 집안사람들, 가까운 지역의 사람들이 주를 이룬다. 그 중 아우들을 제외한 문중 사람들로 대표적인 인물은 종숙 표은 김시온, 종형 경와 김휴, 종형 갈계 김도, 삼종형 활옹 김암, 종제 지촌芝村 김방걸 金邦杰(1623~1695), 족질 금옹錦翁 김학배金學培(1628~1673) 등이 있다. 그들을 하나하나 다 언급할 수는 없으므로, 여기서는 그들 가운에 표은, 경와, 활옹 세 사람을 중심으로 이야기를 풀어나가기로 한다. 세간에서 숭정처사로 불린 표은은 야암에게는 집안으로는 존경하는 종숙이요, 처신으로는 뜻을 같이하는 선배였다. 표은 또한 종질인 야암을 집안의 중진으로, 뜻을 같이할 수 있는 동지로서 생각하였다. 그러므로 두 사람은 아주 각별한 사이가 될 수밖에 없었다. 『야암유고』에는 표은과 관련된 10여편의 시가 실려있는데, 『표은집』에 실려 있는 시 하나와 『야암유고』에 실려 있는 시 한 편씩만을 들어 두 분의 관계를 더듬어 보기로 한다. 먼저 표은의 시이다.

야암을 방문하다.〔訪野庵〕

나는 도연의 선협 속에 살고 我居仙峽裏
그대는 내앞의 빗골 가에 있어 君在雨溪涯
구절 신선 지팡이 휘두르면서 九節飛仙杖
세 칸 야암에 이르렀네 三椽到野家
저물녘 연못에는 비단놀이 걸리고 晚池霞綺倒
개인 언덕에는 버들가지 비꼈네 晴岸柳絲斜
집터 잡아 도연명의 정취 이루고 卜地成陶趣
채마밭 만들어 소평邵平의 오이 심었다네 爲園種邵瓜

도연의 선협에 은둔하여 지내던 표은은 내앞의 빗골 야암으로 종질 야암을 찾아왔다. 표은은 자신을 선협에 사는 신선으로 야암을 세 칸의 들 집에 사는 사람으로 빗대어 표현하였다. 야암의 석양이 비친 연못, 버들가지 늘어진 언덕의 아름다운 풍광 속에서 도연명처럼 속세를 멀리하며 농사짓고 사는 종질을 보며 같은 듯 다른 듯하면서도 뜻을 같이하는 동지로서의 동질감을 느꼈을 것이다. 그들은 이렇게 직접 서로 찾아 마음을 나누기도 하였지만, 때로는 좋은 시가 이루어지면 서로 보내서 마음을 확인하기도 하였다. 어느 날 표은은 시 하나를 야암에게 보냈다. 이에 야암은 그 시에 차운하여 자신의 삶과 생각을 나타냈다.

선협의 종숙께서 기奇자를 운으로 하여 시를 보내주셨기에 삼가 차운하여 사례하였다.〔仙峽從叔氏又投奇字韻謹次以謝〕

게으르고 못난 평생 기이한 것을 좋아하지 않고 懶拙平生不好奇
소연하게 편안히 누어 시냇가와 하나 되었네 蕭然安臥合溪湄
백사장 갈매기는 복숭아꽃 물결을 지나가고 沙鷗正泛桃花浪
띠 집은 가시울타리와 비스듬히 이어지네 茅屋斜連枳棘籬
한가로운 거처에서 여러 의미 알려거든 欲識閑居多少味
모름지기 실타래 같은 가랑비 보아야 하네 須看細雨丈如絲
가련토다 산새는 술병들라 권하니 可憐山鳥提壺勸
고양 못에서처럼 흠뻑 취하는 것이 좋겠네 何以高陽酩酊時

야암은 표은의 시에 차운하면서 자신이 야암에서 지내는 한가로운 삶을 몹시 기꺼워한다는 뜻을 실었다. 그는 실타래 같은 가랑비를 보며 여러 의미를 생각하고, 산새 울음소리를 술병 들라고 권하는 소리로 들으며, 진나라 사람 산간山簡이 고양 못에서 취했던 것처럼 흠뻑 취하고 싶어 한다. 그렇지만 이처럼 선협의 신선 같은 처사로서 사는 표은과, 야암에서 도연명처럼 지내는 야암도, 한때는 세상에 나가 뜻을 펼치고자 하는 생각을 지녔을 것이다.「갈계 김도 형의 운자를 받들어 답하고 표은 종숙에게 드리다〔奉酬葛溪 燾 兄韻呈瓢隱從叔〕」라는 시에서 야암은 그러한 생각을 이렇게 피력하였다.

……
신선 골짝에서 어느 때 반갑게 함께 하여  丹壑幾時靑眼共
한 잔 술에 긴 칼 들고 웅대한 계획 얘기하랴  一盃長劍話雄圖

하지만 그들이 처했던 시대상황은 그 웅대한 계획을 펼치기 어려운 상황이었다. 그래서 한 사람은 도연에서 처사로 지내며 후진을 교육하고, 한 사람은 야암에서 자제들과 젊은이들을 가르쳐서 먼 훗날을 기약했던 것은 아닐까 한다.

표은이 존경하는 집안 어른이요, 뜻을 같이 하는 동지였다면, 종형 경와 김휴는 유난히 가깝고 애틋하기도 한 큰형님 같은 존재였다. 앞에서 말한 바 있지만, 두 사람의 조부가 되는 운천 김용은 경와 김휴와 야암 김임을 장래가 촉망되는 손자로 꼽은 바 있다. 재주 많았던 이 두 사람은 젊어서는 과거에 뜻을 두었지만, 결국 모두 세상에 나가 뜻의 나래를 펴지 못하고 시골에서 생을 마칠 수밖에 없었는데, 그들이 살았던 시대가 그들에게 그러한 기회를 맞을 계기를 마련해주지 않았던 탓도 있었을 것이다. 김휴는 42세라는 장년의 나이에 세상을 떠났는데, 그는 외아들 학기에게 경계하는 글을 남겼다. 그는 그 글에서 자신이 혼탁하고 어지러운 세상을 만나 명철보신明哲保身한다고 과거공부를 그만두고 술 마시는 것만 일삼으며, 세상을 희롱하고 사람들을 업신여기는 삶을 살아왔다고 회고한 뒤, 그것이 올바른 방법이 아니니 성현의 경전을 읽고 고인의 빼어난 문장을 읽어 마음의 바탕과 문장의 품격을 갖추어야 한다고 하였다. 이어 그는 벼슬이 중요한 것이 아니라 군자의 덕을 갖추는 것이 중요하다고 하였다. 그는 다른 글에서는 아들에게, 자포자기하지 말고 반드시 본 마음을 회복하고 잘못된 습관을 벗어던져, 따스하고 공손한 선인 군자가 되라고 하였다. 김휴는 죽기 하루 전에 스스로 지은 만시(臨終自輓)에서 자신의 인생에 있어서의 회한悔恨을 다음과 같이 서술했다.

  배움에 뜻 두고도 學何有志
  이룬 것 하나 없네 竟無所成
  예를 실천하려다가 禮何欲履
  죽음에 이르렀네 而至滅生
  위로 부모 저버렸고 上負爾親
  아래로 나 자신을 등졌구나 下負爾身
  나 무슨 낯으로 爾何顏面
  돌아가 선인 뵙겠는가 歸見先人

이 글에는 자신이 품었던 뜻과 가문의 부흥을 바랐던 부형의 바람을 이루지 못한 채 세상을 떠나는 회한과 안타까움이 절절하다. 특히 자신이 품었던 뜻이 좌절된 삶을 성찰하며 적은 "아래로 나 자신을 등졌다."는 구절은, 외부에서 주어진 운명의 흐름과 자신의 자주적 선택 사이의 깊숙한 틈새에서 배어나온 고민의 결과물로 보여, 읽는 이의 마음을 몹시 아리게 한다. 그렇지만 김휴는 회한만이 가득한 삶을 살았던 것은 아니었다. 그는 스승인 여헌 장현광의 학통을 계승하여 성리학을 깊이 연구하였고, 『해동문헌총록海東文獻總錄』을 지어 우리나라 서지학書誌學의 기초를 마련하고 그 발달에 크게 기여하였다. 앞에서 언급하였지만, 야암이 김휴의 아들 학기에게 시를 준 것은, 바로 김휴의 그러한 뜻을 이어받아 조카에게 전한 것이다. 야암이 경와를 생각하는 마음은 『장고세고』와 『야암유고』에 실린 시에 나타나 있는데, 특히 경와에 대한 만시에 잘 드러난다.

경와 형을 곡하다.〔哭敬窩兄〕

일만 이천 봉우리에 취해서 읊조렸으니 萬二千峯入醉哦
중국 땅 장쾌한 유람 이와 꼭 같았으리 壯遊秦隴此同科
돌아올 때 풍광 남긴 것이 적으니 歸時物色分留少
가는 곳마다 산신령이 매우 괴이해했으리 到處山靈恠取多
계당에 홀로 누워 보낸 세월 얼마였던가 獨臥溪堂曾日月
신선 베개에 남은 건 옛 연하뿐이네 只餘仙枕舊烟霞
눈 속에 핀 뜰의 매화 옛날 그대로이니 庭梅雪裏渾依昨
정녕 읊조리던 넋이 밤마다 지나가리라 定有吟魂夜夜過

김휴는 1627년 가을 금강산을 유람한 일이 있다. 그 유람에서 지은 시를 모은 것이 「금강록」인데 일 만 이천 봉우리에 취해서 읊조렸다는 것은 김휴의 금강산 기행을 말한다. 신선 베개에 남은 것 옛 연하뿐이라는 것은 김휴가 금강산에서 가져와 다듬은 연하침만 남았고, 연하침의 주인 김휴는 세상을 떠났음을 말하는 것이다. 연하침의 내력은 김휴가 지은 「집에 간직되어 있는 4가지 보물에 대한 기록〔家藏四寶記〕」 가운데 들어 있다.

1627년 가을, 내가 금강산 만폭동을 유람하다가 청룡담靑龍潭에 이르러 암석 사이 폭포가 떨어지는 곳에 큰 나무가 기둥처럼 버티고 선 것을 보았다. 승려들이 말하기를, "이 나무가 여기에 있은 지 몇 백 년이나 되는지 알 수 없다."고 하였다. 내가 그것을 끄집어내도록 하자 승려들이 온 힘을 다하여 꺼냈는데, 박달나무였다. 나무는 물이 침식하여 썩고 난 나머지만 마치 단단한 뼈처럼 남아있었다. 그 형상이 기괴하고 (무늬가) 꿈틀거리기를 마치 용이 나무를 타고 오르는 것 같았는데, 머리와 다리가 모두 갖추어져 베개로 삼을 만 하였다. 내가 데리고 간 종을 시켜 짊어지고 가게 하자, 같이 유람하던 사람들이 웃었다. 내가 말하기를 "산에서 나온 뒤 집에 돌아와 한가롭게 있을 적에, 때로 혹 이것에 기대어 잠이 들면 곧 일만 이천 봉이 반드시 꿈 가운데 죽 늘어설 것이다."라 하였다. 집에 돌아와 대충 칼로 깎아내어 마침내 이태백의 시〔夢遊天姥吟〕"깨어나니 오직 베개뿐, 지난 날 (꿈속)의 안개구름 잃어버렸네."의 뜻을 취하여 연하침烟霞枕이라 이름 붙였으니 산을 꿈꾸는 뜻을 말한 것이다. 또한 이 나무를 청룡담에서 얻었고, 형상이 용龍과 서로 비슷하므로 다시 청룡궤靑龍机라고 이름 붙였다.

경와 김휴는 야암에게는 늘 그리운 형이었다. 젊어서 같이 과거시험 보러 다니던 형이었고, 주변 유람도 같이 다니며 마음 알뜰하게 나누던 형이었다. 다음 시는 야암이 경와와 함께 청량산 유람을 갔다가 고산에 이르러 홍수로 강을 건너지 못하고 되돌아 와서 지은 시이다.

강가의 작은 집 小屋臨江上
거울 같은 물속 하늘에 사람이 지나가네 人行鏡裏天
푸른 언덕 우뚝이 마주보고 蒼匡屹相對
흰 새는 스스로 빙빙 도네 白鳥自回旋
꽃은 맑은 빛을 띠고 피었고 花帶晴光發
술잔은 멋진 경치 담아 전하네 杯御勝景傳
어떡하면 두 날개가 돋아나서 何緣生兩翼
축융봉 꼭대기에 날아오를까 飛上祝融巓

이 시 속에 담겨 있는 야암의 마음은, 경와 형과 함께 집안의 양 날개가 되어 청량산 축융봉 같이 높은 곳을 날아올라, 집안의 명성을 드날리고 싶었던 것은 아닐까? 그 형이 비교적 젊은 나이에 돌아가자 야암은 경와 형에 대한 그리움이 짙을수록 더더욱 외로웠을 것이다. 어느 날 야암은 경와 형이 지내던 시냇가 서당을 지나가다 형이 병중에 읊은 매화시를 생각하며 형을 추억하고, 「경와 형의 시냇가 서당을 지나며」라는 시 한 수를 지었다.


### 경와의 매화 시

계당의 매화 한 그루에 이르노라 寄語溪堂一樹梅
맑고 고운 빛 잘 간직하여 봄 오기를 기다려라 好藏淸艶待春回
꽃필 때 주인 없다 슬퍼하지 말라 開時且莫悲無主
정녕코 시인의 넋 있어 달빛 아래 오리라 定有吟魂月下來


### 경와 형의 시냇가 서당을 지나며〔過敬窩兄溪堂〕

푸른 잣나무 노란 국화꽃 사람을 심란하게 하는데
翠柏黃花惱殺人
작은 서당은 예전처럼 시냇가에 있네 小堂依舊傍溪濱
매화 읊던 영령은 어디에서 노니는가 吟梅精爽遊何處
아마도 남긴 글 있어 귀신을 울리리라 想有遺篇泣鬼神

경와의 매화시는 그 시에 담긴 애달픈 정서로 인해 학사 김응조를 비롯한 많은 이들의 심금을 울렸다고 한다. 야암은 경와 형을 추억하며 이 시를 생각했고 그래서 "매화 읊던 영령은 어디에서 노니는가" 라는 구절로 경와를 추모하였던 것이다.

종형 활옹 김암 또한 매우 가까운 사이였다. 활옹은 야암 보다 4년 연상이었다. 그러나 둘은 절친한 사이였다. 활옹은 마을의 북쪽에 살고 야암은 남쪽에 살면서, 40여년을 슬픔과 기쁨을 두루 겪으며, 서로 믿고 의지하였다. 두 사람은 개호의 굽이, 부암의 언덕 등에서 만나 담소하며 시와 노래로 서로 화답하곤 했다. 둘 다 시골의 은둔 선비로 지내면서 남다른 정의를 쌓았던 것이다. 앞에 적은 바 있지만, 야암이 과거를 준비하던 서울에서 귀향하는 도중 양모 안씨의 상을 당했을 때, 야암을 대신하여 모든 장례 준비를 맡아서 한 사람이 활옹이었다. 활옹의 아들이 바로 당대 내앞의 대표적 학자인 금옹 김학배이다. 금옹 또한 야암을 어버이 대하듯 했고, 야암 또한 금옹에 대한 각별한 정이 있었다. 그래서 야암은 어느 해 설날 밤에 금옹과 함께 활옹 이야기를 나누다가 다음과 같이 당부하였다.

……
학문은 바탕을 정하여 힘써 닦음을 귀히 여기고　學貴勉修由腳定
행실은 마음을 편안히 하여 평탄히 해야 한다네　行須平坦在心安
이 말이 허망하지만 마땅히 깊이 살펴야 하리니　此言雖妄當深省
어찌 하랴 늙은이의 이로움 없는 탄식을　爭奈老夫無益歎

야암은 1663년 즈음 금옹이 과거에 급제하여 벼슬하러 서울로 갈 때에는 금옹을 작별하며 다음과 같이 당부하였다.

천휴와 작별하며〔贈別天休〕

잘가라 도룡객이여　好去屠龍客
가을 연꽃이 삼척이나 자랐네　秋蓮三尺長
푸른 구름은 앞날을 기약하고　青雲期前步
밝은 햇빛 다시 비추이는데　白日已回光
겹겹이 험난하다 여기지 말게　莫以千重險
부드러움이 백번 달군 강철이라네　能柔白鍊剛
한강 나루 봄 물결은 매우 거세니　漢津春浪急
모름지기 스스로를 감추고 신중하게　須自慎行藏

야암은 금옹을 용을 잡는 뛰어난 재주를 지닌 사람, 즉 천하에 특출한 재주를 가진 사람으로 인정한다. 그러나 벼슬길이란 늘 험난하기 그지없기 마련이다. 그는 금옹이 세상의 험난함을 부드러운 마음으로 꿋꿋이 헤쳐 나가기를 바란다. 서울의 험난한 벼슬살이를 한강나루 거센 봄 물결에 비유하면서, 자신을 지나치게 드러내지 말고, 늘 신중하고 겸손하게 생활해가라고 간곡하게 당부하고 있는 것이다. 활옹과 야암이 각별했던 만큼 야암은 금옹을 이처럼 아꼈고, 금옹 또한 야암을 잘 알았고 존경하였다. 금옹이 야암의 언행록을 짓는 것도, 제문에서 절절히 야암을 추모한 것도 다 그런 배경과 이유가 있었던 것이다.

## 〉 인근 사림들과의 교유

집안사람들과의 교유 이외에도 야암은 폭넓은 교유를 갖는데, 돌아간 분을 애도하는 만시를 제외하고『야암유고』에 등장하는 인물은 오십여 명에 가깝다. 특별히 창수한 시가 많은 분은 유인배, 배윤전이다.『야암유고』에는 유인배와 창수한 시 20여 편, 배윤전과 창수한 시 10여 편이 실려 있다. 원계猿溪 류인배柳仁培(1589~1668)는 청계 김진의 막내사위인 류란柳瀾의 네 아들 중 막내아들이다. 경당 장흥효에게 수학하고, 외사촌 형 운천 김용에게도 배웠다. 그는 병자호란이 일어난 1636년에 집안사람들을 이끌고 외조부 청계공의 별장이 있는 기산 아래로 들어갔다. 원계로 호를 삼은 것은 납실이라는 그곳의 지명을 따른 것이다. 납실은 외삼촌 학봉 김성일이 금계 처가 동네로 옮겨 살기 전까지 살던 곳이었다. 원계는 그 곳에 네모난 연못을 파고 연못 주변에 소나무 대나무 매화 국화 연꽃을 심었다. 집에 육우당六友堂이라는 액자를 걸었는데, 퇴계선생의 시 구절 "여섯 벗이 서로들 마음에 맞거니[六友是心降]; 소나무·대나무·매화·국화·연꽃과 나를 여섯 벗으로 삼는다."에서 따온 것이다. 그는 벼슬길에 나가지 않고 야암 이외에 남호 이환, 표은 김시온 백졸암 류직과 가까운 벗이 되어 시를 짓고 술을 마시며 즐겼다. 야암은 15년 연장이자 먼 인척이 되는 류인배와 자주 만나서 주변의 풍광 좋은 곳을 돌아보며 시를 짓고 술을 마시는 등 만남을 지속적으로 가졌는데, 원계를 매우 존숭하였다. 야암은 원계는 신선 같은 노인으로 천지를 집으로 삼고서 속세를 멀리하고 산골에 산다고 하였다.

원계 류인배의 『술회』 시에 화답하다.〔和柳猿溪 仁培 述懷韻〕

우리 집안 신선 노인  我家有仙翁
훌륭한 재주 품고도 산골에 사네  懷寶棲山谷
속세에 나가는 건 꿈에도 없고  無夢到風塵
적막을 달게 여기는 도가 있네  有道甘寂寞
산수로 병풍을 삼고  山水以爲屛
천지로 집을 삼았네  天地以爲屋
……

원계 또한 자주 야암을 방문하여 야암과 지극한 정분을 나누었다. 원계가 방문하자 야암은 그에 사례하는 시를 짓는다.

원곡 류인배가 방문하시어 강가 누각에서 함께 이야기하기로 약속한 것에 대해 사례하다.〔謝柳猿谷枉訪約以同話江樓〕

그대는 나보다 10여 년 연장이시나  君今長我十餘年
백발에 오히려 지팡이 가볍게 날리시네  白髮猶能放杖翩
세상 피해 산중에서 늙어가는 줄 모르시며  避世山中不知老
오두막 아래에서 참을 길러 온전함을 구하시네  養眞茅下獨求全
가을바람에 필마로 시의 흥취 일으키시고  秋風匹馬動詩興
달 밝은 높은 누대에서 취해서 주무시네  明月高樓供醉眠

반나절 모심으로는 자못 부족한데 半日叨拜殊未足
다시 신선 소매 부여잡고 냇가를 건너신다. 更攀仙袂渡溪邊

　　야암과 매우 가깝게 지낸 다른 분으로 백졸암百拙庵 류직柳稷(1602~1662)이 있다. 그는 청계 김진의 사위 류성柳城의 증손자이다. 그는 시가 매우 뛰어나 시호詩豪로 불렸다. 1630년 진사시에 합격하였다. 1650년 우계 성혼成渾과 율곡 이이李珥를 문묘에 배향하려는 논의가 일어나자, 유림의 두터운 신망을 받고 있던 그는 영남 선비들의 영수가 되어 그 부당함을 주장하였다. 그러나 그 일의 정치적 여파로 유림의 명단에서 삭제되고 과거에 응시를 못하는 처분을 받고 말았다. 그 후 백졸암은 날마다 주변의 선비들과 더불어 시를 읊조리며 시름을 달랬다. 그는 주변에 살던 표은 김시온, 야암 김임과 도의와 덕으로써 막역하게 사귀었다. 당시의 사람들이 이 세 분을 임하현의 세 노인(河上三老)이라고 일컬었다. 야암은 그에 대한 제문에서 "십리 남짓 떨어진 곳에 살면서 스물 남짓한 나이부터 상종하며 서로 의지하여 절차탁마하였고, 깊고 깊은 마음의 교분을 나누었다."고 기리고 있다. 『야암유고』에는 이외에도 야암과 가까이 살고 마음으로도 가까이 지낸 영암靈岩 류숙柳橚(1600~1684)을 비롯한 여러분의 전주류씨 인물들이 등장하는데, 어떤 분들인지 모두 명확히 알 수는 없으나 무실 전주류씨와 내앞 의성김씨 사이에 작동해 온 한 집안 같은 분위기의 오랜 교분은, 류성이 청계 김진의 사위가 된 이후 대를 이어 가면서 끊임없이 하나의 문화로서 정착되어 내려 온 것으로 생각한다.

　　야암과 동갑의 벗인 도장道藏 배윤전裵潤全(1604~?)은 금역당琴易堂

배용길裵龍吉(1556~1609)의 셋째아들이다. 배윤전은 야암을 매우 가깝게 여겼던 듯, 야암에게 보낸 편지에서 자신의 글이 나이 들어 전날에 비해 크게 진보했다고 자랑하면서 스스럼없이 괄목刮目이라는 표현을 했다. 야암도 도장과 매우 친했던 듯, 도장의 이 편지를 읽고 시를 보내고 또 답장을 써서 지나친 자신감을 경계하고 끊임없이 노력하라는 의사를 스스럼없이 전하기도 하였다. 야암과 도장의 교분은 오래도록 지속되었는데, 시를 주고받으며 그 사귐을 키워갔다. 야암이 59세 되던 1662년 도장은 야암으로 벗 야암을 찾아왔다. 그 때 야암은 차운시에서 "남은 생이 얼마나 될까. 두 다리는 마비증상이 오고, 양쪽 구레나룻은 하얗게 세었다."라고 하면서 장편의 시를 써서 둘 사이의 회포를 드러내기도 하였다. 그는 만년에 표은 김시온, 백졸암 류직, 야암 김임과 같이 계원사로溪院四老(호계서원의 네 노인)로 불렸다고 한다.

  이 외에 야암과 깊은 교분을 맺은 분들은 이우당二愚堂 권환權奐(1580~1650), 부훤당負暄堂 배익겸裵益謙(1587~1654), 개곡開谷 이이송李爾松(1598~1665), 우천愚川 정칙鄭侙(1601~1663년)이 있다.

## ▶ 선비들의 유람을 통해 본 교유 방식

  야암은 당시의 일반 선비들과 마찬가지로 지역의 선비들과 많은 교유를 갖는다. 그 교유는 젊은 날부터 노년에 이르기까지 주로 모여서 술 마시고, 시를 짓고, 세태를 논하는 등의 방식으로 진행된 것으로 보인다. 서로 찾아가는 개별적인 만남도 있었겠지만 여럿이 모여 교분을 나누는 형식의 만남이 더 잦았던 것 같다. 모임의 장소는 다양하였다.『야암유고』를 보면 가장 많은 만남이 이루어진 장소는 백운정이다. 백운정은 당시 내앞 사람들과 주변의 많은 선비들이 선망하는 모임 장소였다. 가장 가깝고 의미있고 멋지고. 그 이외에『야암유고』를 중심으로 야암이 만남과 모임을 가진 장소를 살펴보면, 청량산淸凉山, 황산사黃山寺, 낙연落淵, 여강廬江, 한송정寒松亭, 선찰仙刹, 현사사玄沙寺, 아양루峨洋樓, 만송정萬松亭 등이다. 모임은 백운정과 황산사에서 자주 있었던 듯하고 청량산을 유람할 때 지은 시가 많이 남아 있다. 여강과 백운정 아래에서는 뱃놀이도 즐겼던 듯하다. 당시 선비들의 교유 방식을 아주 잘 보여주는 사례의 하나로 야암과 학사 김응조를 비롯한 향중의 여러 선비들이 함께 했던 유람 하나를 소개한다.

병술년(1646) 7월에 매원 김광계와 학사 김응조를 모시고 낙연을 유람하였는데, 상사 김이실과 참봉 류의남 의언 또한 와서 모였기에 백사장에 둘러앉아 한껏 즐기고 파하였다. 학사가 오언율시 두 수를 읊기에 나도 따라 차운하여 자리의 여러분께 드렸다.

수레타고 먼 길을 가벼이 가니　命駕輕長道
이 모임 은근하도다　慇懃此盍簪
높은 벼랑은 하늘의 문이고　壁高天閶扇
갈라진 강줄기는 땅의 열린 옷깃이네　江坼地開襟
경치 빼어나니 사람 또한 빼어나고　境勝人還勝
술잔 깊으니 마음 또한 깊다네　盃深意亦深

참된 이치 알고자 하니 欲知眞理會
밝은 달이 못 가운데 비치네 明月印潭心
쏟아지는 폭포 몇 길이나 되는지 飛流知幾丈
떨어지는 곳 바위 모서리가 닳았네 落處石磨稜
요란한 우레 소리 항상 울리고 轟輷雷常動
무너져 내린 눈이 층을 이루네 奔崩雪欲層
낙양에서 노닐던 백거이를 논해 무엇하랴 何論遊洛白
기수에서 목욕하던 증점을 곧장 생각하네 直想浴沂曾
다만 다시 올 때 길을 잘 못 들까 두려워 秖恐重來誤
절간의 중과 함께 시를 남긴다네 留詩與寺僧

 야암은 이 모임의 유람에서 학사가 오언율시 두 수를 읊자 그에 차운하여 시를 지었다. 그는 이 기꺼운 모임이 마주한 도연의 멋진 풍광을 아름다운 시어로 그려낸 뒤, 이 모임은 당나라 때 낙양에서 백거이白居易가 여러 벗들과 함께 모임을 가지고 노닐던 '낙중구로회洛中九老會'보다 나으며 증점이 기수에서 젊은이들과 노닐며 유유자적 하던 그 모습에 가깝다고 표현하였다. 학사가 지은 시는 『학사선생문집』권1에 「낙연이수落淵 二首」라는 제목으로 실려 있다. 이어 야암은 「낙연을 유람한 기문〔遊落淵記〕」이라는 명문장을 지어 그 날의 가슴 벅찬 회포를 담았다.

## 낙연을 유람한 기문(遊落淵記)

병술년(1646) 여름에 학사 김효징金孝徵, 매원 김이지金以志가 상사 김이실金而實, 참봉 류의언柳宜彦과 낙연을 유람하기로 약속하고 먼저 편지로 나를 초청하였다. 나는 아우 덕이德而와 함께 여강서원에 가서 그들을 맞이서 고삐를 나란히 하여 갔다. 이때 강물이 줄지 않아 옷을 걷고 건너기 어려워, 가마를 타거나 소를 타고 건넜다. 건너고 나서 작은 재를 넘고 언덕을 따라갔다. 어탄漁灘을 지나니, 곧바로 골짜기가 활짝 트이고 산이 열려 푸른 물과 백사장이 보였다. 새는 울며 날아오르고 학은 빙빙 돌며 나는데, 폭포는 벽에 걸려 떨어지는 형세가 매우 장대하였다. 물방울이 허공에 흩어져 비처럼 날리고, 성난 물결이 땅을 진동하여 우레처럼 울렸다. 모두가 말에서 내려 참된 천지 사이의 일대 장관을 마음껏 구경하였다. 땅에 앉아 술을 권하며 노소老少가 함께 기뻐하였다. 이윽고 해는 서쪽으로 넘어가고 밝은 달이 동쪽에서 떠오르니, 모래와 돌이 서로 빛나고 물과 하늘이 한 빛이어서, 마을에 생기가 감돌았다. 물상이 맑고 밝아 상쾌하게 사람으로 하여금 마치 옥호중玉壺中(신선이 사는 별천지)에 있으면서 (신선들인) 왕교王喬와 응진應眞을 손짓하여 부를 수 있고 어깨를 툭 칠 수 있을 듯하였다. 이에 학사 鶴沙가 오언율시 한 수를 읊으니 어구語句가 호방하고 강건하여 곧장 수정봉水晶峯을 뒤엎을 듯하였고, 상사 공이 홍안백발로 일어나 덩실덩실 춤을 추니 완연히 신선의 모습과 같았다. 한밤중이 되자 신선 같은 여러 어른들이 각자 취한 몸을 가누며 선유정仙遊亭으로

향하니, 사람 그림자와 계수나무 그림자가 붉은 언덕 푸른 벼랑 사이에 너울거려 또한 가장 기이하고 멋진 일이었다.

아, 우리나라에서 빼어난 폭포로 박연朴淵과 만폭萬瀑이 있는 것은 이미 고금의 사람들이 그것을 주제로 읊조린 시 사이에 널리 전해지는데, 그 장관을 즐겁게 유람하는 것이 이곳 낙연 유람과 더불어 서로 우열을 다툴 수 있을지 모르겠다. 그러나 내가 궁벽한 곳에 살아 한 번도 박연과 만폭에 이를 길이 없어 마음속으로 그리워했다면, 저 고금古今의 사람들이 다만 박연과 만폭의 승경만을 보았고 이 낙연의 경계에는 오르지 못한 것 또한, 내가 이곳을 보고 저곳을 보지 못한 것과 같아서 일찍이 마음속에서 그리움이 오고가지 않았겠는가. 내가 낙연의 하류에 살아 낙연을 한 해에 한 번 간 적도 있고 두세 번 간 적도 있는데, 어떤 때는 홀로 가서 홀로 돌아오고, 어떤 때는 벗은 있으나 술이 없었으며, 어떤 때는 술은 있으나 달이 없었다. 이 여러 번의 유람에 일찍이 벗과 술과 달이 아울러 있고 함께 만나는 때가 아직 없었는데, 다행스럽게도 지금 여러 신선 어른들을 모시게 되었고, 달이 뜨고 술도 있어 선경仙景을 유람하고 선구仙區의 흥취를 다하여 다시는 여한이 없게 되었으니, 이는 내 평생의 일대장관이다. 내 나이 마흔 남짓인데 비로소 큰 장관을 보았으니, 또 지금 이후로 몇 번이나 장관을 보고, 덧없는 세상 얼마의 세월을 지낼지 모르겠다. 그저 한두 가지를 기록하여 훗날 잊지 않을 자료로 삼을 뿐이다.

야암과 함께 낙연을 유람한 사람들은 매원梅園 김광계金光繼

### 낙연

야암 김임이 1646년 여름 밤 아우 소운암과 함께 매원 김광계, 정지재 김학, 지곡 류의남, 학사 김웅조 등 향중의 선배들과 더불어 신선의 흥취를 즐겼던 곳이다.

(1580~1646), 정지재定止齋 김확金確(1583~1665), 지곡芝谷 류의남柳義男(1583~1655), 학사鶴沙 김응조金應祖(1587~1667), 그리고 야암의 아우인 소운암小雲庵 김훈金薰,(1608~1667)이다. 아우 소운암을 제외하고 다른 분들은 모두 20여 세 연배가 높은 향중의 선배들이다. 신선이 사는 듯한 경치 속에서 노소의 선후배가 달과 시와 술과 춤으로 어우러지는 또 하나의 신선 경치를 연출하는 모습을 상상하는 것만으로도 그 흥취를 넉넉히 짐작할 수 있을 듯하고, 또한 노소가 함께 즐기는 옛 선인의 만남과 어울림의 의미를 다시 헤아려 볼 수 있을 것 같다. 족후손 서산西山 金興洛(1827~1899)의 묘갈명을 빌어 야암에 대한 평가를 대신한다.

  울창한 시내 굽이에 有菀川曲
  명예와 덕망이 모여들었으니 名德淵藪
  혹은 출사하고 혹은 은거하며 或出或處
  큰일을 행하기도 하고 지조를 지키기도 했네 有爲有守
  공이 그 유업을 계승하여 公繩厥武
  타고난 성품 빼어났으며 天稟英英
  공경히 가정의 가르침을 받아 恪受家庭
  도덕과 의리의 길을 걸었네 道義是程
  제자백가의 글을 훤히 꿰뚫어 淹貫百氏
  그 온축이 더욱 두터우니 益厚其蓄
  일찍이 유림의 촉망을 받았고 夙望吾林
  선배들도 탄복하였네 先進推服
  그러나 때를 만나지 못하여 乃闕其逢

산림에 물러나 몸을 숨기고　卷焉林壑
득실은 마음속에 두지 않고　忘懷得喪
담백하게 세월을 보냈네　灑灑日月
효도와 우애에 정성을 다하였고　懇懇孝友
유학에 부지런히 힘을 썼다네　亹亹儒術
스스로 촌스럽다 겸손해 하며　自貶以野
화려함 거두고 실질에 돈독하니　斂華敦實
어두울수록 더욱 드러나　闇而愈章
문채와 바탕이 조화롭게 빛났네　彬彬文質
쌓은 덕 베풀어지지 않았으니　有積不施
마땅히 자손에게 경사 있으리라　宜慶于延
대대로 맑은 향기 떨치고　世揚淸芬
그 광채 찬란하게 빛나리라　其光有煇
넘실넘실 흐르는 시냇물　泛泛者川
누가 그 근원을 열었는가　孰濬其源
내 이를 밝혀　我則昭之
후손들을 권면하노라　以勖來昆

破得天慳曉卜居青山四面護陶廬黃茅襲廛田宜稼綠岑
緣時水可漁自是少年詩客狎吳娘多病故人踈謫仙八詠
誰先穫句到雙溪恨欠書
用別韻謝來訪之意痛中無眠故末句及之
孤村向春菁蔓樹又花開屬我望音喜多名匹馬來清談俱
欷白髮兩皚皚厚意千金重題詩當一盃
再閒雙溪堂韻
山南山北未安居遙想雙溪野老廬自笑此生多病懶不知
何處老欺漁甕閒竹葉酷庭畔梅花影匹踈說與主人
如說夢倚枕幽趣寄來書

對雨書懷二首
此生如守圍何物不驚心大路自平坦吾行循險歎詩情愁
裏感鄉思雨中深霧廬當堅操照白日臨
峽裏何多月鄉音絶不通雲藏千岫碧雨壓萬花紅時卦植
環共吾生尚困蒙幽懷無與寫問酒過墻東
題野廬
山自峨水自流廬臨谷口勢偏幽志非適世寧長住寸不
蹃人可以休魚動新荷波鏡面鳥啼舊壑露籠頭身閒耳
猶多事村酒時邀野老謀
題野庵名說後

# 3

## 무위당의 무위옹
### -무위당 김태기-

## 무위당의 일생

김태기金泰基(1625~1700)의 자는 안안安安이다. 공공空空이라는 자를 쓰기도 하였다. 호는 무위당無爲堂이다. 야암 김임의 맏아들이다. 그는 어려서부터 총명하였을 뿐 아니라 풍모가 소탈하고 뜻이 남달랐다.

8세에 모친 정씨를 잃고, 11살 부터는 계모 강씨 부인의 보살핌을 받으며 자랐다. 무위당의 부친 야암은 그의 조부 운천선생의 유훈 "곤궁하여도 의리를 잃지 않고 현달하여도 도리를 어기지 않는다.〔窮不失義 達不離道〕"를 받들어, 그 가르침에 따라 삶을 살아가고 자제들을 교육하였다. 아버지의 가르침을 받고 자라난 무위당 또한 그 가르침을 잘 받들어 마음을 다스리고 몸가짐을 가꾸는 가장 중요한 요령으로 삼았다.

무위당은 좀 자라서는 학문에 뜻을 두고 당시에 산림의 처사로서 큰 학자였던 재종조부 표은선생瓢隱先生께 나아가 가르침을 받았다. 그는 표은의 가르침을 바탕으로 도의를 연마하고 명예와 행실을 닦아 점차 훌륭한 학자로 성장하였다. 그의 문장은 맑고 빼어났는데, 시에 더욱 뛰어나 주변에 화려한 명성이 자자하였다. 그가 문장과 시에 뛰어났던 이유는 타고난 재주가 두드러진 탓도 있었겠지만, 재종조 표은 선생, 부친 야암 뿐만 아니라 숙부 소운암, 도암 두 분 또한 문장과 시로 이름이 난 분들이어서 그분들의 가르침과 영향을 크게 받았기 때문일 것이다. 말하자면 집안에서 대대로 전해 내려온 학문과 문장의 전통이 그에게 그대로 이어졌던 것이다.

그럼에도 불구하고 그는 향시에는 여러 번 뽑히었으나 과거에는 끝내 실패하였다. 마침내 벼슬길에 나갈 뜻을 버리고, 여러 벗들과 더불어 시를 짓고 마음을 나누며, 자신이 좋아하는 일을 하면서 살고자 하였다. 그러나 그 당시 백성들에게 주어진 삶의 조건은 열악하기만 하였다. 돌림병이 백성의 삶을 망가뜨리고 굶주림이 백성의 삶을 처참하게 하였다. 무위당 자신도 집안에 돌림병이 돌아 마음조린 일을 시로 그려내기도 하였다. 그는 당시 백성들의 처참한 삶의 모습을 다음과 같이 서술하였다.

경술년(1670) 신해년(1671) 두 해 백성들이 굶주려 죽어갔다. 나 또한 삶을 꾸려가기에 급급하였는데, 시를 지어 스스로를 달랬다. 〔庚申兩年民人飢死余亦未免奔走以詩自遣〕

깊은 병 삼년 후 沈痾三載後
가뭄 칠 년여 雲漢七年餘

......
만약 안회가 있다 해도 倘使顔回在
마땅히 살 곳 정하지 못했으리 亦應不定居

그는 그처럼 거듭되는 가난과 고난 속에서도 이 지역의 훌륭한 문사로 이름이 알려져 56세 되던 1680년 천거로 효릉 참봉에 제수되었다. 그런데 그 해 이른바 경신대출척庚申大黜陟이 일어났다. 이는 정치적으로 남인南人 일파가 서인에 의해 대거 조정에서 축출된 사건이다. 이 해, 무위당은 효릉孝陵 참봉으로 있으면서 집안의 장손이던 종질 김세건에게 보낸 몇 장의 편지글에서 증조부 운천 선생의 묘갈墓碣에 관해 논의를 하였다. 원래는 부친 야암공의 묘지명墓誌銘을 쓴 백호 윤휴에게 묘갈을 부탁하려 하였으나, 백호는 이미 고향 공주로 낙향한 탓에 찾아가기가 쉽지 않았다. 더구나 그 해 봄, 윤휴는 갑자기 함경도 갑산으로 멀리 귀양갔다가 급기야 5월에는 죽임을 당했다. 그래서 무위당은 경신대출척이 일어나기 전 해인 1679년에 이미 벼슬을 사직하고 연천에 은거하고 있던 미수眉叟 허목許穆(1595~1682)을 찾아가 증조부 운천 선생의 묘갈명을 부탁하였다. 미수로부터 묘갈을 받을 때의 일련의 사정은 종질 김세건에게 보낸 편지글에 자세하고, 아들 김세흠에게 보낸 편지글에도, 지촌 김방걸에게 보낸 편지글에도 단편적으로 언급되어 있다. 운천의 묘갈명은 당시에 그 집안의 가장 중대한 일이었던 것이다. 어쨌든 허목은 기꺼이 운천의 묘갈명을 써주었다. 그는 허목에게 감사의 뜻으로 다음과 같은 시를 지어 올렸다.

미수선생께 올립니다.〔上許眉叟〕

도덕문장은 백세의 종장이시니 　道德文章百世宗
한 때의 굴곡이야 곧 편안해지시리 　一時伸屈便從容
동쪽으로 간 벼슬아치는 자리다툼을 걱정하고 　徂東赤鳥愁巢雀
낙수로 돌아간 학자는 은거를 즐기신다네 　歸洛深衣樂臥龍
달빛 하얀 봄 산에는 늙은 까치가 잠자고 　月白春山眠老鵲
눈빛 환한 찬 산봉우리에는 멀리 소나무 서있네
雪明寒岪立疎松
군색한 삶에는 장차 손대지 마소서 　窘生且莫動加手
앞으로의 세월은 뛰어난 자취로 남으시리 　自此光陰屬穎蹤

　　무위당은 10년이 지난 1690년에는 장릉章陵 참봉에 제수되었다. 그러다가 1694년에 장악원掌樂院 주부主簿에 제수되고 얼마지 않아 장수長水 찰방察訪으로 나갔다. 이는 나이든 어머니 강씨 부인을 봉양하기 위해서였다. 그러나 당시 조정은 남인과 서인 사이의 주도권 다툼으로 매우 어지러웠다. 비록 정치적으로 크게 영향 받지 않는 미관말직에 봉직하고 있었지만, 그러한 상황에서 벼슬자리에 있다는 사실만으로도, 하루하루가 어울리지 않는 옷을 입고 바늘방석에 앉아있는 그런 기분이었다. 더구나 아들 세흠과 조카 창석과 세호가 벼슬길에 들어선지 불과 몇 해가 지났을 뿐인 터가 아니던가. 그래서 무위당은 얼마 지나지 않아 벼슬을 버리고 고향으로 돌아왔다. 그는 부친 야암이 그랬던 것처럼, 오직 아들 조카들을 비롯한 젊은이들을 가르치며 가문의 전통을 이어갔다. 때때로 집안의 여러 사람들, 고을의 여러 선비들과 함께 주변의 풍광 좋은 정자와 절 등에서 모임을 가지고, 그 자리에서 술 마시고 시를 지어 주고받으면서 일상의 즐거움을 누렸다. 이를 보는 이들은 모두 신선 같은 삶이라 일컬었다고 한다.

그보다 좀 앞서 1687년 아들 세흠이 대과에 급제하고 삼년 뒤인 1690년에 조카 창석과 세호가 동반 급제하였다. 이들은 정치적 세월을 잘못 만난 탓으로 높은 지위까지는 오르지 못했으나 모두 교리, 정언, 정랑과 같은 청현직淸顯職이자 시종신侍從臣을 역임하였다. 그래서 무위당과 둘째아우 일류당과 셋째아우 익기가 함께 시종신의 부모로서 추증의 영광을 받아 호군의 품계에 올랐다. 이로써 집안이 혁혁하게 빛났고, 수많은 사람들이 집안의 그 영광을 축하하였다. 무위당과 지기지우였던 고산 이유장은 무위당의 제문에서 다음과 같이 그 집안의 영광을 기렸다.

……

약산이 우뚝하고 낙동강이 흐르니 藥山矗矗洛流通
인걸은 예로부터 이곳에 모였어라 人傑從來此也叢
세 분의 호군과 세 사람의 학사가 있고 三護軍兼三學士
여섯 형제는 육순의 늙은이라네 六昆弟是六旬翁

……

그 뒤로 지역에서는 내앞김씨 문중 장고파를 경외하여 삼학사의 집안 또는 삼문관댁으로 불렀고, 장고파의 후손들 또한 그것을 매우 영광으로 여겨 자신들 자긍심의 밑천으로 삼았다.

　무위당은 집안의 전통에 따라 유가의 삶을 잘 실천하였다. 정성과 공경을 다하여 조상을 받들었고, 연로한 계모 강씨 부인을 한결같은 뜻으로 공손하게 받들어 좌우에서 가까이 모시며 잘 봉양하였다. 그는 1699년 강씨 부인의 상을 당했을 때 일흔이 훨쩍 넘은 나이에도 예에 따라 상례를 지극히 처리하였다. 여러 아우들과 매우 화목하게 지냈으며, 친족에 대해서도 은혜롭고 정성스럽게 대하였다. 아우들이나 조카들의 무위당 제문을 보면 그들 모두 무위당이 그들의 살림살이를 돌보고 바른 행실을 가르쳐 준 데 대하여 깊은 고마움을 표하고 있다. 이는 모두 그 부친 야암공이 몸으로 가르쳐주신 바이기도 하고, 청계 운천 이래 대대로 이어온 집안의 전통이기도 했다.

　무위당이 집안에서 실천한 유가의 삶은 미루어져 지역 사람들에게까지 미쳤다. 그는 의논이 바르고 신의가 도타웠다. 성품이 너그러우면서도 신중하였다. 남을 한결같이 공손하게 대하였으므로 사람들이 모두 감복하였으며, 남을 가르칠 때에는 각자가 지닌 재주에 맞추어 간곡하게 이끌어주었다. 그래서 원근에서 찾아와 가르침을 받은 여러 사람들이 뛰어난 성취를 이루었다. 그는 강씨 부인이 돌아간 이듬해 소상을 지내고 향년 76세로 세상을 떠났다. 배위 숙부인 광산김씨光山金氏는 처사 김광수金光邃의 딸이다.

　무위당이 돌아가자 고을의 벗과 교유인사들이 그의 삶을 돌이켜 생각하며 추모하였다. 그 추모의 글들을 바탕으로 그와 그의 삶의 모습을 그려보자. 추모 내용은 두 갈래이다. 한 갈래는 그 자신에 관한 것으로, 그가 전아한 지조와 맑은 뜻을 지녀 안의 덕성을 굳게 지킬 수

무위당 김태기의 글씨

있었고, 훌륭한 문장과 뛰어난 재능을 가져 큰일을 이루기에 넉넉하였음에도, 시절을 잘 만나지 못해 지닌 재주와 능력을 제대로 발휘하지 못하고 낮은 벼슬에 머무른 점이 안타깝다는 것이다. 다른 갈래는 후손에 관한 것으로, 벼슬에서 물러난 뒤 아들과 조카 둘이 문과에 급제하는 경사가 있어 종족에게는 기쁨이 넘쳤고, 마을에게는 영광이 되었다고 평가한 것이다. 이 지역에 사는 여러 사람들의 주옥같은 평가가 있으나, 이를 통괄하는 평가로 경옥景玉 이보李簠(1629~1710)의 만사 일부를 옮긴다.

고향의 삼달존三達尊으로  鄕國尊三達
초야에서 일생을 평온하게 살았네  邱園穩一生
예스러운 마음은 흰 눈보다 깨끗하고  古心澡雪白
새로운 말은 얼음보다 맑았네  新語透氷淸
……
가업을 전할 아들이 있으니  傳家有喆嗣
옛 명성 더더욱 커지리라  增大舊風聲

## 무위당의 무위옹

어떤 한 사람의 삶과 생각을 알려면, 그 사람의 일생 행적을 살펴보는 것이 가장 정확하고 바른 방법이다. 그런데 무위당의 평생을 기록한 행록은 너무 간략하여 행록만으로는 그 삶과 생각을 그려내기가 쉽지 않다. 다행히 상당한 분량의 『무위당유고』가 필사본의 형태로 남아 있고, 『장고세고』의 『무위당일고』에 당대 여러분들의 제문과 만사, 그리고 간략한 행록 등이 실려 있어서 그 글들을 바탕으로 무위당의 삶과 생각을 어렴풋이나마 짐작해 볼 수는 있을 듯하다. 그러면 필사본 『무위당유고』와 『장고세고』의 『무위당일고』에 실린 시, 편지글, 제문, 만사들을 살펴서 무위당의 삶과 생각에 좀 더 가까이 다가가 보기로 한다.

　무위당의 평생 삶에 가장 영향을 많이 끼친 사람은 그의 선친인 야암으로 생각된다. 야암 무위당 두 부자는 『야암유고』나 『무위당유고』의 글들을 살펴볼 때 서로 많은 교감을 나눌 만큼 부자유친父子有親한 사이였던 것으로 보이기 때문이다. 『무위당유고』 맨 첫머리 시 4수가 부친 야암의 시에 대한 차운시이고, 무위당은 부친 야암이 청량산을 유람했을 때 부친을 모시고 다니면서 부친의 시에 차운하여 여러 편의 시를 짓기도 하였다. 중부 소운암과 계부 도암의 영향도 충분히 짐작할 만하다. 『소운암집』, 『도암집』, 『무위당유고』 모두에 그들 숙질叔姪 사이의 친밀한 관계를 짐작할만한 여러 글들이 남아있기 때문이다. 문내 선비들과의 교유에서는 재종숙 지촌 김방걸이 눈에 띤다. 『무위당유고』에 지촌과 관련된 많은 차운시와 편지글이 있고, 또 그 내용을 통해서도 무위당이 지촌을 믿고 따랐다는 점을 충분히 알 수 있다. 재종제인 적암適庵 김태중金台重(1649~1711)과도 가까웠는데, 적암은 가까운 벗인 갈암葛庵 이현일李玄逸(1627~1704)의 제자로서 학문이 뛰어났으며, 아들인 칠탄 김세흠과 동갑이고 아끼는 집안의 후진이었다. 지역 사림들과의 교유관계는 이계 남몽뢰, 고산 이유장, 송월재 이

시선 등이 아주 가까운 벗이었고, 갈암 이현일과도 아주 깊은 교분을 나누었다.

    1694년 벼슬을 버리고 돌아온 무위당은 방 하나를 깨끗이 청소하고 '무위無爲'라 편액하였다. 이미 칠십이 된 나이도 나이려니와, 그해 갑술환국에서 지촌, 칠탄, 월탄, 귀주를 비롯하여 집안과 지역의 여러 사람들이 뒤바뀐 정국의 파장을 벗어나지 못하고 좌천되거나 귀향하고, 가까운 벗이었던 갈암이 먼 함경도 땅으로 유배 길을 떠난 것도 그러한 선택에 영향을 미쳤을 것이다. 그는 방에 무위라 편액한 의미를 다음과 같이 적었다.

무위당에 제하다.〔題無爲堂〕

조용히 온종일 중처럼 앉아 있자니 翛然終日坐如尼
성글고 게으른 한평생을 스스로 알겠네 疎懶平生只自知
꽃이 흐드러진 봄날 아침 도리어 술 마시지 않고 花亂春朝猶不酒
달빛 밝은 가을 밤 다시 시를 읊지 않네 月多秋夜更無詩
마음은 구름 조각 따라 봉우리를 느릿느릿 옮겨가고
心隨雲片移峰緩
손으론 거문고 잡고 시냇물 소리 느긋이 듣는다네
手把琴張聽峽遲
높은 곳에 누운 이 몸 참으로 만족스러우니 皞皞此身高臥處
남들은 무위의 태평성대로 잘못 아네 傍人錯認萬天時

칠십 노인이 된 무위당은 이 시를 통해 세속의 번거로움을 멀리하고 마음의 평안을 추구한 자신의 삶을 다시금 성찰하고, 앞으로도 무위의 편안한 삶을 누리고자 한다. 술 마시는 일도 시를 짓는 일도 이미 마음에서 멀어진 지 오래, 그저 자연스레 태평성대의 사람처럼 지내고 싶다는 뜻을 담고 있는 것이다. 무위당의 이 시는 주변에 널리 알려졌다. 무위의 의미를 마음으로 받아들이거나 무위의 삶을 살고파하는 주위의 여러 사람들이 무위당의 시에 차운시를 남겼다. 그 차운시들을 보면 무위당의 생각을 좀 더 잘 알 수 있을듯하여 세 분의 차운시를 소개한다. 재종숙 지촌 김방걸, 막내 숙부 도암 김후, 그리고 누구인지 확인되지 않으나 '어리석음을 깨뜨리는 사람〔破愚子〕'이라고 자신의 별호를 소개한 어떤 사람의 차운시이다.


지촌의 차운시

선인도 아니고 중도 아니니　不是仙人不是尼
늙은이 이 신세를 세상 누가 알아주랴　此翁身世誰知
공손씨는 일 없으면 도리어 술을 잊었고　公孫無事猶忘飮
두오랑은 한가해도 시를 짓지 않았네　杜五耽閒幷廢詩
봄밭에 풀 무성하되 놓아둔 지 이미 오래　春圃草深抛已久
어둑한 창 잠 족해도 늘 더디 일어나네　雲窓睡足起常遲
기이한 느낌 어디에도 형상하기 어려우니　奇懷何處難名狀
때로 안석에 기대 마른 등걸 바라보네　請看枯查隱几時

## 도암의 차운시

밝은 창 아래 묵묵히 앉아 공자를 대하니 明窓默坐對宣尼
이 밖의 번거로운 일들이야 모두 알지 못한다네 此外紛華摠不知
자연에 맡겨두고 일 벌리지 말게 任是天然休作事
육신이 부림 받기 싫으면 시 짓는 일 그만두게 嫌爲形役斷題詩
사람들 쓸데없는 걱정 무슨 상관인가 人間杞國憂何預
침상의 부질없는 꿈 더디기만 하다네 枕上槐安夢亦遲
온갖 생각 다 사라져 마음 절로 환하니 萬慮都灰心自曠
무위당에서 요순시대 누리게 一堂偸得結繩時


## 파우자의 차운시

공경히 무위당 시에 차운하고 아울러 서문을 쓰다.〔敬次無爲堂韻 幷序〕

1698년 무인년 가을 무위옹이 무위 두 글자로 그 당의 이름을 짓고, 7언율시를 지었다. 그리고 나 파우자에게 화답시를 부탁하였다. 나 파우자는 자신의 어리석음을 헤아리지 못하고 즐겁게 그를 위해 시를 지었으니, 누가 파우자는 그 어리석음을 깨뜨릴 수 없다고 하겠는가. 비록 그러하나 무위옹은 깊이 무위하면서도 마음속에 공경함을 간직하고 종시 그것을 드러내지 않으며, 세속의 일들을 실행하는 것을 달가워하지 않으니, 무위옹의 무위는 다른 사람의 무위와는 다른 것이 아니겠는가. 이는 정부자(程子)의 "고요한 가운데에도 모름지기 사물(지각)이 있어야 한다."는 것이 아니겠는가. 내가 그래서 그 어리석음을 잊고 감히 화답하여 시를 지었다.

마음가짐 담박하여 중들을 우습게 여기고 攝心澹泊笑僧尼
만사를 지금은 모두 알지 못한다네 萬事如今摠不知
오직 태평성대 격양가를 노래하고 除是康衢歌擊壤
기꺼이 소강절의 시를 사랑한다네 肯打邵子愛吟詩
신선 같은 세상에선 하늘의 기를도 고요하고 神遊葛懷天機靜
꿈속 요순시대는 하루가 더디 가네 夢入唐虞化日遲
방이 적막하고 하는 바가 없으니 一室蕭然無所業
참으로 태극이 나뉘기 전 이라네 眞如太極未分時

지촌은 무위를 세속을 멀리하고 지내는 은거의 의미로 이해하고, 도암은 유학적 입장에서 무위를 바라본다. 파우자 또한 무위당의 무위는 아무것도 하지 않는다는 무위가 아니라, 유가에서 주장하는 공경의 마음을 깊이 간직하여 누리는, 요순시대의 자연스러운 태평성대의 삶을 말하는 것이라 하고 있다. 그러면 무위당이 무위라 이름 한 뜻을 송월재 이시선이 지은 무위당 기문에서 좀 더 살펴보자

송월재松月齋 이시선李時善(1625~1715)은 무위당과 어려서부터 인연이 시작되었다. 송월재의 누나가 무위당의 숙부 소운암 김훈에게 시집을 왔으므로, 그는 바로 숙모의 남동생이다. 송월재는 어려서 매형 소운암에게 글을 배우느라 자기 집이 있는 봉화 풍정에서 자주 내앞에

왔었고, 이웃에 살던 동갑내기 무위당과 자연스레 벗이 되어 같이 어울렸다. 그들은 그 인연으로 평생의 벗이 되었다. 그러므로 송월재는 누구보다도 무위당을 잘 아는 사람의 하나라고 할 수 있다. 그는 무위당 기문(無爲堂記)에서 무위당의 무위를 '억지로 하지 않아도 이루어지지 않음이 없는 자연, 즉 저절로 그러한, 저절로 그렇게 되는 유가적 성인의 경지'로 이해하였다. 그는 우선 무위당이 지어진 배경과 자연적 환경을 상세하게 서술하고, 무위옹의 경지가 바로 사사로움이 없는 무위의 경지이므로, 무위라는 당堂 이름이 바로 그 사람, 당의 주인 무위옹無爲翁을 제대로 표현한 것으로 보았다.

> 안안安安 군이…… 수석水石에 대한 생각이 늙을수록 더욱 더하여 이곳에 터를 잡는 것이 마땅하다고 여겨 고당高堂을 지어 무위無爲라 명명하고 날마다 산천의 그윽한 정취를 만끽하였다. 난간 밖 깊은 물은 푸르고 맑아 사물을 비추고, 물고기와 새가 헤엄치며 바윗돌 우뚝이 앞에 있었다.…… 물그림자에 당堂이 들어가 거울 속에 앉고 눕고, 산 빛이 아른거려 그 자리에서 유람하였다. 경치는 생생하여 다함이 없고 산수의 즐거움은 날로 늘어나 밤낮으로 하는 일 없이 유유자적하였다. …… 나아가 안개와 노을로 울타리를 삼고 풍월風月로 벗을 맺으니, 물의 모습과 산 빛이 더욱 외롭지 않았다. 이에 푸른 노을의 빼어난 뜻과 흰 구름의 높은 의표를 지니고서 자취를 도성에서 멀리하고 세상일을 모두 잊으니, 스스로 행하는 것이 없어도 변화하고 행하는 것이 없어도 멈추었다. 오직 변화를 받아들이고 나의 사사로움을 용납하지 않으니 …… 당이 이름

지어진 것은 진실로 그 사람을 이름 한 것이로다.

이어 그는 무위는 노장老壯에서 주로 쓰는 용어이므로, 무위당이라고 당의 이름을 붙인 것은 노장의 허무주의를 말하는 것이 아닌가 하는 세간의 의심에 대해, 무위가 바로 유가의 성인이 도달한 지극한 경지를 말하는 것이라고 주장한다.

무위는 도道의 체體이고 천지의 덕德이다. 세상에서 장자莊子의 말을 황당하다고 하지만, 주자朱子의 이른바 '노자 장자의 실질적인 의미'는 무위를 하게 되면 이루어지지 않는 일이 없게 된다는 것이 아니겠는가. 하늘이 무위하고 땅이 무위하니, 둘 모두 무위하여 도道(우주의 도)를 생성한다. 그러므로 무위無爲와 무사無事를 귀하게 여긴다. 성인은 그것을 잘 알았다. 그러므로 우禹임금이 물을 흐르게 한 것은 그 일삼음이 없는 바(無事)를 행한 것이다. 시詩에서 소리도 없고 냄새도 없는 도(우주의 도)를 읊으면서도, 무위와 무사가 도가 된다는 것을 알지 못하는 자를 어찌 대군자의 문하에서 더불어 논할 수 있겠는가. 선현이 말하기를 '목적한 바가 없어도 하는 것이 의義이다.' 라하고, 그것을 '무위'라고 해석하였으니, 때가 된 뒤에 말하고 즐거운 뒤에 웃으며 의로운 뒤에 취하는 것이 무위이다. …… 지금 부자가 무위를 숭상하여 스스로 그 실제를 취하였으니, 어찌 유위를 행해야 하겠는가.

무위당의 자는 안안安安이다. 공공空空이라는 자를 쓴 일도 있다.

안안은 편안하고 편안하다는 뜻으로 자연스러운 편안함을 의미한다. 무위는 억지로 하거나 의도를 가지고 하는 것이 아니라, 자연스럽게 사물의 결 따라 이루어가는 것을 말한다. 그러니 안안이라고 할 때, 이미 무위가 그 안에 들어 있다고 할 수 있다. 공공이란 단순히 비어 있는 것이 아니라, 마음에 거리낌이 없는 상태이다. 역시 자연스럽다는 의미의 무위가 그 안에 들어 있는 것이다.

무위당은 고을의 선비들과 모임을 갖고 교유를 하며 시를 짓고, 주변의 명승을 유람하거나 일상 속에서 시를 주고받으며, 자신의 덕성을 함양하고 문장의 능력을 키워갔다. 그러면 『무위당유고』 차운시들을 통해 그 교유의 폭과 깊이와 내용을 찾아보기로 한다. 『무위당유고』에서 확인할 수 있는 무위당의 교유범위는 넓고 깊다. 집안으로는 재종숙 지촌 김방걸, 숙부 소운암 김훈, 도암 김후, 재종제 적암 김태중 등이 가까웠으나 이들을 모두 언급할 수는 없으므로 지촌 김방걸을 중심에 두어 이야기를 풀어가기로 한다. 『무위당유고』의 편지글 가운데 가장 많은 부분이 지촌에게 보낸 편지글이요, 지촌집의 편지글 가운데 가장 많은 부분이 바로 무위당에게 보낸 편지글일 만큼 둘 사이의 교분은 남달랐던 것으로 보인다. 무위당이 재종숙 지촌을 깊이 믿고 있었던 것처럼 지촌 또한 무위당을 매우 신뢰하였다. 지촌이 1692년 무위당에게 보낸 편지에는, 그 부친 표은의 묘소를 옮기는 일을 상의 하면서 "일가의 여러 친척 가운데 오직 그대만이 상의할 만하다."는 내용이 있다. 이 내용이 두 분 사이의 깊은 신뢰를 잘 증명해준다 하겠다.

지역의 교유인사로는 고산 이유장, 송월재 이시선, 이계 남몽뢰,

갈암 이현일을 언급한다. 그 중에서도 가장 가까웠던 것으로 짐작되는 고산 이유장에 관하여 좀 세세하게 말하려 한다. 두 분 사이에 이야깃거리도 적지 않거니와 두 분의 우정이 남달랐던 것으로 보이기 때문이다. 그럼 우선 집안의 인물로 재종숙 지촌과 무위당 사이의 만남에 대하여 살펴보자.

## ❯ 무언자와 무위객

무위당에게 재종숙이 되는 지촌은 무위당과 나이 차이가 아주 적다. 지촌이 무위당 보다 겨우 두 살 많기 때문이다. 그래서 무위당은 비록 숙질의 항렬이지만 지촌에게 일종의 또래의식 같은 것을 느꼈을 것이고, 이는 두 사람이 더더욱 가까워질 수 있는 이유로 작용했을 것이다. 그런데 무위당과 지촌 이 두 분의 관계는 지촌의 부친 표은 김시온과 무위당의 부친 야암 김임의 관계와 비슷한 데가 있다. 서로 절차탁마하고 서로 믿고 서로 의지하고. 무위당은 재종조 표은 선생에게 가르침을 받으면서 집안이자 또래인 지촌과 더욱 가까워졌을 것이고, 무위당이 표은 문하의 한 사람으로서 그 문하를 중심으로 교유관계를 펼쳐나갈 때, 자연스럽게 표은의 넷째 아들인 지촌 또한 그 관계의 일원으로 참가하였을 것이다.

무위당이 살던 당시에 그들 선비들은 삶의 일상 속에서나 교유의 장에서 자연스럽게 전개되는 정서를 시로 표현하였다. 나아가 그들은 차운시나 화답시로 서로 마음을 확인하고 대화를 나누었다. 앞에서 언급한 「무위당에 쓰다」라는 무위당의 시에 지촌이 차운시를 지은 것 또한 '무위당'이라는 당호를 매개로 하여 시로써 서로 마음의 대화를 한 것이다. 이처럼 차운시를 통한 마음의 대화는 두 사람의 마음의 관계를 한층 깊게 했을 것이다. 1690년경이라 생각되는 데, 무위당과 지촌은 어떤 경로잔치 다음날 연구聯句로써 칠언율시를 짓는다. 연구는 두 사람이 두 구씩 번갈아 지어 한시 하나를 완성시키는 방법인데, 먼저 지촌이 두 구를 짓고, 그 뒤에 무위당이 두 구를 짓고, 그 뒤에 지촌이 두 구를 짓고, 마지막으로 무위당이 두 구를 지어 율시 하나를 완성한 것이다. 각 두 구의 말미에는 지촌을 말하는 무언자無言子, 무위당을 지칭하는 무위객無爲客이 지은 사람으로서 기록되어 있다. 이처럼 두 사람은 서로가 서로를 인정하고 아끼는 마음을 깊이 지녔던 것이다. 무언자 무위객이라는 별호도 의미하는 바가 서로 통한다. 무언자는 세속의 일에 대하여 말을 아낀다는, 즉 세속을 멀리하고 싶다는 정서를 담고 있는 별호이고 무위객은 세속에서 의도를 가지고 하는 유위有爲한 일들을 벗어나 자연의 결을 따르는 사람이라는 의미이기 때문이다.

　『무위당유고』의 시는 돌아간 분을 기리는 만시挽詩를 제외하고도 수 백 편에 이른다. 그 가운데 지촌 관련 시는 이십여 편에 달한다. 편지글 또한 24편에 이르는데, 편지글들은 1689년 기사환국 즈음부터 1694년 지촌이 돌아가기 전 해까지에 걸쳐있다. 지촌집에 실린 무위당 관련 글들은 시가 3수, 편지글이 10편이다. 이 편지글들은 1679년에서 1694년에 걸쳐있다. 무위당이 지촌에게 보낸 편지글들의 시간적 배경은 1689년 기사환국으로 서인이 물러나고 남인이 다시 조정에 들어가 활동하던 시기이다. 남인과 서인이 정국의 주도권을 놓고 정쟁을 벌이던 이 시기, 지촌은 홍문관 수찬, 승정원 부승지, 사간원 대사간 등 조정의 중요한 직책에 있었고, 무위당은 장릉참봉, 장악원 주부 등 말단의 관직에 있었다. 또한 이 시기는 1687년 아들 세흠이, 1690년 조카 창석과 세호가 대과에 급제하여 젊은 관료로서 출사하고 있었던 시기이기도 하다. 이러한 점들이 복합적으로 작용하여 지촌과 무위당이 서로 편지를 주고 받으며 당시의 조정 정세, 아들과 조카들의 진퇴문제 등에 관하여 논의한 것으로 보인다. 편지글은 또한 집안의 일들도 논의하고 표은 문하의 모임으로 짐작되는 황산사黃山寺, 선찰사仙刹寺 모임 등도 논의하였다. 지촌과 무위당은 그들이 마주한 삶의 모든 현상이나 상황들에 대하여 서로 마음을 터놓고 논의하였던 것이다. 무위당은 만사에서 지촌을 다음과 같이 기렸다.

재종숙 대간공을 애도한 만사〔輓再從叔大諫公〕

선학이 날아 울며 우리나라에 내려오니 仙鶴飛鳴下震藩
한 소리 찬 달빛 아래 대궐을 진동시켰네 一聲寒月動天門
뛰어난 문장은 작은 티끌도 없었고 錦腸繡臆纖埃絶
사헌부 고관으로 할 말 아끼지 않았네 鐵面豸冠寸舌存
두 번의 상소는 부월처럼 엄하였고 陽疏再封嚴似鈇
일천 길의 굳은 절조 곤륜산보다 무거웠네 介石千仞重於崑
지방관 된 것은 어머니를 위함이고 琴歌蜀郡爲慈母

조정에 드나든 것은 임금을 가까이 모심이었네 出納虞廷近至尊
......

큰 못에 용이 사라지니 미꾸라지가 춤을 추고 龍亡巨澤鰌驕舞
높은 오동나무에 봉황 떠나니 올빼미가 웅크리고 있네
鳳去高梧鴟亂蹲
내가 종유한 뒤로 백발이 될 때까지 自我從遊成皓首
공과 함께 웃으며 몇 번이나 술잔 들었던가 與公諧笑幾淸樽
장차 이 맛으로 여생 보내려 하였는데 謂將此味餘年過
이 놀이 오늘 뒤집힐 줄 누가 알았으랴 誰料斯遊今日飜
호걸이 다 돌아가시어 천지가 텅 비었고 豪傑盡歸空宇宙
산천에는 오직 썰렁한 숲만 있네 山河獨在冷林樊
처량한 아픈 조카 슬피 울부짖는데 凄凉病姪悲號處
천지가 아득하여 다시 말할 수 없네 天地茫茫更不言


## ❯ 지기지우

무위당과 가장 가까웠던 벗은 고산孤山 이유장李惟樟(1625~1701)이다. 1625년 같은 해에 태어난 그들은 오래도록 우정을 쌓아왔다. 『무위당유고』에는 고산과 관련된 시가 20여 편에 가깝고, 1688년에서 1700년에 걸친 26편의 편지글이 있다. 『고산집』에도 무위당 관련 시가 10여편, 편지글이 3편이 있다. 이렇게 편지글의 숫자에 차이가 나는 것은 아마도 『무위당유고』가 필사 초고본이기 때문일 것이다. 무위당과 고산의 교유 범위 중에는 나이가 같은 벗들이 일곱이나 된다. 그래서 그들은 자주 만나고 모이고 하면서 그들 나름의 교분과 정의情誼를 키워나갔다. 『고산집』에는 「칠동갑시七同甲詩」라는 제목 아래에 그들 7인의 시가 실려 있는데, 무위당 외에 이유장李惟章, 유정휘柳挺輝(1625~1695), 김여만金如萬(1625~1711), 이시선李時善 그리고 자字가 패우沛宇인 남씨, 운로雲老인 김씨가 있는데 이름이 확인되지 않는다.

그 중에서도 무위당과 고산은 유달리 친했던 듯하다. 그래서 고산과 무위당은 스스럼없이 서로의 집을 방문하여 만나기도 하였다. 어느 날 고산이 내앞을 지나다가 무위당을 방문하였다. 때마침 무위당이 출타 중이어서 고산은 무위당을 만나지 못하고 칠언절구 한 수를 남기고 갔다. 『고산집』에는 시를 짓게 된 사연이 다음과 같이 적혀있다.

김안안 태기를 그 집으로 방문하였으나 만나지 못했다. 책상 위에 지은 시고가 있기에 그 뒤에 장난삼아 지었다.〔訪金安安泰基于其第 不遇 案上有所製詩藁 戲題其後〕

한번 읽을 때마다 가슴이 툭 트이네　一回披讀一開襟
내 벗 새로운 시 훌륭하구나　我友新詩擲地金
홀로 고상한 집에 지내니 무슨 유감 있으랴　獨宿高齋亦何恨
유쾌히 아름다운 시 읊조리며 마땅히 마음을 논하리
快吟瓊什當論心

출타에서 돌아온 무위당은 고산이 남기고간 시를 보고는, 그 시에 차운하고 그 사연을 적었다.

이유장 하경이 지나다 방문하였으나 나를 만나지 못해 절구 한 수를 남기고 갔기에, 돌아와 그 시에 차운하여 사례하다.〔李厦卿 惟樟 過訪未遇留一絶而去歸次其韻以謝〕

산사에서 돌아오니 달빛이 옷깃 가득한데  山寺歸來月滿襟
놀랍게도 책상 위에 멋진 시가 놓여있네  忽驚塵案有聲金
벗은 만나지 못했어도 시는 남아 있어  故人不見詩猶在
한평생 변함없는 마음을 보았네  看就平生一片心

무위당과 고산 두 벗 사이의 시를 매개로 한 이 멋진 마음의 만남은 주변에 널리 알려져, 여러 사람에게 깊은 감동을 주었다. 무위당은 그 후 진사 이문발李文潑(1622~?)에게 이 시의 운자를 써서 시를 보내기도 하였다. 또한 무위당의 아우 일류당一柳堂 김이기金履基도 차운하였다.

이하경이 백씨에게 남겨준 시에 차운하다.〔次李厦卿留贈伯氏韻〕

당시에 흉금을 펼치지 못했다 말하지 말게  休言當日未開襟
맑은 시 글자마다 빛나 기쁘게 보았네  喜看淸詩字字金

구름 자욱한 봄 하늘에 읊조리나니 吟到春空雲靄靄
지금도 벗의 마음이 남아있다네 至今留得故人心


　　고산과 무위당 사이에 오고 간 편지글과 차운시들을 살펴볼 때, 두 사람의 만남은 병산서원 만대루, 서애의 옥연정사, 학가산 등 안동 인근의 여러 풍광 좋은 장소에서 이루어진 경우가 많다는 것을 알 수 있다. 또한 둘 사이에 오고 간 많은 편지는 그 만남의 깊이를 충분히 짐작할 수 있게 해준다. 하지만 매화, 대나무 그림과 거문고에 관련하여 주고받은 시와 편지에 보이는 마음의 만남만큼 두 벗 사이의 우정을 알뜰하게 보여주는 것은 없다. 어느 날 무위당은 고산에게 편지와 함께 조카 월탄 김창석이 그린 매화와 대나무 그림 4첩 8폭에 각 폭마다 오언절구 스무 자를 팔분서체八分書體로 써서 보냈다.

　　저에게 두 벗이 항상 곁에 있는데 일찍이 한 번도 어김이 없었습니다. 이제 말아서 드리려니 매형梅兄과 죽제竹弟가 홀연히 창문 앞에 이른 모습이 '나'인 듯합니다. 날마다 서로 마주하여 이와 같은 풍치風致를 볼 수 있었는데, 이제부터 형과 내가 서로 만나지 못해서 한탄하는 일은 없을 것입니다. 종이 윗줄에 오언절구를 써서 회포를 말하였으니, 만약 한 번 읊조리고 나면 또한 오랜 제 마음을 상상할 수 있을 것입니다.

매죽 4장을 그려 보내며 절구 하나를 써서 회포를 붙인다.〔畵送梅竹四丈因書一小絶以寓懷〕

서리바람 대나무 잎 흔들고 霜風動竹葉
눈 위의 달 매화가지 비추네 雪月照梅枝
맑고 또 맑은 뜻 淸又淸淸意
그대만 몸소 보소서 許君親見之

무위당은 매화와 대나무 그림을 보내니 그 그림을 '나'인 듯 여기라는 편지와 함께 매화와 대나무의 그 맑은 뜻을 고산 그대만 보라는 풍치 넘치는 시를 보낸 것이다. 이를 받은 이유장은 크게 감격하였다. 그는 '공공空空이 매화와 대나무 그림을 선물한 것을 사례하며〔謝空空贈梅竹眞〕'라는 제목 아래에 무위당의 시 운자를 써서 장문의 7언고시를 지었다.

한매 고죽 빙옥 같은 자태 寒梅孤竹氷玉姿
하상의 신선 같은 그대가 사랑하였네 河上仙公能愛之
이름난 꽃 기이한 풀이 어찌 한계가 있으랴만 名花異草亦何限
굳센 절개 맑은 향기 참으로 서로 어울리네 苦節淸芬乃相宜
바람 앞과 비온 뒤에는 빛깔 더욱 돋우고 風前雨後色交加
달밤과 서리 내린 아침에는 향기 더욱 기이하다 月夜霜朝香更奇
천고에 어떤 사람이 함께 할 수 있으랴 何人千古可同調
왕휘지王徽之와 임포林逋는 참으로 내 스승이라네

子猷君復眞吾師

하지 사는 어리석은 늙은이를 사람들 모두 비웃는데

下枝愚叟人共笑

창포김치 맛있음은 오직 그대만이 알뿐이라 昌歜一味君獨知

매화 형 대나무 벗 들이서 떨어지지 못하니 梅兄竹友兩不舍

오늘 아침 주실 적에 응당 생각 있었으리 把贈今朝應有思

백이의 맑은 풍모 직접 배운 듯 하고 吳門仙骨如追隨

창힐의 새 발자국 글씨를 仍將蒼頡鳥跡書

한단의 노란 비단실로 베껴내었네 爲寫邯鄲黃絹絲

정건의 삼절이 내 손에 들어왔으니 鄭虔三絕入我手

초당에 바로 생기 돋아나네 草堂正是生顏時

가난한 나 그대에게 보답하기 어려워 貧人難報靑玉案

못난 시로 봄볕 같은 글에 억지로 화답하네 惡詩強和陽春詞

고산은 무위당을 하상河上(임하 내앞)에 사는 신선이라 칭송한 뒤, 자신을 하지下枝(풍산 우렁골)에 사는 어리석은 늙은이로 비유하고, 그런 자신을 알아주고 좋아해주는 사람은 무위당 뿐이라 하였다. 이어서 자신은 대나무를 사랑한 왕휘지王徽之와 매화를 사랑했던 임포林逋처럼 대나무와 매화를 사랑한다고 하였다. 그리고 월탄의 매화와 대나무 그림, 그리고 무위당이 써 보낸 시, 그 글씨를 정건鄭虔의 시詩·서書·화畫 삼절三絕에 비기고, 그것을 보내준 고마움을 절절히 시에 적고 있다. 이 시를 받은 무위당은 이를 아우 일류당에게 보여주었다. 이에 일류당 김이기는 그 운자를 빌어 다음과 같이 시를 지었다.

하경이 백씨의 자(姿) 자 운에 차운하기에 나도 차운하여 드리다.
〔厦卿次伯氏姿字韻余又次呈〕


강해 들판의 대나무 새로운 자태로 바뀌었고 　江海野竹幻新姿
고산 선생이 기쁘게 얻으셨네 　芋園先生欣得之
선생의 가슴속 뜻 대나무와 같으니 　先生襟期與之同
굳은 절개와 곧은 마음이 서로 어울리네 　苦節貞心兩相宜
아름다운 시첩 봉해 내 백씨에게 보내주니 　緘封華帖寄我伯
문장 또한 나의 스승이 될 만하네 　文章亦足爲我師
사귄 정은 물처럼 담담하였고 　秖爲交情淡若水
마음은 평생토록 이미 서로 알았네 　寸心平生已相知
네 폭의 그림과 한 편의 시에 　四幅之畫一篇詩
겨울 지난 양쪽의 생각 펼쳐놓았네 　擺了經冬兩地思
아, 내 오래도록 고결한 사귐에 의탁하여 　嗟我久托芝蘭契
깊은 정의(情誼)로 길이 함께 하기를 원했다네 　願如鶺鴒長相隨
한밤중에 잠 못 이루고 고산 선생 생각하니 　中宵不寐想元龍
무슨 수로 손잡고 은근한 얘기를 나눌까 　何由握敍殷勤辭
오로봉 앞에는 봄빛이 이른데 　五老峯前春色早
산들바람 불어 황금 빛 가지를 흔드네 　軟風吹拂黃金枝
선생께서 오신다는 약속 있었으니 　先生有約許降臨
그 때 되면 도란도란 얘기 나누며 술 마시리 　細話淸樽須及時
밝은 창가에서 시 읊으며 멀리 회포를 부치니 　吟罷晴牕寄遠懷
모자란 글로 겨우 주옥같은 시에 보답함이네 　木瓜聊報瓊琚詞

일류당은 이 차운시에서 고산과 백형 무위당이 매화, 대나무 그림과 시와 글씨를 매개로 깊은 정의를 나누는 그 고결한 사귐을 기리고, 고산에 대한 깊은 존경을 표하였다. 그리고 고산이 무위당을 찾아온다고 약속했으니, 그 때 뵙고 말씀 나누고 싶다는 얘기를 시에 담아 전하고 있다.

고산 이유장은 무위당이 보내온 그림과 시를 늘 곁에 두고 완상하였다. 그는 무위당 제문에서 "맑은 바람이 때때로 불어오고 눈과 달빛이 서로 비출 때마다 공께서 만든 여덟 폭을 처마에 걸어두고, 참된 아취를 완상하고 고아한 곡조를 읊조리노라면, 나도 모르게 손으로 춤추고 발을 구르고 뛰면서 매화 대나무와 합해지고 피아彼我가 뒤섞여 태초의 무궁한 경지에 돌아갔으니, 그 함께한 바가 어떠하였겠습니까." 라고 하였다. 심지어 고산은 돌아가기 직전에도 주변 사람에게 명해서 그 그림을 벽에 걸도록 하였다. 그리고 말하기를 "이것은 돌아간 옛 벗이 준 것이다. 죽기 전에 다시 한 번 감상하고자 한다."라고 하였다. 이 이야기가 충분히 전해주는 것처럼, 두 분의 마음을 함께하는 교분은 달리 글로 표현할 수 없을 만큼 깊었다고 생각된다. 무위당과 고산의 마음의 만남은 두 분 사이의 거문고 이야기를 통하여 더욱 진지하고 절절해진다. 어느 날, 거문고를 몹시 좋아했던 고산은 무위당에게 거문고를 빌려달라는 편지를 보낸다.

저는 평생 음률을 알지는 못합니다만, 본래부터 거문고를 좋아하는 습벽習癖을 지니고 있습니다. 그런데 집안이 가난하여 이 물건을 가지지 못하고 장차 죽을지 모르겠습니다. 전에 공께서 거문고 하나를 가지고 있다고 하셨는데, 은혜롭게 제 숙원을 풀어주시면 어떻겠습니까? 나이 들고 병이 심해져 공의 맑은 모습을 가까이 모시지 못합니다. 만일 공이 일찍이 완상하시던 거문고를 얻어 완상할 수 있다면 공을 얻은 것과 같을 것입니다. 공의 허락을 기다립니다. 장차 심부름꾼을 보내 가져오려합니다. 그러나 오래 지나지 않아 마땅히 옛 자리에 돌려드릴 것입니다.

고산의 편지를 받은 무위당은 다음과 같은 답장을 보낸다. 1695년 2월 28일의 일이다.

……맑고 맑은 일곱 줄 거문고에 소리를 싸서 보내는데, 때마침 눈이 흩날리니 거문고 또한 제대로 된 임자에게 돌아간다는 것을 알아서 스스로 백설가白雪歌 곡조를 날리는 것입니까? 다만 맑은 소리가 멀리 퍼져서 비록 명성을 숨기려 해도 그렇게 되지 못할까 걱정됩니다. 훗날 심부름꾼이 오면 그것을 알 수 있겠지요. 악보는 조카의 승낙을 얻었으니 찾아 보내도록 하겠습니다. 교정한 뒤에 거문고와 함께 돌려주기를 바라겠습니다. ……

『무위당유고』에 있는 이 편지에서 무위당은 거문고를 보낼 때 마침 눈이 내리는 것을 보고, 그것을 '거문고가 제대로 된 임자를 만나게 되자 스스로 백설가라는 유명한 곡조를 연주하는 것'으로 비유하였다. 그러면서 뒤이어 "저는 본래 음률을 이해하지 못하고 완상한 일도 없습니다. 공연히 책상 옆에 두고 있었으니 이른바 헛된 기물일 뿐입니다."라고 고산이 지니게 될 지도 모르는 마음의 부담을 덜어주려는 배려의 표현을 하고 있다. 『무위당유고』에는 거문고와 관련하여 고산과 무위당이 주고받은 시가 실려 있어서 두 분 사이를 더 생생하게 헤아릴 수 있기도 하다. 고산은 무위당 만사에서 "반드시 황천에서 만나 함께 기뻐하리라.〔定應泉裏合歡同〕"라고 무위당에 대한 그리움을 전하기도 하였다.

고산 이유장의 제자인 이성전李成全은 고산의 '돌아갈 때 모습에 대한 기록〔易簀記事〕'을 남겼다. 그 기사記事에는 이 거문고와 앞에서 논한 매화, 대나무 그림에 관한 내용이 들어 있다. 거문고와 관련해서는 고산이 죽음을 앞두고 이성전에게 가있던 거문고를 보내라고 하면서 "죽기 전까지 거문고를 자리의 우측에 두고 손으로 어루만지고 싶다."고 말했다는 사실이 적혀 있다. 고산은 이어 이성전에게 "내가 이제 병이 들어 장차 죽을 것 같다. 내가 평일에 일찍이 아끼고 사랑하면서 스스로 즐거워한 바 4가지 물건이 있다. 거문고는 무위당 김태기공이 준 것이다. 검은 구재鳩齋 김계광金啓光(1621~1675)공이 준 것이다. 주지번의 글씨는 추담秋潭 김여만金如萬(1625~1711)공이 준 것이다. 학사 김창석의 매화 대나무 그림은 무위당 김태기공이 준 것이다. 이 4가지는 진실로 내 벗이니 사익四益(나에게 도움이 되는 네 벗)으로 내 당의 이름을 삼고자 한다. 그대는 나를 위해서 그것을 기록하여라."라 하였다. 뒷날 이성전은 사익당기四益堂記를 지어 그 내용을 상세히 전하였다. 이 사익에 관한 내용은 추담 김여만이 쓴 고산 이유장 행장에도 보인다.

무위당의 아들 칠탄 김세흠은 고산의 제문에서 부친 무위당과 고

**사익당**

고산 이유장의 정자, 고산은 무위당이 준 거문고와 월탄의 매죽그림, 구재가 준 검, 추담이 준 주지번의 글씨를 자신의 소중한 4익이라 하였다산의 교분을 다음과 같이 서술하였다.

　……

　옛날 우리 선군께서　昔我先君
　동갑으로 한 세상에 나시어　並世同庚
　의기가 서로 통하였고　意氣相傾
　지조와 기개 서로 미더웠습니다　志槩交孚
　이별 많다보니 꿈속에서도 생각하고　別多夢想
　만나면 금방 안색이 환해졌습니다　見輒敷腴
　편지가 수북이 쌓이고　簡牘束筍
　시들은 모두 훌륭하였으며　篇什叢瓊
　명승지와 선경에서　名區異境
　시와 술로 서로 만났습니다　詩酒逢迎
　맑은 봄날 석문정사와　春晴石門
　늦은 가을 학가산과　秋晚鶴駕
　병산서원 만대루와 옥연정사에서　屛樓玉榭
　굽어보고 우러르며 강개한 마음 일으켰고　俯仰興慨
　신선의 갓에 초야의 복장으로　霞冠野服
　그 아래에서 소요하였습니다　婆娑其下
　혹은 시를 주고받고　或唱或酬
　혹은 읊조리다 술 마시며　或詠或觴
　시비와 영욕은　是非榮辱
　벗어나고 모두 잊었으니　脫略都忘

하늘과 땅 영원하듯이 天長地久

이 즐거움 끝이 없었습니다 此樂無疆

글을 지어 기록하고 文以記之

발문으로 드러냈습니다 跋以揚之

몇 폭의 매화와 대나무 數幅梅竹

선생 댁에 부쳤습니다 投寄仙莊

대나무는 굳센 절조가 있고 竹有勁節

매화는 향기로운 덕이 있습니다 梅有馨德

군자 그와 같아서 君子似之

군자 그것을 즐겼습니다 君子樂之

밝은 창 가 책상은 明牕棐几

바로 그 사람을 대하는 듯한데 如對其人

어찌 취향 같고 豈惟臭同

도가 합치된 까닭이 아니겠습니까 道合故然

저의 아버지 마음은 我父心事

공께서 실로 알고 계시고 公實知之

공의 평생을 아는 이는 知公平生

저의 아버지 아니면 누구이겠습니까 匪我父誰

무위당을 참으로 아는 이는 고산이었으며 고산을 진실로 아는 이는 무위당이었던 것이다.

## 〉 다른 곳에서 태어난 형제

　　고산과 더불어 무위당과 매우 진한 우의를 쌓은 인물은 송월재 이시선이다. 앞에서 언급했지만 송월재 이시선은 숙부 소운암의 손아래 처남으로서 무위당과는 어린 시절부터 벗으로 지내던 사이였다. 그는 무위당의 기문을 써서 무위당의 세계관을 해석하기도 하였지만, 제문에서 무위당과 자신의 만남을 상세히 기록하여, 그 애달픈 마음을 드러내기도 하였다. 그는 제문에서 철없던 어린 시절, 장고長皐에 사는 매형(소운암 김훈)에게 가서 글을 배웠는데, 바로 이웃에 살던 무위당과 동갑의 아이로서 만났다고 하였다. 그는 "그때 비록 우리 모두 작고 약하였으나 서로 좋아하는 마음을 사람들은 알지 못해도 우리들은 잘 알았었습니다."라고 하면서 장년이 되고 노인이 될 때까지 이 마음이 한결 같았다고 하였다. 그러면서 이시선은 둘 사이의 정이 이처럼 깊은데도 사정이 서로 엇갈려서 구름과 나무가 서로 나뉘듯 만나기가 쉽지 않았다는 사정을 설명하면서 "내가 그대를 그리워하는 마음으로 내 벗의 마음을 헤아린다."고 하였다.

　　그는 이어 "누님 살아계실 적에 때때로 누님를 보러 갔는데 그것은 한편으로는 그대를 보고 싶어서였으며, 그대를 보지 못하면 마치 다시 볼 수 없을 것 같았고, 본 뒤에야 내 마음이 가라앉았습니다. 본 뒤에는 서로 바라보면서 떠나고 싶어 하지 않았고, 떠나고 싶어 하지 않았으므로 또한 만나기를 도모하곤 하였습니다."라고 둘 사이에 서로 그리워하는 정이 깊었다는 사실을 전하고 있다. 사실 그와 무위당은 도산에서, 병산에서 만나고 선찰에서 배타고 노니는 등 수없는 만남을 가졌다. 송월재는 그 만남들은 주로 무위당이 주축이 되어 움직였고, 그것은 송월재 자신에게는 마치 천상의 궁전에 오르는 것과 같은 즐거움이었다고 하였다. 그는 이어 고산 이유장과 무위당 그리고 자신의 관계를 서로 막역한 벗으로 서술하면서, 영혼이 있다면 다음 세상에서 반드시 다시 만나고 싶다고 그 벗 하나를 잃은 슬픔을 절절하게 드러내었다.

> 그대와 우원芋園(李惟章)은 서로를 깊이 알아주는 사이였지요. 일찍이 거문고를 우원에게 기증하였을 때, 우원은 스스로 거문고를 어루만지며 감흥을 붙였었지요. 저와 우원이 서로를 아는 것은 그대와 우원의 관계와 같습니다. 저는 지금 우원과 문자로 서로 통하는데, 한 사람이 비었으니 아침저녁으로 믿기 어려운 것이 운명입니다. 비단 그대가 나보다 먼저 돌아간 것이 슬픈 것이 아니라, 또 하나의 슬픔이 있으니, 그대가 돌아간 뒤로부터 나는 바탕을 삼을 만한 사람이 없습니다. 우원을 제외하고 오직 그대만이 나를 알아주었는데, 이러한 막역한 벗을 잃었습니다. 죽음에 영혼이 있다면 나는 멀지 않아 황천에 가리니, 진실로 장차 이 세상에서처럼 상종하려 합니다.

무위당 또한 송월재와의 막역한 우의를 마음속에 늘 간직하고 있었다. 그는 송월재와의 관계를 "서로 다른 곳에서 태어났지만 형제 되었다.[落地爲兄弟]"라고 표현하였다. 이 구절은 무위당이 송월재의 시에 차운한 시에 들어있다. 그 시들은 송월재와 무위당을 비롯한 벗들이 도산서원에서 모임을 가졌을 때 지은 것이다. 그럼 우선 송월재의 시를 살피고 이어 무위당의 차운시를 보자.

도산의 모임에서 김안안과 여러 벗들께 드리다.〔與金安安諸益會陶山〕

유문의 선인 세상 떠나신지 오래인데 儒先謝世久
경물은 오히려 새로운 모습이네 雲物尙新圖
새는 울며 높은 나무에서 가벼이 날고 鳴鳥翩高木
물고기는 뛰어 거울 같은 호수를 희롱하네 躍魚弄鏡湖
오늘에까지 강학을 하신다면 至今疑講學
예전처럼 완연히 제자들을 불러 모으시리라 依舊宛招徒
늦게 태어나 문하에 들지 못했으니 生晩門無及
바람결에 길게 탄식하네 臨風一長吁

이 시에 대하여 무위당은 다음과 같은 차운시를 지었는데 그 안에 '형제 되었다'는 구절이 있다.

다른 곳에 태어나 형제 되었으니 落地爲兄弟
부절符節 지닌 그림 옮겨 놓은 듯 携節倚畵圖
늘그막에 이르러도 세상은 그대론데 老來今宇宙
병석에서 일어나니 강호엔 해 저물었네 病起暮江湖

우리들 광탄함을 가련히 여기고 狂誕憐吾輩
그대들 청한함을 기뻐한다네 淸閑喜爾徒
천연대에서 서로 헤어진 후에 天淵相別後
하늘의 달 탄식 속에 들어온다네 昊月入長吁


> 표은 문하의 벗

　고산 다음으로 『무위당유고』에 관련시가 많아서 두 분 사이의 특별한 교분을 짐작할 수 있는 분은 이계伊溪 남몽뢰南夢賚(1620~1681)이다. 『무위당유고』와 『이계집』의 관련 시들을 살펴보면 두 분은 특히 50대 전후에 자주 만났던 것으로 생각된다. 무위당과 이계는 모두 표은 김시온의 문하였다. 그들은 임하의 황산사黃山寺, 금소 비봉산 아래에 있는 남연사南淵寺 등에서 많은 모임을 가졌다. 무위당과 이계는 바둑을 두면서 바둑을 주제로 시를 주고받기도 하였다. 1673년 이계가 진주목사가 되었을 때 무위당이 진주를 유람하기도 하였다. 그 때 무위당이 지은 것으로 짐작되는 촉석루 시가 『무위당유고』에 남아있다. 그럼 무위당과 이계와의 교유를 두 가지 이야깃거리를 들어 살펴보기로 한다. 1676년 겨울 황산사에 무위당의 여러 친구들이 모두 모였다. 이 때 이계는 참석하지 않았는데, 이를 안타깝게 여긴 무위당은 시를 지어 이계에게 보냈다.

황산사에 여러 친구들이 모두 모였는데, 중준仲遵〔남몽뢰의 자〕
홀로 오지 않아 이에 시를 읊어 보내다.〔黃山寺諸親舊皆在仲遵獨不
來仍吟寄〕

병으로 강호에 누워 귀밑머리 이미 하얀데 病臥江湖鬢已華
우연히 지팡이 집고 절집에 이르렀네 偶然扶杖到禪家
저녁 빛에 새 날으니 푸른 산이 적고 鳥飛暮色靑山少
차가운 바람소리에 소나무 우뚝하니 흰 구름이 많네
松起寒聲白雲多
한 시대의 풍류는 학사들을 추앙하고 一代風流推學士
백년의 세월은 시 짓기를 재촉하네 百年烟月屬詩魔
한밤 중 잠에서 깨어 아득히 그대 생각하니 睡起半夜遙相憶
시냇가 매화가지 얼마나 피었을까 溪上梅枝幾著花

무위당의 이 시를 받은 이계는 다음과 같은 기록과 함께 차운시를 남겼다.

김안안 태기의 '황산사를 유람하며'에 차운하다.〔次金安安 泰基 遊黃山寺韻〕

1676년 겨울 내가 이계당에 있을 때, 화분의 매화가 활짝 피어 그 향기가 방안에 가득했다. 그 감흥을 붙여 시를 읊조렸는데, 경물을 보며 사람을 그리워한 것으로서 그저 뜻을 같이 하는 사람들과 함께 감상하지 못하여 아쉽다는 것이었다. 이날 저녁 내 벗 김안안이 편지를 보내 말하기를, "어제 여러 벗들과 황산사에서 모였는데 오직 형만이 자리에 없어서 모두가 한 사람이 빠졌다고 탄식을 했다 운운" 하였다. 또 한 수의 시를 기록하여 붙여왔다. 그 시의 뜻을 보니, 먼저 소슬한 절의 경물이 좋음을 말하고, 다음으로 서로 그리워하되 만나지 못하는 괴로움을 말하고, 말구에는 계상의 찬 매화가 얼마나 피었는가 하는 말이 있었다. 이 또한 사물을 보고 사람을 그리워하는 뜻에서 나온 것이 아니겠는가? 이는 감동할 만한 일이다. 생각해 보건대 황산사는 표은 선생이 돌아가신 곳이다.……하물며 오늘 황산사에서 유람한 우리들은 모두 표은선생의 문하선비들이다.

한줌의 흙에 외로운 뿌리 내려 세월을 보내면서 尺土孤根度歲華
당당하게 오히려 시골사람 집을 호호하네 藏猶保野人家
습은 선비에게 속된 마음 적게 하고 仍敎逋客塵心少
시인에게 고아한 흥취 많게 하네 更使騷翁雅趣多
야윈 모습은 제멋대로 비와 이슬 더하기 어렵고
瘦骨縱難添雨露
맑은 모습은 원래 관직생활에 물들지 않는다네
淸標元不染官魔
은근한 편지 한 장 와서 안부 물으니 慇懃一札來相問
그대가 이 꽃 사랑함을 알겠노라 知是吾君愛此花

무위당과 이계는 그 즈음 자주 만났는데, 황산사 모임 이전에는 둘이 선유정에서 유람하기도 하였다. 그 다음 해 1677년 3월에는 안동부 동쪽 금소에 있는 남연사에서 여러 선비들이 모임을 가졌다. 그 모임의 참석자는 남몽뢰南夢賚, 김방열金邦烈, 김방형金邦衡, 남구南俅, 이유강李惟橿, 김방걸金邦杰, 김선기金善基, 김태기金泰基, 유정휘柳挺輝, 김이기金履基 10명이었다. 그들 모두 넓은 의미의 표은의 문하일 것이다. 이 중 김방열, 김방형, 김방걸은 표은 김시온의 아들이고, 김태기 김이기는 야암 김임의 아들이고, 김선기는 갈계 김도의 아들이다. 이유강은 고산 이유장의 형이다. 이들은 그 모임에서 뜻을 모아 계를 맺고 첩을 남겼는데, 계의 이름을 사동계四同契라 하였다. 남몽뢰가 그 계의 서문을 썼는데, 다음은 그 내용의 일부이다.

……

지금 우리 열사람 가운데 비록 혹 나이가 같지 않고 신세가 같지 않더라도, 그 나이를 따져보면 육십을 지난 이가 하나요, 오십이 안 된 이가 하나요, 나머지는 모두 육십 전 오십 후반이다. 그들의 신세를 보면 벼슬한 이가 셋, 처사가 둘, 성균관 유생이 다섯이다. 그런즉 같은 바가 많고 다른 것이 많지 않다. 하물며 태어남이 같으니 같음이 하나요, 자람이 같으니 같음이 둘이오, 늙음이 같으니 같음이 셋이오, 또한 장차 죽음이 같을 것이니 그 같음이 넷이다. 이것을 일러 장차 그 뒷날이 같고 그 앞서 그 처음이 같다고 말할 수 있지 않을까?

……

**무위당 김태기가 향중의 선비들과 가끔 모임을 가졌던 선유정과 선찰사**

선유정은 청계 김진이 지은 정자로 청계 이래 그 자손들이 자연을 벗하며 학문을 토론하던 곳이고, 선찰사는 1826년 장고세고가 초간 된 곳이다. (허주 이종악이 1763년 4월에 그린 그림)

이렇게 같은 점 4가지를 들어 사동계를 설명한 남몽뢰는 이어 "이 같은 점은 모두 외부적인 같음이오, 내적인 같음이 아니니 진실로 같아야 할 내 안의 마음을 수양하여 진정한 같음을 이루자."고 하였다. 참석한 그들 모두가 그에 찬동하였으니 그들은 모두 마음을 같이하는 참된 모임을 이루고자 하였던 것이다.

　당시에는 모임을 갖고 계를 맺어 그 교유를 돈독히 하는 풍습이 있었다. 황산사 모임 몇 년 전인 1670년경 24인의 선비들이 고운사에서 모여 계를 만들고, 그 수년 후 1673년 계첩이 만들어진 일이 있었다. 그 24인은 남천한南天漢, 김이성金爾聲, 김방열金邦烈, 이긍李亘, 유세익柳世翊, 권선權璿, 남천택南天澤, 남몽뢰南夢賚, 김계성金啓成, 남유건南有健, 이유강李惟橿, 남명한南溟翰, 이전오李全吾, 김선기金善基, 김학령金鶴齡, 김태기金泰基, 이유장李惟樟, 김이기金履基, 이보李簠, 이명오李命吾, 이효제李孝濟, 남자하南自夏, 남석뢰南碩賚, 김창기金昌基인데, 나이 순서로 명단이 작성되었다. 여기에 무위당이 16번째, 일류당이 18번째에 자리한다. 이 분들은 계첩을 만들어 각각 하나씩 집안에 간직하였다. 그러한 사실은 1708년 이보李簠(1629~1710)가 쓴 「서고운사계첩후書孤雲寺稧帖後」에 실려 있다. 여기에서 무위당의 교유 범위가 폭이 매우 넓었다는 사실을 알 수 있다. 계첩을 만들어 각각의 집안에 하나씩 간직한 것은 그 모임의 후손들 또한 선조들의 밀접한 교분을 이어서 대대로 교분을 이어나가기를 바라는 마음이었을 것이고, 후손들은 그러한 선조들의 교분과 인연을 매우 소중하게 여기고 그 인연을 이어가도록 나름의 노력을 아끼지 않았을 것이다.

## ❯ 삼대를 이어온 정의情誼

이런 저런 사정으로 직접 만나 교분을 나눈 시간이 많지 않고, 문집이나 유고에 남아있는 시나 편지글 또한 상대적으로 적지만, 무위당과 깊은 마음의 교유를 한 분들이 있다. 그 중 대표적인 분이 갈암 이현일이다. 갈암 이현일은 경당 장흥효의 외손이오, 존재 이휘일의 아우이다. 야암 유고에는 존재 집안의 여러 분에 대한 만사가 있고, 『무위당유고』에도 존재 갈암의 여러 형제들과 관련된 차운시 만시들이 있다. 그런 점을 보거나 『표은집』 『장고세고』 등등에 보이는 갈암 형제들에 관한 시(제문, 만시 포함)를 통해 보면 영해의 재령이씨 존재 갈암 집안 사람들과 내앞의 김문 사람들은 원래부터 교유가 적지 않았던 것으로 보인다. 특히 존재는 야암기문을 쓰기도 하였다. 무위당은 존재의 만사에서 두 집안의 교분을 다음과 같이 표현하였다

옛 정의情誼 이미 삼대에 걸쳐 두터웠고　舊義已從三世厚
새로운 정은 다시 한 집안으로 이어졌네　新情更向一家連

이를 보면 무위당 집안과 존재 집안은 이미 삼대에 걸쳐 두터운 정의를 쌓아온 터였고, 그 정의는 무위당 존재 갈암에까지 이어져 왔다는 사실을 알 수 있다. 그런데 『무위당유고』에는 갈암에 관련된 시가 한 편 밖에 없고 여러 번 보냈으리라 생각되는 편지글도 보이지 않는다. 다행히 『장고세고』에 들어있는 『무위당일고』에는 갈암이 지은 무위당 제문과 만사가 실려 있어서 두 분의 교분을 짐작할 수 있고,

『갈암집』에는 아쉬운 대로 시 두 편, 편지글 두어 편이 있어 무위당과 갈암의 교유 내용을 어느 정도는 살필 수 있다. 갈암은 벼슬살이할 때, 막 벼슬길에 들어선 무위당의 아들 칠탄을 은연중 돌보았다. 또 적암 김태중, 제산 김성탁 등 내앞 김문의 쟁쟁한 학자들이 모두 갈암의 가르침을 받았다. 이러한 점들을 생각해보면 갈암과 무위당의 교분뿐 아니라 내앞 김문 사람들과 갈암의 친밀한 관계를 능히 짐작할 만하다. 이러한 관계는 갈암의 아들 밀암 이재와 칠탄 김세흠, 월탄 김창석, 귀주 김세호, 적암 김태중, 제산 김성탁 등 김문의 여러 뛰어난 학자 선비들과의 친밀한 교유로 이어졌다.

갈암은 무위당 제문에서 "나는 일찍부터 그대와 교유하였고 만년에는 우호가 돈독했습니다. 마침 나는 죄를 입고 내쫓겨 멀리 북쪽 변방으로 귀양을 갔었는데, 그대는 곤궁한 벗을 잊지 않고 계속 안부를 물어 왔습니다. 그 은혜 마음속에 깊이 새겼으니, 어느 날엔들 감히 잊겠습니까."라 하여 둘 사이의 교유가 오래되었으며 나이 들어갈수록 더욱 돈독해지고 있었음을 알 수 있다. 갈암은 무위당이 살던 내앞에서 좀 멀리 떨어진 영해에 있었고, 또 파란만장한 삶을 살았으므로 직접 만나서 한가롭고 넉넉한 교유를 갖기에는 좀 어려운 부분이 있었을 것이다. 그러나 무위당은 끊임없이 갈암의 안부를 챙기고 마음의 교유를 나누고자 하였다. 무위당의 아들 칠탄 김세흠은 갈암의 제문에서 무위당과 갈암의 그러한 관계를 다음과 같이 서술하였다.

……

오호라 슬프도다 嗚呼痛哉

우리 선군과는 曰我先君

도의로써 서로 미더웠고 道義交孚

정의의 돈독함이 情好之篤

늙도록 변하지 않으셨습니다 至老不渝

선생께서 내침을 당하셨을 때 先生在擯

선군께서는 탄식을 하시고 先君曰吁

끊임없이 편지를 翩翩簡札

멀리 궁벽한 유배지로 보냈습니다 遠投窮隅

선군께서 세상 떠나셨을 때 先君之沒

선생께서 막 돌아오셨는데 先生始旋

잔을 올리고 곡을 하면서 來奠來哭

제문을 지어 정의를 펴셨습니다 文以自宣

……

한편 갈암과 고산 이유장도 매우 가까운 벗이었으므로 이유장의 마음 벗인 무위당과 갈암 모두 서로 마음의 동지라는 생각을 하였을 것이다. 무위당의 넷째아우 일한옹 김유기는 무위당의 제문에서 무위당 고산 갈암 세 분은 "마음으로 사귀고 도의로 서로 함께 하여 그 정의가 아교와 같았다."고 그 우정이 끈끈하였음을 강조하였다. 무위당이 효릉의 참봉으로 있을 때 미수 허목을 찾아가 증조부 운천선생의 묘비명을 받은 사실은 이미 앞에서 언급한 바 있다. 무위당은 미수가 지은 묘비명을 갈암에게 보냈다. 이 글을 읽은 갈암은 답장을 보내 그 일을 축하하였다.

부쳐 주신, 미수 허목선생이 지은 운천선생의 명문銘文을 삼가 몇 번 읽어 보고는 높은 산처럼 공경하여 우러르는 마음으로 더욱 절실히 감탄하였습니다. 이 어른이 수립하신 바는 만년의 절조가 더욱 탁월하여 탐욕한 사람은 청렴해지고 나약한 사람은 뜻을 세우게 되는〔廉頑立懦〕기풍이 있으며, 그 필력이 연로한 나이에도 더욱 고아하고 강건하여 운천선생의 덕업德業을 후세에 길이 전할 수 있고 지하에 계신 운천선생께도 영광이 될 수 있으니, 매우 훌륭하고 훌륭한 일입니다.

무위당은 또 갈암에게 시를 보여주며 화답을 구한 일도 있었다. 무위당이 보여준 시는 『무위당유고』에도 『장고세고』에도 없다. 다만 무위당의 그 시에 갈암이 화답한 시가 『갈암집』에 있을 뿐이다. 그 화답시를 쓰게 된 동기를 갈암은 다음과 같이 적었다.

> 김안안金安安 태기泰基 노형이 안동부사가 준 '문희연聞喜宴'이라는 시를 보여 주면서 나에게 화답하기를 청하였다. 내가 평소에 당률唐律에 어둡고 또 운자韻字가 강하기에 첫 연의 운자가 조부의 이름자〔涵〕와 같다는 이유로 사양하였는데, 안안 형이 '암菴' 자로 바꾸어서 압운하라고 하므로 내가 마지못하여 나중에 화답하여 보냈다.

생각건대 지난날 전시에 입격하여　憶昨明光出匭函
은혜와 영광이 백운암에 빛났었네　恩榮曾耀白雲庵

집안에 문장이 전해져 훌륭한 시가 남아 있으니 家傳文藻留佳什
대대로 풍도와 명성이 아름다운 이야기를 전파하네
世繼風聲播美談
다시 영춘과 단계의 빛을 보니 復覩靈春丹桂暎
치아 성글고 머리 빠진 늙은이 심히 부끄럽구나 還深歷齒黃頭慚
그저 좋은 기원의 의미에 붙여 훌륭한 시에 화답하노니
聊將善禱賡瓊韻
관작이 고귀하고 응당 연치와 덕도 높으리라 官貴應兼齒德三

　　안동부사가 지은 문희연聞喜宴이라는 시는 짐작컨대 칠탄 김세흠이 과거에 급제한 것을 축하하는 시일 것이다. 문희연이 과거급제를 축하하는 잔치이기 때문이다. 『무위당유고』를 살펴보면 부백府伯, 신윤愼尹, 신경윤愼景尹의 시에 차운한 작품이 많은데 모두 당시의 안동부사 신경윤愼景尹(1624~1704)의 시에 차운한 것으로 보인다. 작품의 수로 보나 그 내용으로 보아 무위당과 안동부사 신경윤은 매우 친밀하게 지냈던 것을 알 수 있는데, 신경윤은 칠탄이 급제하자 무위당에게 축하의 뜻을 담은 시를 보냈고, 무위당은 그 시를 갈암에게 보이고 화답을 구한 것이리라. 그래서 갈암은 전시에 합격하여 은혜와 영광이 백운암, 즉 백운정의 집안에 빛났다고 한 것이다. 나아가 갈암은 맨 끝 연에서 칠탄이 미래에 높은 벼슬을 하고, 오래 살고, 덕이 높아지기를 기원하였다. 이 축하와 기원의 시를 받은 무위당은 감사의 뜻으로 똑같은 운자를 써서 시를 지은 다음 갈암에게 보냈다.

이익승이 함자로 차운하여 시를 보냈기에 내가 그 운을 써서 사례하였다.〔李翼升次送凾字余因用其韻謝之〕

| 옥안의 그대 불현듯 멀리서 편지 보내시니 | 玉顏翩然遠達函 |
| 광채가 띠 집에 가득하여 홀연 놀랐네 | 忽驚光彩滿茅庵 |
| 백리의 맑은 바람은 가을밤의 흥취요 | 淸風百里夜秋興 |
| 서쪽의 밝은 달은 마치 밤의 담소 같네 | 明月西鄕如夜談 |
| 서책엔 저절로 맛있는 음식이 많고 | 黃卷自多芻豢味 |
| 백운정엔 다시 시내 숲에 부끄러움 없다네 | 白雲無復磵林慙 |
| 아이들 대소과가 무슨 상관이랴 | 阿兒大小科何有 |
| 고맙게도 자상하게 세 가지를 알려주시네 | 幸卒諄諄指道三 |

이 시를 받은 갈암은 다시 그 운자를 써서 화답하였다.

무위자無爲子가 화답시를 보내왔기에 재차 앞의 운을 써서 답하다. 안안 형의 자호自號가 무위자이다.

| 무위자가 좋은 글을 보내주시니 | 無爲夫子枉珍函 |
| 가을바람 따라 갈암에 도착했네 | 好趁秋風到葛庵 |
| 글씨를 대하니 참으로 고아한 풍모 뵙는듯하고 | 對筆眞成逢雅度 |
| 시를 읊으니 흡사 정겨운 말씀 듣는듯하네 | 吟詩恰似聽霏談 |
| 주인 만나 문호가 응당 성대하리니 | 阿郞會做門應大 |
| 대대로 전해온 덕에 어찌 부끄럽겠는가 | 奕世流光德豈慙 |

다시 바라건대 백척간두에서 한 걸음 내딛는다면
更願竿頭進一步
뒷날에 너끈히 삼달존三達尊을 이루리라 他年定富達尊三

이처럼 갈암은 칠탄의 과거급제를 거듭 축하하면서 지금의 성취에서 한 걸음 더 나아가 더 큰 성취를 이루어 삼달존의 경지에 이르기를 바라고 있다. 삼달존이란 천하에 두루 통하는 세 가지 존귀한 것으로, 마을에서의 나이〔齒〕, 조정에서의 벼슬〔爵〕, 세상을 돕고 백성을 기를 때의 덕〔德〕을 말한다. 다시 말하면 갈암은 칠탄이 조정에서 높은 벼슬을 하고, 오래 살며, 높은 덕을 갖추기를 다시 한 번 기원한 것이다. 앞에서 갈암의 무위당 제문을 잠깐 소개했지만, 갈암의 무위당에 대한 마음을 생각해 볼 수 있는 갈암의 만사 일부도 소개한다.

백운정 그 어른의 후손으로 白雲亭老後
우뚝한 명망은 실로 출중했지 標望迥超倫
초야의 선비로 오래 살았고 幽側安貞久
좋은 시절 맞아 새 조정에 나아갔어라 彙征屬化新
임금의 은혜로 경사가 주어졌고 覃恩因賜慶
각별한 임금 은혜 거듭 내렸지 殊錫自天申
일흔여섯에 세상을 떠났으니 七六歸乘化
인간 세상 오복을 고루 누렸어라 人間五福均

갈암은 만사 뒷부분의 내용을 제문에서 풀어 설명하고 있는데,

그는 "그대는 고아한 지조와 맑은 풍모를 지녀 마음의 덕을 굳게 지킬 수 있었고 훌륭한 문장과 뛰어난 재능은 큰일을 이루기에 넉넉하였습니다. 고을 사람들은 그 풍모와 명성을 우러러보았고, 벗들은 초야에 묻혀 지내는 것을 애석히 여겼습니다. 나라에 좋은 시절이 돌아왔을 때 비로소 벼슬길에 나갔지만 장악원 주부와 역참 찰방 같은 벼슬을 하면서 그럭저럭 세월만 흘렀으니, 낮은 벼슬에 머물러서 관직이 능력에 비해 보잘 것이 없었습니다. 그대가 벼슬에서 물러난 뒤에 은택과 경사가 이어져 마을에는 영광이 되었고, 종족에는 기쁨이 넘쳤습니다."라고 무위당을 추모하였다.

### ❯ 백운정의 동숙객同宿客

어느 날 목재木齋 홍여하洪汝河(1620~1674)에게서 온 시 한 수가 무위당에게 전해졌다.

애오라지 다른 편지 편에 안안께 보내노니 聊因他札奇安安
금년의 상봉에서 편안하심 살폈었지요 今年相逢己審安
백운정에서 같이 지내던 그대에게 안부 전하노니
問訊白雲同宿客
봄을 맞아 모두 평안하십시오. 春來箇箇得平安

목재 연보로 헤아려 본다면 1660년대 초반으로 생각되는 어느 해, 목재 홍여하가 내앞을 찾아왔고, 그 때 백운정에서 무위당과 같이 지냈던 듯하다. 집으로 돌아간 그는 무위당에게 안부 겸 감사의 뜻을 표하는 시를 보내왔다. 이 시의 운자는 '안安'이었다. 무위당의 자 안안安安의 글자를 빌어 편안하라는 뜻을 시에 담은 것이다. 시를 본 무위당은 다음과 같은 차운시를 지었다.

홍백원의 시에 차운하다〔次洪百源韻〕

우리의 도 지금까지 안정되지 못했으니 吾道從來席不安
세상 어느 곳에 편안히 몸 붙이겠는가 世間何處著躬安
알겠네, 요동 땅 한쪽 모퉁이에서 是知一片遼東地
유안이 삼십여 년 나그네살이 한 것을 三十餘年客幼安

무위당은 세상이 안정되지 못하여 어느 곳인들 편안한 곳이 없다고 말한다. 그리고 삼국 시대 위魏나라 관녕管寧이 황건적黃巾賊의 난 때에 요동遼東으로 피하여, 삼십 여 년 동안 학문에만 몰두하고 지낼 뿐, 끝내 벼슬길에 나가지 않은 사실을 들어 자신의 심경을 피력하였다. 그 뒤 홍여하는 무위당의 조카인 질재 김창문의 부탁으로 1674년 무위당의 선친 야암의 묘지명을 짓는다.

야암에게 재종질 금옹 김학배金學培(1628~1673)가 문중을 빛낼 것으로 기대되던 집안의 후진이었다면, 무위당에게는 재종제인 적암適庵 김태중金台重(1649~1711)이 문중의 학문을 이끌어갈 것으로 여겨지던 집안의 후진이었다. 무위당의 일생에 대한 평가를 적암의 제문으로 대신한다.

　……
　공은 훌륭한 집안에서 태어나　公生趾美
　타고난 자질 매우 도타웠네　天分極惇
　기질은 굳세며 곧았고　氣剛以直
　행실은 높다랗고 맑았네　行峻以淸
　천하에 뛰어난 시인이었고　天下王適
　나라 안에 명망 있는 선비였네　海內孝章
　문장은 찬란했고　文章之煥
　글씨는 빛이 났네　筆札之光
　일찍이 명리의 장 벗어났고　早脫名場
　늘그막에 고향을 지켰네　晩守東岡
　초야에 은거하여　邱園隱格
　강호의 고상한 풍도 지녔으니　湖海高風
　공은 아예 세상을 잊었으나　公果忘世
　세상이 어찌 공을 버리겠는가　世豈捨公
　벼슬에 추천하고 번갈아 아뢰니　薦墨交奏
　임금의 은택 여러 차례 이르렀네　天渥屢到
　벼슬에 올랐어도 지위 낮았으니　名升位細
　어찌 보답하기에 알맞았겠는가　曷足稱報
　조정에서 복을 더하여　王門衍福

아들이 성취하였고 兒子乃做

빼어난 조카들 封胡羯末

또한 발탁되었네 亦旣顯遂

……

밝은 창가 안석에서 明牕曲几

씻은 듯이 티끌세상 끊어버리고 洗然絶塵

재계하듯 단정히 앉아 端居若齊

성현의 글을 다시 익혔네 溫理遺編

온화하게 남을 대하고 待人以和

엄정하게 자신을 단속하니 律己以嚴

풍도를 들은 이는 흥기하고 聞風者起

덕행을 본 이는 흠모하였네 覩德者欽

……

#  4

## 아픔과 고난 그리고 영예
### -일류당 김이기-

❯ 김이기金履基(1628~1712)의 자는 탄탄坦坦, 일류당一柳堂은 호이다. 야암 김임의 둘째아들이고 무위당 김태기의 바로 아래 동생이다. 그의 나이 겨우 5세이던 1632년 어머니 정씨 부인이 세상을 떠났다. 동생인 익기와 정기가 모두 아직 강보에 쌓인 아기였기 때문에, 그는 양육의 사정 상 외가에 가서 지낼 수밖에 없었다. 그는 외가에서 몇 년을 지내다가 아홉 살이 되어서야 집으로 돌아왔다.

좀 자라서는 맏형 무위당과 함께 재종조부 표은 김시온을 스승으로 모시고 오경五經과 제자서諸子書를 가르침 받았다. 그가 가르침 받은 내용들을 환하게 깨달아 막힘이 없자, 표은선생이 매우 칭찬하였다고 한다. 21세에 상주尙州에 가서 향시에 응시하였는데, 시험관이 답안의 글을 보고 "말이 간결하며 통쾌하고 도리에도 통달하여 문장이 잘 갖추어졌으니 참으로 큰 선비이다."라고 매우 감탄하였다. 그는 1662년에 생원시에 합격하여 태학太學(성균관)에 들어갔다. 어느 날 성균관의 어떤 재생齋生이 고래고래 소리를 지르며 술주정을 부리자, 그는 정색을 하고 "태학은 선善을 주창하는 곳인데 저 사람은 오만하기가 이 지경에 이르렀으니 마땅히 벌을 주어야 한다."라고 주장하였다. 임원을 맡은 성균관의 재생이 그 말을 듣고서 곧바로 벌칙을 내리니 다른 재생들이 숙연肅然해 하며 감히 추태를 부리는 자가 없었다.

그가 이전에 산사山寺에서 독서한 일이 있었다. 그 때 어떤 노승老僧이 설법說法을 하는데, 한 서생이 노승에게 금강金剛·반야般若 등 불가의 학설에 대해 질문하자 그는 "배움을 막 시작한 선비는 한 마디 말이라도 신중하지 않으면 안 된다. 성현의 밝은 가르침이 서책에 환하게 실려 있는데 어찌 불가佛家의 설에 마음을 헛되이 쓸 수 있겠는가."라고 힐난하였다. 그 말을 들은 서생이 곧 깨닫고 마침내 제자 되기를 원했다고 한다. 사람들이 이처럼 자못 그를 존경하여 감복하는 경우가 많았다.

1667년에 부친 야암공이 세상을 떠났다. 일류당은 그 슬픔을 못 이겨 깊이 병이 들고 말았다. 주변의 사람들이 대부분 목숨이 위험하다고 하였으나, 목재 홍여하가 그 말을 듣고서 사람들에게 "김 아무개는 효행이 매우 독실하니 반드시 신명神明의 도움이 있을 것이다."라고 하였다. 얼마 지나지 않아 병이 과연 나았다고 한다. 일류당은 아버지 야암공의 복을 마치고는 과거를 포기하였다. 그 뒤로 집안이 점차 가난해졌다. 사방 담장이 허물어져 비바람을 가리지 못할 지경이었다. 그래도 그는 가난에 마음을 두지 않고 태연하였다. 위로 맏형인 무위당을 모시고 아래로 여러 아우들과 함께 하며 형제간의 우애를 다하였다. 그는 특히 어려서부터 맏형인 무위당을 한결같이 따랐는데, 그것을 본 할머니께서 "너의 형이 죽으면 너도 죽겠느냐?"라고 놀리기도 하였다. 다섯 살에 어머니를 여의고 외가에서 몇 년을 보낸 그로서는 세 살 위인 형이 더 할 나위 없이 믿음직하고 든든했을 것이다. 그 뒤 장성한 후에도 무위당이 가는 곳이면 많은 경우 일류당이 함께하였다. 그는 형님 무위당의 제문에서 "때때로 흥이 나면 수레를 타고 돌아다니는 것을 좋아하여 황산黃山에서 달을 노래하고 봉정사鳳停寺에서 가을을 읊조렸습니다. 선폭仙瀑에서 물고기를 보고, 옥연玉淵에서 뱃놀이 하며, 형이 가면 내가 따르고 내가 가면 형이 함께하였습니다."라고 그러한 사정을 비교적 상세히 설명하였다. 그러니 그는 자연스레 형의 지우들과 교분이 많을 수밖에 없었을 것이다. 그러한 사실은 내용이 많지 않은 『일류당일고』 가운데 고산 이유장 관련 시가 3편이나 있는 것을 보아도, 그리고 앞의 무위당 관련 글에서 언급하였던 고운사 계첩에 형과 같이 이름이 올라 있는 것을 보아도, 또한 이계 남몽뢰, 고산 이유장, 갈암 이현일, 지촌 김방걸 등의 각 문집에 일류당이 지은 만시가 들어 있는 것을 보더라도, 넉넉히 짐작할 수 있는 일이다. 『무위당유고』에는 무언자無言子 김방걸의 「유거幽居」 시, 그 시에 대한 무위당의 차운시, 일류당의 차운시가 다 실려 있다. 그 중 무언자의 유거시와 일류당의 차운시를 소개한다.

무언자의 유거幽居 시

창강에 누운 뒤로 세월 오래 흘렀는데　一臥滄江歲月深
그윽한 집엔 티끌 하나 침범하지 못하네　幽居不受點塵侵
낚시질에서 도리어 일이 많아짐을 알았고　已知漁釣還多事

거문고와 바둑 또한 마음 괴로움을 새삼 느꼈네 更覺琴棊亦苦心
돌 침상 그대로 두니 바람 불어와 쓸어가고 石榻任他風過掃
매화 언덕 내다보니 새가 와서 노래하네 梅壇輸與鳥來吟
지금은 경영하는 일 모두 생략하고 如今全省經營力
종일토록 말없이 푸른 산만 바라보네 終日無言對碧岑


무언자 「유거」 시에 차운하다〔次無言子幽居韻〕


벼슬 버리고 돌아오니 깊은 곳도 싫지 않고 投綬歸來不厭深
깊숙한 거처엔 오직 흰 구름만 다가오네 深居惟有白雲侵
옥당의 맑은 꿈 일찍이 어느 날이었던가 玉堂淸夢曾何日
물새의 한가로움이 바로 이 마음이라네 沙鳥閑盟卽此心
집 가까운 솔과 대는 만년의 절개 보여주고 近戶松篁看晩節
시내 가득한 안개와 달은 그윽한 읊조림을 도와주네
滿溪烟月助幽吟
가을바람이 혹여 남여 드는 것을 허락한다면 秋風倘許藍輿擧
선암 일만 겹 봉우리를 다 밟아 보리라 踏盡仙庵萬疊岑


그렇게 형제들과 우애를 나누며 집안의 선비들, 고을의 지인들과 교유하며 지내던 중 그는 1674년에 부인 윤씨의 상을 당했다. 부인은 파평윤씨坡平尹氏 충의위 윤탕빙尹湯聘의 딸로 성실하게 부도婦道를 지킨 사람이었다. 그런데다가 화는 홀로 오는 법이 없다든가, 그 다음 해인 1675년에 맏아들 질재 창문이 세상을 떠났다. 약관 이전부터 뛰어난 재주와 탁월한 문장실력으로 집안과 지역의 기대와 촉망을 한껏 받던 아들이었다. 그는 아들이 죽은 뒤 11년째가 되는 1685년, 내내 가슴 깊이 묻어 두었던 그 아들에 대한 소회를 담은 광기壙記를 아들의 무덤에 묻었다.

기축년(1649)에 한 사내아이가 조선국 안동부의 동쪽에서 태어났으니 이름은 창문昌文이요, 자는 칙야則野이다. ……그는 생원 이기履基의 맏아들이다. 어머니는 파평坡平 윤씨尹氏이니 꿈에 신령한 거북이 단서丹書를 물고 오는 징험이 있었다. 태어남에 용모가 단정하고 엄중하여 보통 아이들과 달랐다. 글자를 배우기 시작하면서 문득 시를 읊었고, 또 전서篆書와 초서草書에도 능하였으니 아마도 타고난 것이리라. 십여 세에 백가百家를 두루 읽고 날마다 천 마디를 외워 웅장한 문장과 걸출한 시구로 사람들 입에 오르내려 한때 칭찬이 자자하였다. 17세에 목재 홍여하공을 찾아가 가르침을 받았는데, 홍공이 기특하게 여겨 "시문詩文은 마땅히 중원中原의 시단詩壇에서 다툴 만하다."고 하였고, 뒤에 또 『역전易傳』을 논하자 경탄하며 스스로 미치지 못한다고 하였다. 구재鳩齋 김계광金啓光 또한 사람들에게 말하기를 "김 아무개는 언행과 기개가 절로 고인에 어긋남이 없으니 훗날 반드시 대인군자가 될 것이다." 하였다. 그는 이처럼 선배들에게 크게 인정받고 신임을 얻었다. …… 아내 창원昌原 황씨黃氏는 대사헌 황섬黃暹의 증손이며 황유黃瑜의 딸이다. 부인의 도가 있어 집안을 화목하게 할 수 있었으나, 아이가 죽

### 몽선각

1701년 월탄 김창석이 부친 일류당을 모시기 위해 지은 정자, 월탄 또한 이곳에서 생을 마감하였다. 원래 망천 남쪽 반변천 기슭에 있었으나 수해로 없어지고, 훗날 내앞에 중건하였다.

은 뒤 4년 만에 28세의 나이로 세상을 떠나 마침내 남편 곁에 합장하였다. 아이는 아들이 없고 딸이 하나 있었으나 아이보다 먼저 죽어 아이는 마침내 후사가 없게 되었으니, 아비의 애통함이 천지와 더불어 한이 없게 되었다. 아비는 기록한다.

이와 같은 가난과 다 큰 자식을 앞세운 고난 속에서도 그는 형과 아우들과 우애를 다지고 나누며 지냈다. 그러는 동안 형제들에게는 큰 경사가 있었다. 여러 형제들이 오래도록 수를 함께 누린 것이 그 하나요, 그 자신을 포함한 형제들 아랫대에서 세 사람의 문관이 나온 것이 또 하나요, 그 연유로 형제 세 사람이 부호군을 제수 받은 것이 또 다른 하나이다. 앞에서 언급한 바 있지만 고산 이유장이 무위당의 제문에서 집안의 영광을 기려 말한, "세 분의 호군과 세 사람의 학사가 있고 여섯 형제는 육순의 늙은이라네."라는 구절이 바로 그것이다. 일류당 개인으로 말하면 1697년 일흔이 되던 해, 아들 월탄 김창석이 시종신을 역임한 까닭으로 조정의 전례에 따라 나라에서 부호군의 관직이 내려진 것이 그것이다.

    1701년 봄, 벼슬에서 물러나 귀향해 있던 아들 창석이 반월산半月山 아래에 별장을 짓고 몽선각夢仙閣이라 이름을 붙였다. 그는 몽선각의 기문을 지어 아들이 별장을 지은 뜻을 헤아렸다. 그는 날이 좋고 풍광이 아름다우면 몽선각에 주변의 촌로들을 불러서 술 마시고 시를 읊조리며 즐겼다. 그 모습이 맑디맑고 속세의 티끌이 없어서 보는 이들이 일류당을 마치 신선 같다고 하였다.

중양절 하루 뒤에 몽선각에 모여 술 마시며〔重陽後一日會飮夢仙閣〕

오늘 또한 중양이기에　今日亦重陽
서로 불러 한 자리에 모였네　相邀到一堂
백발의 네 늙은이가　白頭人四皓
반갑게 석잔 술을 마시네　靑眼酒三觴
섬돌의 국화는 어찌해서 시드는가　階菊何須苦
강가 누대는 이제부터 빛이 나네　江樓自此光
시 읊어 좋은 시절에 화답하니　吟詩答佳節
단풍이 온 산을 물들였네　紅葉萬山粧

아들이 지은 몽선각에서 유유자적 신선처럼 지내던 그는 1707년에 어느덧 80세가 되었다. 일류당은 아들이 벼슬을 하고 나이가 80세가 되었으므로 나라의 관례에 따라 가선대부의 품계에 올랐다. 그 다음해 1708년에 동지중추부사同知中樞府事에 제수되고 부친 야암은 대사헌에, 조부 청봉은 좌승지에 추증되었다. 원래 3대가 추증되는 것이 관례이지만 증조부 운천은 그 자신의 공로로 이미 증직이 되었기에 달리 추증하지 않았다. 그 해 9월 9일 중양절에 아들 월탄이 그것을 축하하는 경수연慶壽宴을 열었는데, 경옥景玉 이보李簠(1629~1710)가 경수연의 서문을 썼다.

임금께서 …… 연세가 백세에 이른 자는 모두 품계를 올리고 벼슬을 내려 큰 화합을 펼치게 하였다. 당시 호군 김공께서 연세 80으로 특별히 2품에 초서超敍되고, 그 다음 해에 곧바로 동지중추부사에 임명되어 마침내 3대가 추증을 받았다. 공의 아버지 야암선생野庵先生이 가선대부 사헌부 대사헌에 추증된 것은 공의 벼슬의 위계에 따른 것이고, 조부와 증조부도 모두 법식에 의거하여 증직을 받았으니, 아, 큰 영광이로다.

공의 아들 창석昌錫 씨가 호남湖南 막하에서 새로 직책이 바뀌어 돌아와, 이에 9월 8일 가묘家廟에 분황焚黃하였다. 공은 붉은 인끈에 황금 도장을 차고 직접 제사에 나아가 절하고 오르내리며 모두 예절에 맞게 하니, 젊을 때와 같아 보는 이들이 감탄하고 칭찬하였다. 다음날은 중양절 좋은 계절이라 집에서 경수연慶壽宴을 여니, 자손들이 줄 서서 모시고 하객들이 고을에 가득하였다. 그들 대부분 축수하는 시를 지어 이 성대한 일을 읊조리고 노래하였다. 도사都事 군(월탄)이 지난 날 서울에 있을 때, 이 경사를 기리는 조정의 사람들이 또한 시가詩歌를 지어 주었는데, 그것을 모아 하나의 큰 두루마리를 만들고 나에게 서문을 부탁하였다. 내가 사양하지 못하고 말하기를 "하늘이 사람에게 오복五福을 베풀어 줄 때에 반드시 선을 쌓은 집안과 충효忠孝한 사람을 선택하여 베풀고, 그로 하여금 백세를 누려 높은 반열에 오르고 큰 복을 누리게 한다. 아, 공의 집안은 영남에서 드러나 덕성德性과 품위를 서로 전하여 운천선생雲川先生에 이르러 더욱 창대하였다. 두 대의 명성이 조정에 매우 자자하였으니, 그 근원이 원대하여 그 흐름이 길게 이어지고 그 선이 쌓인 지가 오래되어서이다. 공은 충성스럽고 효성스러운 자질로 그 집안에서 태어나 선조의 업적을 잘 잇고 집안의 명성을 실추

시키지 않았기에, 하늘이 공에게 오복의 으뜸을 베풀어 장수를 누리고 높은 반열에 올라 이로써 조종祖宗을 더욱 빛나게 한 것이니, 그 말이 맞다 말해야 하지 않겠는가.

일류당은 장년을 지나 노년의 초입에 이르기까지 가난 속에서 아내의 죽음, 장래가 촉망되던 맏아들 창문과 막내아들 창호의 죽음이라는 고난을 겪어야 했다. 문과에 급제하여 벼슬길에 나섰던 둘째아들 창석 또한 청요직을 두루 지냈지만, 당시의 불안정한 정국에서 지닌 국량에 걸맞은 지위를 얻지 못해서, 그 빛을 다 드러내지 못했다. 그러나 일류당은 벼슬에서 물러나 귀향한 둘째아들 월탄 김창석의 정성스러운 효도를 받아가며 장수를 누리다가 1712년 가을에 병으로 세상을 떠났다. 이재頤齋 권연하權璉夏(1813~1896)는 묘갈명에서 다음과 같이 일류당을 기렸다.

……
문장 있고 행실 있으며  有文有行
또한 명성이 있었네  亦旣有聞
성균관에 들어갔으니  賓于國子
어찌 하늘이 정한 길이 아니랴  胡不天逵
물러나 뜻 펴지 못하였으나  斂而不施
후손에게 경사 미치리라  餘慶之詒
내 『홍범구주洪範九疇』의 오복을 상고하니  我稽箕疇五福
수, 강녕, 유호덕, 고종명이라네  曰壽曰康寧曰攸好德曰考終命

庚寅元月十二日沈慶基

壽弼平季
間春發審新春
閤候萬福然賀不已光涎
家年落一籌今年疾一
籌打疫此無差怪而不
能咀嚼疾病漸纖其
能久持世乎奴郷事言
于諸族別還爲侍世事
以謂二字在於先間殊々
怡々庭學像壽後古
爲欠悵
君又如此不覺見根々弦也涎
兄老其杜塾已久
君忘廢出入而籹無日晤延
六拾將惊而已餘手
我因臀倩筆姑惟

일류당 김이기의 글씨

지위 없었다 말하지 말게 莫曰無位
간직한 빛 더욱 영원하리라 潛光愈永

이재는 묘갈명에서 일류당을 문장과 행실과 명성을 두루 갖춘 사람으로 보았다. 그러나 주어진 천명의 길과는 달리 자신의 뜻을 펼치지는 못했고, 그것은 아들인 월탄 창석에게 이어져 그 아들이 그 뜻을 일부나마 이루었다고 본 것이다. 그러면서 일류당이 오복 가운데 부를 제외한 장수와 평안한 삶과 도덕성과 천명대로 돌아감을 누렸다고 평한 것이다.

# 5

# 유가적 행실의 은자
### -목암 김정기-

▶ 김정기金鼎基(1632~1708)의 자는 정정正正이요, 목암牧庵은 스스로가 지은 호이다. 그는 야암 김임의 넷째아들로 1632년 5월 8일 안동부 가구리佳丘里에서 태어났다. 가구리는 지금의 안동시 와룡면 가구리로 양조모 순흥 안씨의 친정동네이다. 그는 태어난 지 7개월 만에 어머니 정씨 부인이 세상을 떠나는 바람에 남의 젖을 빌어먹으며 겨우겨우 성장하였다. 그 때문에 아버지 야암은 이 아들을 볼 때마다 그지없이 안쓰럽게 여겼다. 목암 또한 어머니가 자신이 젖먹이 때 돌아가신 것을 평생의 큰 슬픔으로 여겼다. 그래서 그는 생일이 되면 돌아가신 어머니 생각에 문득 눈물을 흘리며 고기와 술을 먹지 않았다. 그러한 마음가짐이 그가 평생토록 마음에 두고 실천한 효성의 바탕이 되었을 것이다. 그런 아들이어서 아버지 야암은 더 애틋하였다. 그래서 그 아들이 배움을 시작했을 때, 『중용』과 『대학』 및 그 주석 가운데 긴요한 것을 손수 써 주었다. 목암 또한 그러한 아버지의 마음을 헤아려 온 힘을 다해 배운 바를 가슴속에 새기고 그 책을 잠시도 손에서 놓지 않았다. 그의 평소 공부는 대부분 그 아버지의 그런 마음에 힘입은 바라

할 수 있다.

　목암은 부친이 늘그막에 빗골(雨谷) 시냇가에 야암을 지어 수양하고 쉬는 곳으로 삼았을 때, 곁에서 모시고 지내며 날마다 여러 가지 수발을 다 들었다. 그는 도서圖書와 화초花草 등 부모님께서 좋아할 만한 것은 널리 구하여 올렸다. 또 겨울에는 따뜻하게 해드리고 여름에는 시원하게 해 드리며, 드시기 좋은 맛있는 음식을 장만하는 데에도 정성을 다하였다. 나가 놀 때에도 반드시 일정한 장소에서 놀았고, 언제 돌아온다는 약속을 하고 그 약속을 꼭 지키는 등 항상 부모님께 걱정을 끼칠까 걱정하였다. 아버지의 안쓰럽고 애틋한 마음과 아들의 어버이를 진심으로 사모하는 정이 저절로 그렇게 조화되어 신실信實한 정으로 드러난 것이다.

　1667년 여름 아버지 야암공이 병환을 얻어 사흘 만에 갑자기 위독하였다. 목암은 아버지가 깨어나시기를 바라며 손가락을 잘라 피를 입에 떨어뜨렸다. 그러나 아버지는 끝내 돌아가시고 말았다. 그가 가슴을 치고 통곡하며 기절했다가 다시 깨어나니, 주변의 모든 사람들이 감동하여 눈물을 흘렸다고 한다. 그는 장례를 지낸 뒤 묘소 아래 여막을 짓고 시묘살이를 하였다. 그 때 그는 예학자들의 여러 책을 모으고 퇴계선생退溪先生 문하의 상례에 관한 문답을 참고하여 예에 관한 책을 하나 만들고 『상례고증喪禮考證』이라 이름 붙였다. 이러한 예학에 대한 깊은 공부를 바탕으로 장례와 제례는 한결같이 예의 절차에 맞도록 하였다. 그 후로 나이 들어서까지도 그는 그 효성의 마음을 깊이 간직하였다. 그는 참으로 효성스러운 아들이었다.

스스로 슬퍼하다〔自悼〕

내 이 세상에 쓸모없는 사람으로 태어나 我生斯世一陳人
헛되이 세월 보낸 게 몇 십 년이던가 虛度光陰幾十春
앞길 헤아려 멀지 않음을 알겠으니 却筭前程知不遠
다시 무슨 말로 선친께 보답하랴 更將何語報先親

귀주 김세호는 숙부 목암을 추모하는 제문에서 목암의 효성을 다음과 같이 서술했다.

……
사람의 온갖 행실에 人有百行
효가 근본인데 孝爲之原
숙부께서 효에 있어서 叔父於孝
아름다운 성품 타고나셨네 懿性出天
부모님을 잘 봉양할 뿐 아니라 匪直養體
마음 또한 잘 받들어 모셨네 惟志之養
손가락 끊은 것이 어찌 아프리오 斫指何痛
어버이 돌아가심이 애통하네 痛茲巨創
묘 아래 시묘살이 廬于墓下
부모 상에 한결같았네 前後若一
죽을 때까지 어버이 사모하였으니 終身而慕
숙부께서 그렇게 하셨네 叔父時克

......

그는 부친의 복을 마치고는 외증조부 정간공貞簡公 약포 정탁이 옛날에 잠시 지냈던 모산茅山에 은거하였다. 모산은 지금의 안동시 와룡면 지내리 모사골이다. 그런데 부친 야암이 이전에 모산에서 살았던 일이 있다. 그 때 작은 집을 지어 '모산정茅山亭'이라 이름하였는데, 빗골 시냇가 별장으로 돌아오면서 정자는 주인이 없게 되었다. 목암이 백씨 무위당에게 말하기를 "모산은 선친의 옛 집터인데 우리들이 어찌 살지 않습니까? 제가 가서 살고자 합니다." 하니, 무위당이 눈물 흘리며 그곳에 가서 살도록 하고, 글을 지어 그 사실을 기록하였다고 한다. 당시 관찰사 근곡芹谷 이관징李觀徵(1618~1695)이 그의 명성을 듣고 예절을 갖추고 찾아와 손수 '모산정茅山亭' 세 글자를 크게 써서 벽에 걸어 주었다고 전한다.

목암의 이러한 효성스러운 마음가짐과 행동은 집안사람들에게 깊은 감명을 주었다. 그들은 목암의 모산 생활과 그것을 그린 시에 차운하여 그 의미를 되새겼다. 무위당의 아들이자 목암의 조카인 칠탄 김세흠은 목암의 「모산초당」 시에 차운시를 남기기도 하고 모산의 풍광을 시〔茅山八詠〕로 그려내기도 하였다. 다음은 칠탄의 차운시이다.

삼가 숙부의 『모산초당』 시에 차운하다.〔伏次叔父草堂韻〕

시냇가 동쪽의 초가가 너무 좋아서　爲愛茅廬溪水東

**목암정**

목암 김정기는 어머니 강씨부인의 시묘살이를 마치고 산 아래 집을 지어 목암이라 편액하고 그곳에서 세상을 마쳤다. 훗날 내앞에 중건하였다.

평생의 빈궁과 영달을 초야에 맡겼네 百年丘壑任窮通

난간 앞의 작은 매화는 아침 해를 맞이하고 小梅臨檻迎朝日

창 앞의 성근 대나무는 저녁 바람을 쐬네 疏竹當牕納晩風

빼어난 시는 홀로 속세의 생각 밖으로 벗어났고 逸韻獨超塵想外

고상한 정취는 모두 게으른 잠 속에 부쳤다네 高情都付懶眠中

세상의 명리 나와 무슨 상관이랴 名樞利戶何關我

때때로 허물없이 어울리는 촌 늙은이라네 爭席時時有野翁

    목암은 일찍이 아버지 묘소에 비석이 없는 것을 안타까이 여겼다. 그는 옷을 갖추어 입고 금옹 김학배가 지은 부친 야암의 행장과 목재 홍여하가 지은 묘지명을 품에 안고 백호 윤휴를 찾아가 묘갈명을 청했다. 백호는 묘갈명을 지어주면서 그가 덕망을 갖추고도 초야에 묻혀 지내는 것을 애석히 여겨 벼슬을 권했다. 그러나 목암이 응하지 않자 백호는 그 초야의 처사다운 태도에 그를 더욱 공경하고 소중히 여겼다고 한다.

    목암은 산수를 몹시 좋아하여 중년에는 단사협丹砂峽에 들어갔다. 단사협은 퇴계선생이 도산에서 청량산으로 유람을 다닐 때 지나던 길목에 있는 협곡이다. 바위 절벽이 마치 병풍처럼 둘러 있고, 그 아래로 멀리 청량산을 감돌아 내려오는 맑은 물이 사시사철 절벽 아래를 휘돌아 흐르는 빼어난 풍광을 지닌 곳이다. 퇴계는 그 협곡에 단사협이라는 이름을 붙이고 그곳을 지나며 시를 짓기도 하였다. 그 뒤 청량산을 유람한 많은 선비들은 단사협을 지나며 그 아름답고 멋진 경치에 감탄하고, 퇴계선생의 자취를 흠모하여 많은 시를 남겼다. 목암은 단사협에 거처를 정한 후, 늘 초야의 야인 복장으로 웅장하면서도 아름다운 청량산 봉우리들을 초연히 홀로 다녔다. 그래서 청량산 열두 봉우리마다 그의 발자취가 두루 닿았고, 골짜기 골짜기마다 그의 발길이 미치지 않은 곳이 없었다. 목암의 부인 안동권씨安東權氏는 화산군花山君 권응수權應銖의 증손녀요, 호군 권산중權山重의 딸이다. 성품이 단정하고 총명하였으며 행실이 부녀자의 덕에 어긋남이 없었다. 부인이 자제들에게 "내년 계해년(1683)에 내가 죽을 것이니 남편보다 먼저 죽어 다행이다."라고 말했는데, 과연 그 말대로 계해년에 세상을 떠나서 사람들이 기이하게 여겼다고 한다.

목암은 1699년 나이 68세 되던 해에 길러준 강씨康氏 부인의 상을 당했다. 그는 매우 슬퍼하며 부친상 때와 마찬가지로 예에 맞추어 자식으로서 도리를 다했다. 사월沙月의 어머니 무덤 아래에서 3년의 시묘살이를 마친 뒤에는 산 아래에 집을 지어 '목암牧庵'이라 이름하고 스스로 시와 기문을 지어 자신이 지향하는 삶의 모습을 그려냈다.

목암에 제하다.〔題牧庵〕

선영 아래 암자에서 홀로 사는 노인 되었으니　塋庵老作索居人
겸손한 군자의 수양은 지금 감히 견주지를 못하네
謙牧如今未敢倫
다만 남쪽 시내 풀밭에서 소를 먹이니　自飯牛南澗草
한평생 여기에서 수양할만하네　一生於此足頤神

## 목암의 목암기〔牧庵記〕

안동 동쪽 30리에 임하현臨河縣이 있고 현의 북쪽 20리에 사월촌沙月村이 있으니, 한 굽이 시내가 마을을 감싸고 흐른다. 그 원류는 금당산金堂山에서 나왔는데 성한盛㵋에 이르러서는 맑고도 넓다. 1699년 기묘년에 마을 뒤 서쪽 산기슭에 어머니를 장례지낸 뒤, 내가 여막을 짓고 묘를 지켰다. 복복服을 마치고 마침내 가솔家率을 이끌고 산 아래에 이거하였다. 남의 손을 빌리고 재목을 모아 작은 집을 지었다. 집은 모두 9칸인데 북쪽은 감실과 침실과 주방을 만들었고, 서쪽은 내청과 안방을 만들었으며, 남쪽은 사면으로 문을 낸 방과 작은 난간을 만들었다. 손수 매화 대나무 국화를 심어 뜰을 꾸미고 '목암牧庵'이라 편액 하였으니, 소를 기른다는 뜻에서 취한 것이다. 이에 퇴계선생이 읊은 시에서 「소뿔을 두드리며 소를 먹이다〔扣角飯牛〕」, 「노포 목동의 피리 소리〔蘆浦牧笛〕」, 「사평에서 소를 먹이다〔沙坪牧牛〕」등 3 수를 뽑아 조카 창석昌錫에게 그 모습을 그리게 하고, 또 그림 윗머리에 그 시를 쓰게 하여 항상 눈으로 바라보는 자료로 삼았다.

어떤 나그네가 문 앞을 지나다가 웃으며 "『주역』에 '겸손한 군자는 몸을 낮추어 자신의 덕을 기른다.〔謙謙君子 卑以自牧也〕'라고 하지 않았습니까. 어찌하여 그대는 '군자가 자신을 기른다〔君子自牧〕'의 '목牧'을 취하지 않고 다만 '소를 기른다〔牧牛〕'의 '목'을 취하여 스스로의 호를 삼았습니까?"고 하였다. 내가 머리를 숙이고 사례하며 말하기를 "우리 고을은 군자의 고을인데 내가 군자의 고을에 태어나고 군자의 고을에서 늙었으니, 이는 나로서는 다행한 일입니다. 그러나 내가 재주가 모자라고 성품 또한 게으름에 익숙해져서, 늘 느슨히 생활하면서 스스로 편하게 여겼습니다. 귀로는 군자의 도를 듣지 못했고, 행적은 군자의 반열에 섞이지 못했으며, 나이는 일흔이 다 되었느니 장차 죽을 것입니다. 앞으로 그릇된 곳을 떠나고, 시끄러운 세상을 단절하며 이곳에서 숨죽이고 살려합니다. 그러나 집안이 매우 가난하여 가진 것이 없고, 다만 소 한 마리를 먹이며 몸소 쟁기질 하여 밥 먹습니다. 아침에 나가 소를 먹이고 저녁에 돌아오니 소를 놓아먹이는 것입니다. 이는 소의 성품을 따르고 소의 힘에 맡기고서 돌아와 쉬는 것입니다. 나의 참된 본성을 기르고 나의 타고난 천성을 편안히 여겨, 조맹趙孟의 부귀富貴를 뜬구름처럼 생각하고 인간의 영욕榮辱을 물리쳐서, 노년이 장차 닥쳐오는 것도 모르고 나의 수명을 마치는 것이 옳을 것입니다. 겸손한 군자의 경지는 제가 일찍이 사모한 것이지만 능하지 못한 것입니다. 능하지 못하면서 능하다고 하는 것은 거짓이라 하고 스스로 터득하여 얻은 것은 참이라 하니, 제가 '자신의 덕을 기른다〔自牧〕'는 것을 버리고 '소를 기른다〔牧牛〕'는 것을 취한 것은 이 때문입니다." 하였다.

목암의 이 기문에 대해 조카인 귀주 김세호는 「목암 이름에 대한 설〔牧庵名說〕」이라는 글을 지어 숙부 목암은 '목'의 의미가 군자가 '자신의 덕을 기른다〔自牧〕'는 뜻에는 마땅하지 않고 '소를 기른다〔牧牛〕'는 뜻이라고 겸손해 하였으나, 실제로는 소를 기르는 데 의탁하여 자신의 덕을 기른 것이므로, 자신의 덕을 기른다는 목에 해당한다고 보았다. 그러나 경옥 이보 또한 「목암기」를 지어 목암의 생각과 지향에 대해 귀주의 생각과는 좀 다른 자신의 견해를 드러냈다.

### 이보의 목암기〔牧庵記〕

……(목수가 목암을 짓고) 일찍이 나를 찾아와 한껏 자랑하여 마지 않았다. 내가 웃으며 묻기를 "무릇 사람이 사물에서 취하여 집 이름을 짓는 경우에는 반드시 맑고 고상하고 기이한 사물을 취하여 적당한 것을 골라 뜻을 붙인다. 소는 가축 중에 둔하고 더러우며 어리석고 무지한 것이고, 소를 치는 일은 마을 아이들이 등에 누워 피리 불며 하는 일이다. 지금 그대는 어찌 소에서 취하여 시를 짓고 그림을 그려 벽에 걸었는가? 또 어찌 목동牧童에서 취하여 적당한 것을 골랐다고 뜻을 붙이고 집 이름을 붙였는가. 말할 수 있는가?" 하였다.

목수가 빙그레 웃으며 "아, 그대는 내가 아닌데 어찌 나의 즐거움을 알겠는가. 내 장차 나의 즐거움을 말하리라. ……나는 투박하고 재주가 없어 밝은 시대에 버림받은 사람으로 초야에 숨어서 천지 사이에 한가한 사람이 되었다. 앉아 있을 때는 멍하고, 길을 갈 때는 외로우며, 몸을 게을리 하고 눈과 귀를 닫아 한 가지 일도 결코 나를 위하는 일이 없다. 때로 소를 끌고 나가서 남쪽 시냇가에 풀어 놓으면, 풀 무성하고 샘물 맑아 마시고 또 뜯는다. 내가 나무에 기대어 눈을 감으면, 정신이 텅 비어 (태초 이전의) 고요한 경지에서 노닐고 꿈속에 이상향에 들어가서 소인지 목동인지도 모르고 둘 다 서로 잊어버린다. 날이 저물어 소가 내려올 때는 산 아지랑이 시내 바람에 도롱이 삿갓 차림이 나의 마음을 맑게 하고 나의 즐거움 되지 않는 게 없다. 이것이 내가 '목牧'으로 스스로 호를 지은 이유이고, 스스로 그 즐거움을 온전히 누리는 것이다. 그대는 어떻게 생각하는가?"라고 하였다.

내가 그 말을 듣고 시원하게 마음에 깨달아, "목수의 즐거움이 과연 이와 같으니 참이로다. 그것으로 호를 삼음이 마땅하도다. 옛날 유응지劉凝之가 여산廬山 아래에 은거하며 「기우가騎牛歌」를 지었는데, 그 시에 '내가 소를 탄다고 그대는 비웃지 마소. 세간의 만물은 내 좋은 대로 따른다네.〔我騎牛君莫笑 世間萬物從吾好〕'라고 하였으니, 목수가 일컬은 것에 가깝도다."라고 하였다.

이보의 목암기를 보면 목암 김정기가 추구한 삶은, 자연을 벗 삼아 자신의 참된 본성을 기르고, 자신의 타고난 천성을 편안하게 생각하며, 부귀를 뜬구름처럼 여기고 일반적 인간세상의 영욕을 버려, 소인지 목동인지도 잊어버리고 자연과 동화되어 하나가 되는, 어찌 보면 도가道家에서 지향하는 삶에 가깝다고 할 수 있다. 그렇다고 그가 유가적 군자의 경지를 부정하는 것은 아니다. 그는 '자신의 덕을 기르는 겸손한 군자의 경지'는 일찍이 사모한 것이지만 능하지 못하다고 하였다. 그는 능하지 못하면서 능하다고 하는 것은 거짓이고 스스로 터득하여 얻은 것이 참이니 소를 기르는 데서 터득한 경지가 바로 자신의 참된 경지라고 말하는 것이다. 그런 점에서 보면 조카인 귀주 김세호가 소를 기르는 경지가 바로 군자가 자신의 덕을 기르는 경지와 만난다고 하는 평가 또한 목암 김정기가 추구하는 삶의 경지의 한 단면을 정확히 지적하고 있다 할 수 있다.

목암이 지향했던 삶은 자연을 벗 삼아 자연 속에서 지내는 것이었지만, 그가 실제로 살아간 삶의 중요한 단면은 유가적 삶의 모습의 전형이다. 부모에 대한 유별난 효성이 그러한 모습을 잘 드러낸다고 할 수 있다. 그러면서도 그는 늘 자연의 삶을 꿈꾸었다. 그것은 현실적으로 곤궁했던 그의 삶에서 얻어진 달관의 자세이기도 하였다. 그 내용을 짐작해볼 만한 시가 바로 삼기재三棄齋 정선鄭銛(1634~1717)의 시에 차운한 것이다.

정선 기언의 시에 차운하다 〔次鄭器彦銛〕

일평생 곤궁한 삶 또한 어찌 사양하랴　一生窮約亦何辭
모든 일 예로부터 대부분이 어긋났네　萬事從來八九違
차라리 이 신세 산골짝으로 돌아가　寧將身世歸林壑
소나무 그늘에 취해 누워 낭랑히 시 읊조릴까　醉臥松陰浪詠詩

목암은 집안을 깨끗이 청소하고 심의深衣에 복건幅巾을 쓰고 엄숙하게 앉아, 고금의 이름난 가르침 가운데 실천에 절실한 것을 주위에 써서 걸어두고, 항상 그것을 보며 스스로를 가다듬었다. 때때로 봄

이 화창하고 경치가 밝을 때면 지팡이 짚고 매화 언덕과 대나무 정자 사이를 거닐면서 흐뭇한 마음으로 소요하였다. 그는 1708년 3월 3일 목암牧庵에서 향년 77세로 세상을 떠났다. 그해 9월에 아버지 대헌공 야암의 묘 아래에 장례하였으니, 유언을 따른 것이다. 그는 저승에 가서도 아버지 무덤 발치에서 수발을 하고 싶었던 것이다.

목암은 기질은 순박하며 맑았고 얼굴빛은 엄숙하면서도 온화하였다. 그 일상의 행실은 어버이를 섬기고 선조를 받드는 예절에서 더욱 드러났다. 제삿날에는 더러운 물건에 눈을 대지 않았고, 맵거나 냄새나는 맛을 가까이 하지 않았으며, 제물祭物은 반드시 직접 검사하여 비리거나 상한 것을 버리고 정결히 하는데 힘썼다. 형제간의 우애는 화기애애하여 남들이 이간질하는 말이 없었다. 그는 중형인 일류당 김이기의 아들 창문昌文이 문장과 행실로 세상에 이름이 났으나 불행히도 일찍 세상을 떠나 후사가 없자, 몹시 애석해 마지않으며 친히 손자 순하舜河를 안고 가서 양자養子로 보내었다. 아들과 조카들을 가르침에는 잘 인도하여 깨우치게 하고, 그들로 하여금 밑바탕을 다지고 다른 길로 빠지지 않도록 하였다. 어른을 섬기는 도리와 행동거지의 모양에 대해서는 더욱 진지하였다. 그는 유가적 행실의 실천적 삶과 도가적 은사의 삶에 대한 지향을 함께 지니고 살아간 인물이라 평가할 수 있다.

「목암 기문 뒤에 이어 쓰다.〔續題牧庵記後〕」라는 글에서 사월 목암이 살던 곳을 효자가 사는 골짜기라는 뜻의 '효곡孝谷'이라 이름 붙였던 병와甁窩 이형상李衡祥(1653~1733)은 묘지명에서 목암을 다음과 같이 형상하였다.

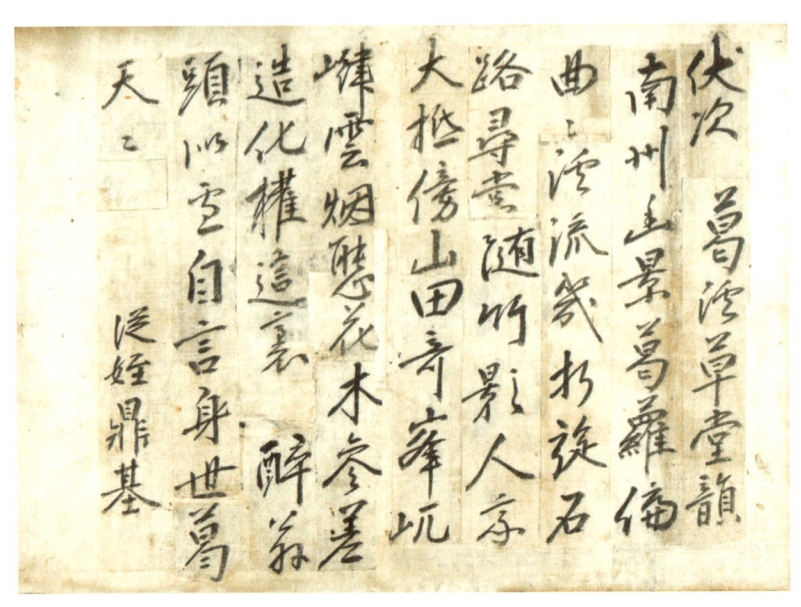

목암 김정기의 글씨

……

산천에서 유유자적하고 婆娑山海

재물은 마음에서 없애버렸네 意黜財賄

생업에는 담담하였고 澹然生業

부귀를 뜬 구름처럼, 자신을 더럽히는 것처럼 여겼네 雲視若浼

뜰에는 잡된 무리의 발길이 없었고 庭無雜蹤

가정에는 온화한 얼굴 빛 어기는 일 드물었네 室鮮違色

분명히 알면 바로 실천하였고 昭知卽踐

말을 가려하여 허물이 적었네 擇語寡惡

예건을 쓰고 직접 염습하여 禮巾躬襲

성인의 가르침을 몸소 따랐네 聖誨手聆

그 밖의 명예와 이익 따위는 餘外名利

귓전을 스치는 바람처럼 여겼네 過耳風霆

……

# 6

## 다섯째 일한옹
### -일한옹 김유기-

▶ 김유기金有基(1640~1713)의 자는 만만萬萬, 호는 일한옹一寒翁이다. 야암 김임의 다섯째아들로 강씨 부인 소생이다. 그는 아버지의 가르침 아래 형제들과 책상을 나란히 하고 유가의 기본적인 학문을 연마하였다. 형제들이 모두 재주 있고 문장에도 능한 유가의 선비였으므로, 그도 형제들을 따라 자연스럽게 일찍부터 문장에 능하였고 효성과 우애가 모두 지극하였다. 그의 행실 하나하나가 법도에 어긋남이 없었으므로, 사람들이 이는 부친 야암의 훌륭한 가르침을 받아서라고 칭찬하였다.

중년 이후 조카 삼학사三學士, 칠탄 김세흠, 월탄 김창석, 귀주 김세호가 차례로 벼슬길에 나아갔다. 그 결과 맏형 무위당, 중형 일류당, 숙형 김익기 3형제가 모두 시종신의 부형으로 나라로부터 영예로운 관직을 받았다. 삼학사 삼호군이라는 영광된 이름이 그것이다. 그는 어머니 강씨 부인을 돌아가실 때까지 가까이에서 모시며 집안일을 돌보았다. 1699년 어머니 강씨 부인이 세상을 떠나고 이어 바로 사흘 후 숙형 김익기가 또 세상을 떠났다. 그 다음해 1700년에는 맏형 무위당이 어머니 소상을 마치자마자 세상을 떠났다. 그 뒤를 이어 바로 막내 아우가 세상을 떴다. 이처럼 집안에 상사가 연달아 이어지자 집안은 말로 표현할 수 없을 만큼 어지럽고 어려운 형편이 되고 말았다. 그야 말로 줄초상이 난 집이 된 것이다.

세상을 떠난 어머니 강씨와 맏형 무위당은 집안의 두 기둥이었다. 그는 돌아가신 어머니 정부인 신천강씨의 세계世系와 언행록言行錄을 지어 어머니의 세계와 평생의 행적을 후손들이 기억할 수 있도록 하였다. 맏형 무위당에 대해서는 제문을 지어 다음과 같이 추억하였다.

......
우리 형제는 惟我兄弟
한 기운을 나누어 태어나 分一氣生
줄지어 날아가는 기러기처럼 行連鴈序
형제간 우애의 정이 깊었습니다 情深鶺鴒
한 굽이 거북 나루에 一曲龜津
다섯 집이 같은 절구 쓰며 五家同臼
서로 돌보고 서로 보살피며 相顧相恤
수족처럼 지냈습니다 如足如手
......
내 아버지를 잃고부터 自我失怙
형을 아버지처럼 여겼습니다 視公猶父
나의 가난함을 걱정하였고 愍我貧窶
나의 어리석음을 고쳐주었습니다 砭我愚魯

나를 춥지 않게 하였고 俾我無寒

나를 굶주리지 않게 하였습니다 使我無飢

형의 보살핌에 힘입어 賴公勤恤

여기에 이를 수 있었습니다. 以至于玆

은혜 갚으려 해도 길이 없어서 欲報無路

다만 뼛골에 새겼습니다 但銘在骨

……

그 후 그는 중형 일류당과 숙형 목암을 모시는 한편, 여러 조카들을 챙기고 집안일을 돌보면서 집안을 추슬러 갔다. 몇 편의 편지글 밖에 남아있지 않아 짐작에 의한 것이지만, 교리 조카 세흠에게 답한 편지〔答校理姪 世欽〕, 정언 조카 창석에게 답한 편지〔答正言姪 昌錫〕, 한림 조카 세호에게 답한 편지〔答翰林姪 世鎬〕등의 편지글을 보더라도, 그는 여러 조카들과 편지를 주고받으며 집안과 향중의 소식과 안부를 전하고, 조카들의 근황과 안부를 묻기도 하고, 때로는 집안의 대소사를 논의하였다. 그는 나이 든 중형, 숙형을 대신하여 전체 집안일의 일정 부분을 담당하고 꾸려나갔고, 중형 숙형이 세상을 떠난 뒤에는 더욱 그러하였다.

그 가운데 하나의 예를 들어보자. 일류당 김이기의 맏아들 질재 김창문이 젊은 나이에 요절하자 집안에서는 목암 김정기의 맏아들 세련의 아들 순하를 그의 후사로 정했었다. 그런데 순하가 또 일찍 세상을 떠나자 그의 생부인 세련이 순하의 관을 자기 처소로 가져와 빈소를 차리려고 하였다. 이에 일한옹은 조카 세련에게 편지를 보내 우선 자식을 잃은 아비의 마음을 위로한 후에, 생부의 처소에 빈소를 차리는 것이 예와 가문의 법도에 어긋나는 점을 지적하고 바로잡기를 바랐다. 양자로 들어가면 그 집의 아들이오, 손자이므로 그 질서에 맞추어 모든 일을 시행하는 것이 올바른 예라는 것이었다. 그는 집안의 어른으로서 역할을 기꺼이 담당했던 것이다.

......

너에게 일이 났다는 얘기를 들은 후 이런 저런 말들이 달리 생겨서 들을수록 사람을 놀라게 하였는데, 또 관槻을 가지고 돌아와 너의 처소에 빈소를 만든다고 하니, 아, 이게 무슨 말이냐? 내 이미 늙어 정신이 흐려져서 하나하나 기억하지 못하겠으나, 대개 갑술년(1694)과 을해년(1695) 사이에 형제 다섯 사람이 침식을 함께 할 때에 죽은 조카(창문昌文)를 위해 후사를 세우는 일에 대해 말이 나오자, 대신大信(목암) 형님이 눈물을 줄줄 흘리며 요절한 것을 크게 애석히 여기고 후사後嗣를 정하는 논의를 하였다. 그러나 중형仲兄(일류당)의 자질子姪 중에 달리 합당한 손자가 없어 그 일이 어렵게 되자, 대신大信 형님이 "내 아들 중에 세련世鍊이 유독 아들이 셋이니 수요 궁달壽夭窮達은 진실로 미리 알 수 없으나, 중형이 뜻에 맞는 사람을 스스로 택하여 눈앞에 있을 손자로 삼는다면 이승에서나 저승에서나 모두 마땅하리니 중형은 어떻게 생각하실지 모르겠습니다."라고 하였다. 백형伯兄(무위당)이 일어나 탄복하고 칭찬을 마지않았는데, 이 말이 분명하고 또렷하여 마치 어제 있었던 일 같다. 또 중형이 이 뒤로부터 집안의 일들을 모두 순하舜河에게 맡겼었으니, 이제 모든 일의 온갖 예절은 모두 창석昌錫에게 맡겨 앞으로 청상 과부를 보호하고 후사後嗣를 정하는 논의는 오로지 창석에게서 나와야 한다. 그리고 당당한 대의大義로 말하자면 순하는 곧 중형의 손자이고 창석의 조카이니, 너는 마땅히 죽은 이를 애도하고 살아있는 이를 가여워하며 스스로 하늘에 맡겨야 할 뿐이다. 더구나 우리 선친께서 예법의 가문이라 일컬었으니 황급한 때를 당했다 하더라도 모두 마땅히 가법家法을 준수하여 선대의 가업을 무너뜨리지 말아야 할 것이다. 네가 감정을 자제하고 너그럽게 생각지 않는다면 우리 문헌文獻이 있는 가문이 마침내 바른 윤리를 어지럽히고 법을 어기게 될 것이니, 나는 너를 위해 안타깝게 생각한다. 내 부형父兄의 자리에 있고 또 한 집안의 어른이 되어 시종일관 입 다물고 말을 하지 않는다면 죽어 지하에 돌아가는 날, 두 분 형님 앞에 무슨 말로 아뢰겠느냐. 빈소를 다른 곳에 만든다는 말은 다시는 입 밖에 내지 말아서 다른 사람에게 들리지 않게 하는 것이 지극히 옳을 것이다. ……

그는 성품이 맑고도 강직하여 불의不義를 보면 자신을 더럽히는 것처럼 여겼다고 한다. 그가 세상을 대하는 기본 입장은 악을 물리치고 선을 장려하는 것이었다. 그는 원칙적이고 매우 강직한 인물이었다.

남아 있는 글이 적어 그의 교유관계를 정확히 알 수는 없다. 남아 있는 자료에 의하면, 그는 고산 이유장, 여주목사를 지낸 류정휘柳挺輝(1625~1695) 등과 학문을 토론하였다. 그들과는 취향이 같아서 매우 가까웠던 것이라고 한다. 그는 1701년 처숙부 되는 고산 이유장을 애도한 만사에서 "약관의 나이에 처음 보던 날, 속마음이 곧장 서로 맞았었지요. 내가 가면 옷깃 나란히 하여 얘기하고, 그대 오시면 소매 잡고 맞이했지요.〔弱冠初見日 肝膽卽相傾 我往聯衿話 君來把袂迎〕"라고 고산과의 인연을 상기하였다.

일한옹은 고산 이유장의 중형인 이유강의 딸에게 장가들었다. 그래서 자신의 맏형 무위당의 절친한 벗이었던 처숙부 고산과도 자주 만나 교분을 나누었던 것으로 보이는데, 그의 장인 이유강은 계부 도암 김후와 매우 가까운 벗이었으며, 한편으로는 백형 무위당과 같은 표은 문하로서 백형과도 자주 교유를 나누던 사이였다. 김후의 『도암집』에는 도암과 이유강의 친밀한 관계를 짐작할 만한 여러 편의 편지글과 차운시 등이 보인다. 그런 인연 탓이었는지 몰라도 『도암집』에 유기 조카라는 뜻의 '유질有姪'에게 주는 도암의 시 7편과 도암의 시에 대한 일한옹의 차운시 한 편이 실려 있다.

일한옹은 돌아가던 해 병이 들었을 때, 「술회述懷」라는 시를 지어 자신의 평생을 서술하였다. 이 시에서 그는 자신의 74년간의 일생을 평이한 문장에 진실되고 간곡한 심정을 담아 술회한 뒤에 그 말미에 아들들에게 다음과 같은 말을 남겼다.

......
시를 지어 세담과 세장에게 경계하노니 作詩戒鐔鏘
겸손하고 검약하며 힘써 삼가고 조심하여라 謙約務謹勅
바라건대 효도하고 공경하는 도리를 닦아 願修孝悌道

```
長阜世稿卷之六

寒翁逸稿

詩

述懷

崇禎歲白龍十二月乙丑男子始降生日時屬窮臘天
氣甚溫暖有若早春色兒時嬰疾病十三始受學才踈
性且躁日事浪遊習未成一藝名白首愁空谷命途又
奇薄一生連喪慽已年不免飢樂歲艱食果偏親享髦
期諸兄得天爵融融一堂上獻壽湛且樂茬苒十年間
皇天降災酷棣花半調零萱衛已寂寞仲氏尚康寧推
恩榮寵極輞川與泗上相距一水隔杖策日往來堂憧
```

**일한옹 유고**

일한옹 김유기가 세상을 떠나던 해 자신의 평생을 서술한 '술회'

길이 선대의 업적을 떨어뜨리지 말아라 永勿墜先業

그리고 이어 자신에 대한 만사(自輓)를 지었다.

법도 있는 집안에서 태어나 生長法家
예와 시를 배워 사람의 도리 알았네 聞禮聞詩
나이 일흔이 넘었으니 年過七十
편안히 돌아간다네 安而歸之

그는 자신의 상례절차를 상례정식喪禮定式이라는 이름으로, 초상初喪, 소렴小斂, 대렴大斂, 삼우와 졸곡三虞卒哭, 부제祔祭, 삼년 뒤三年後의 순서로 자세히 서술하였다. 상례절차의 기본입장은 '예에 의거하되 실정에 맞도록 검소하고 조촐한 형식을 따르라'는 것이었다. 특히 명정銘旌에 "관직이 없고 또 칭호가 없으니 다섯째 일한옹 문소 김공(第五一寒翁聞韶金公)이라 써라."고 하였으며 삼년 후의 묘답 관리 문제까지 세세히 서술하였다. 그가 명정에 일한옹이라고 쓰라는 유계를 남긴 것은, 그 자신이 시골에서 한미한 선비로서 살아온 삶을 그대로 자신의 정체성으로 삼고자 한 것이리라. 1713년 조카 월탄 김창석은 제문을 지어 숙부 일한옹을 추모하였는데, 이 제문이 일한옹을 그려 볼 수 있는 가장 정확한 자료라고 생각된다.

선조의 가르침 先祖有訓
숙부께서 이으시어 叔父承之

효도와 우애 惟孝友于

숙부께서 제대로 하였습니다 叔父能之

숙부께서 지은 문장은 叔父爲文

이치에 밝고 글은 해박했으며 理明辭博

숙부님의 뜻과 행실은 叔父志行

잘못 바로잡아 곧게 하였습니다 矯枉錯直

온 세상이 혼탁하거늘 擧世混濁

숙부님은 맑음을 드러내었고 叔父揚淸

온 세상이 머뭇거릴 때 擧世婀娜

숙부님 홀로 행하였습니다 叔父獨行

......

다듬지 않아도 온화한 빛깔이니 溫彩未剖

화씨의 박옥이던가 和之璞耶

가난하여 자주 굶주렸으니 簞瓢屢空

안회의 안빈낙도이런가 回之樂耶

......

# 7

## 산과 강을 가슴속에 모두 담고
### -칠탄 김세흠-

▶ 김세흠金世欽(1649~1720)의 자는 천약天若이오 호는 칠탄七灘이다. 야암 김임의 손자이고 무위당 김태기의 외아들이다. 그는 얼굴이 백옥 같이 맑았으며 총명이 매우 빼어났다고 한다. 어릴 때 입춘시立春詩를 지었는데 그 시가 너무 뛰어나 시를 본 모든 사람들이 감탄하였다.

취하여 산과 강을 가슴속에 모두 담고　醉把山河歸肺腑
웃으며 하늘과 땅을 누대로 삼아본다　笑將天地作樓臺
강가 매화엔 눈이 쌓여 향기 아직 은은한데　江梅雪著香猶在
언덕 버들엔 아지랑이 피어올라 봄기운이 감도네　岸柳烟浮暖欲來

이 시가 많은 사람들의 심금을 울린 이유는, 어린 나이임에도 입춘을 맞아 산하를 가슴속에 담고 천지를 누대로 삼겠다는 웅대한 포부도 대단하거니와, 눈 속의 매화 향기와 버들개지를 감도는 아지랑이로 봄을 그려낸 문학적 정서가 놀라왔기 때문일 것이다. 그는 이런 웅대한 포부와 고아한 정서로 장성한 뒤에는 문학으로 이름을 날렸고, 풍채가 당당하고 인품이 청렴하여 인망 또한 높았다. 1673년 25세의 나이로 진사시에 합격하였다. 1687년에 과거에 급제하여 1689년 승정원주서, 1690년에 춘추관기사관 예조좌랑, 1691년에 병조좌랑이 되었다. 1693년 옥당에 선발되었고 사헌부 지평을 거쳐 홍문관부수찬 교리 등 요직을 지냈다. 1694년에 지평 부사직 사과를 거쳐 고산찰방으로 나갔다가 일 년 뒤에 사직하고 고향으로 돌아와 어버이를 받들고 독서로 소일하였다. 때로는 벗들과 함께 시를 읊고 술을 마시며 전원의 삶을 즐겼다.

그는 용모만큼이나 성품도 맑았다. 종이 옆집 주인이 밭둑을 한 발쯤 침범하였다는 이유로 이웃과 다투자, 종을 불러 다투지 못하게 하였다. 서울에서 벼슬하며 지낼 때는 권세 있는 가문이나 사람을 가까이 하지 않았고, 해직이 될 때마다 그날로 도성을 떠나 단 하루도 더 머문 적이 없었다. 그는 인仁에 관한 옛 선인들의 글귀를 모아 잠명箴銘을 만들어 벽에 걸어 놓고, 늘 마음으로 반성하고 행실을 바로잡았다. 저술이 많았다고 전해지나 그가 세상을 떠난 뒤에 화재로 인해 모두 타버리고, 『장고세고』에 수록된 글들은 남들이 알고 있거나 남의 집에 있던 것을 겨우 수습한 것이라고 한다.

그의 벼슬살이는 그다지 편안하지 못하였다. 6년의 귀양살이를 해야 했고 두 번의 파직을 겪어야 했다. 물론 그가 벼슬하던 시기는 정치적 변동이 심각하여, 세 번씩이나 남인과 서인의 정치적 위상과 주도권이 바뀌었던 이른바 환국換局의 시대였다. 그는 남인의 입장에 서 있었으므로, 정국의 주도권이 서인에서 남인으로, 남인에서 서인으로 바뀌는 정치적 여파를 직접적으로 겪을 수밖에 없었다. 어찌 보면 하루하루가 벼랑 끝에 서 있는 그런 느낌이었을 것이다. 그가 옥당에 선임되던 1693년은 남인이 정권을 장악하고 있던 시기였다. 조정에서 재종조 지촌 김방걸과 스승처럼 여기던 갈암 이현일이 활발히 활동하던 시기이기도 하다. 『갈암집』을 보면 갈암은 1689년부터 1694년 갑술환국이 일어나기 전까지 자주 경연經筵에서 임금에게 강의하였는데, 칠탄은 1690년에서 1691년에 걸쳐 때로는 검토관檢討官으로, 때로는 시독관侍讀官으로 함께 경연에 참여하였다. 이 사실은 칠탄이 단순히 문학에만 장점이 있는 관료가 아니라 경학에도 밝은 학자적 관료로서 자격을 충분히 갖추었다는 사실을 전해준다. 벼슬아치로서 경연의 과정 등을 거치며 그는 점차 조정의 사정과 자신의 나아갈 길을 헤아렸을 것이다.

그 즈음 칠탄의 주변에는 마음을 같이하는 많은 동료들이 있어 훌륭한 만남의 시간들을 가지기도 하였다. 1693년 음력 10월 22일 밤 부수찬副修撰으로 있던 칠탄은 응교應敎 이동표李東標(1644~1700), 문학文學 홍여장洪汝長, 원외랑員外郎 박희민朴希閔(1655~?), 교리校理 홍중하洪重夏(1658~?), 한림翰林 이주천李柱天(1662~1711)과 세자시강원世子侍講院에서 함께 얘기를 나누었다. 이 만남은 참으로 덧없는 세상에서 더할 나위 없는 훌륭한 만남이었다. 그는 율시 한 수를 지어 자신의 마음을 나타냈다.

> 흐르는 물 졸졸 소리에 나도 노래하니 流水遺音我且歌
> 세상 인정 수차처럼 돌고 돈다 말하지 말게 世情休道劇翻車
> 천천히 술 마시니 조금씩 취해 가고 引來細酌成微醉

이우는 등잔 돋우니 작은 불꽃 떨어지네 挑盡殘燈落小花
이따금 시를 말하니 좋은 말이 많아서 間以說詩多好語
그로 인해 배움에 힘써 부화함을 물리치네 因之勉學屏浮華
여러분들 천기를 환하게 터득해가니 諸君透得天機去
오랜 세월 큰 인물로 남게 되리라 留作千秋一大家

그는 자리를 함께 한 동료들이 나라의 큰 인물이 되기를 바라는 마음 한편으로 자신도 나라의 큰 인물이 되고 싶었을 것이다. 그러면서도 번거롭고 위태로운 조정의 벼슬살이를 훌쩍 벗어나 고향에 돌아가고 싶기도 하였다. 옥당에 있을 때니 아마 그 즈음의 일일 것이다. 그는 기러기 소리를 듣고는 문득 고향에 돌아가고 싶다는 생각이 들었다. 그는 그러한 마음을 다음 시로 표현하였다.

오늘밤 또 푸른 비단옷 입고 숙직하니 靑綾直宿又今宵
흰 돌 맑은 강이 꿈속에 아득하네 白石淸江夢裏遙
시 읊고 나자 작은 창에 기러기 소리 들려 吟斷小牕聞鴈過
돌아가는 흥 더하니 매우 흡족하네 也添歸興十分饒

1694년의 갑술환국은 칠탄의 생애에 하나의 변곡점이 되었다. 환국의 결과 남인들이 조정에서 물러나고 서인들이 조정에 대거 진출하게 됨에 따라, 옥당에 선발되어 장래가 크게 기약되던 조정의 엘리트 칠탄도 자연스레 외직으로, 그것도 먼 지역 함경도 고산찰방으로 좌천되고 말았다. 그 즈음 갈암 이현일도 함경도 홍원에 유배되었다가 곧 이어 함경도 종성에 위리안치圍籬安置되었다. 갈암은 유배 길에 고산역에 들러 칠탄을 만났다. 조정에서 같이 나라 일을 걱정하고 경연에서 나란히 임금에게 강론하던 갈암과 칠탄이, 먼 이역에서 유배 길에 나선 죄인과 좌천된 관리로서 만나게 된 감회는 남달랐을 것이다. 칠탄은 다음 해 해직되어 귀향하였지만 갈암과 칠탄은 그 뒤로 시와 편지를 주고받으며 서로의 외로움과 고단함을 위로하였다.

귀향한 칠탄은 어느 날은 사촌인 월탄, 귀주 그리고 당시 안동부사이던 이현조李玄祚(1654~1710)와 난은懶隱 이동표李東標(1644~1700), 청옹清翁 이후영李後榮(1649~1711)등 당대의 유수한 관료 선비들과 옥연정사 앞 강에 배를 띄우고 노닐고, 어느 날은 안동부사와 당시 귀양지에서 막 돌아온 김여건金汝鍵(1660~1697)과 함께 이후영의 집인 임청각臨淸閣에서 밤새 술 마시고 시를 지으며 노닐었다. 이후영은 칠탄과 나이가 동갑인데다가 동방으로 급제한 마음을 같이 하는 벗이었다. 그는 이후영의 만사에서 "동갑으로 같은 해 급제하고 마음도 같았는데 인간세상 돌아봐도 다시 누가 있으랴.〔同庚同榜同心事 回首人間更有疇〕"라 하였다. 김여건은 동방으로 급제하고 같은 해 옥당에 들어간 동반이었고, 칠탄이 시독관侍讀官으로 경연에 참석했을 때 검토관檢討官으로 함께 한 일도 있었던 동료였다. 다음 시는 칠탄이 임청각에서 밤에 술 마시던 날 지은 것이다.

나는 듯한 누각은 멀리 낙동강 근원에 닿았는데　飛閣遙臨洛水源
한 동이 술로 맑은 밤에 세속의 번뇌를 씻어내네　一樽淸夜洗塵煩
구름 잇닿은 들 빛 속으로 하늘이 성큼 다가서고　雲連野色天疑近

## 숙종실록

칠탄 김세흠이 홍문관 교리로 있을 때인 1698(숙종24)년 4월에 당시의 정치 사회적 폐단인 붕당 기강 기근 세 조목을 논한 상소. 이 상소가 빌미가 되어 다음날 파직되었다.

달 흔드는 물결 빛은 땅을 뒤엎으려 하네　月撼波光地欲飜
갇혀 있던 먼 손님은 이제 막 돌아왔고　遠客羈蹤初返轅
부사는 높은 의리로 잠시 이 집에 머무네　使君高義暫留軒
이번 놀이 너무 멋져 평생에 으뜸이니　玆遊奇絶平生冠
술에 취해 웃고 떠들어도 괜찮지 않으랴　取醉何妨雜笑言

칠탄의 행록이나 묘갈명에는 기록되어 있지 않지만, 조선왕조실록에는 칠탄이 1698년 4월 교리로 있으면서 붕당·기강·기근의 세 조목에 관해 상소하였다가 그 일이 빌미가 되어 바로 파직되었다는 사실이 기록되어 있다. 그러므로 칠탄은 적어도 1695년 이후 1698년 초 이전에 교리로 일단 복직하였다가 다시 파직 당했던 듯하다. 칠탄은 파직된 뒤 귀향하여 10여 년 은둔의 세월을 보내다가 1707년 8월에 홍문관 수찬으로 임명되어 조정에 나갔다. 그는 조정에 나가자마자 사직소를 올렸는데, 그 사직소로 인하여 조정에 큰 풍파가 일어나고 자신의 일생에 있어서도 매우 힘들고 괴로운 시간을 겪게 된다.

그 전 해 1706년 9월 서울 유생 진사 섬계剡溪 이잠李潛(1660~1706)이 동궁(뒷날의 경종)을 위해 충언忠言의 상소를 올렸다가 숙종 임금의 노여움을 사서 죽임을 당한 일이 있었다. 칠탄은 충언을 한 선비 이잠을 죽인 것은 온당하지 않은 처사이고, 임금은 분노를 다스리지 못해 중화中和의 덕을 크게 훼손시켰다고 여겼다. 그는 상소를 올려 사직의 의사를 밝히면서 임금의 잘못을 통렬히 지적하였다. 1707년 음력 10월 11일의 일이다.

......

칠정七情 가운데 쉽게 일어나고 제어하기 가장 어려운 것은 분노입니다. 하지만 분노가 일어날 때에 문득 그 분노를 잊어버리고서 천천히 사리의 마땅함을 살핀다면, 분노도 그 중도中道를 얻어 절로 잘못을 저지르지 않을 것입니다. 신이 삼가 보건대, 전하께서는 일찍이 자신을 반성하고 수양하는 공부를 끊임없이 해오셨습니다. ……그런데 어찌 희로喜怒가 중도를 지나쳐서 형벌을 주고 죽음을 내리는 것이 마땅함을 잃을 수 있습니까. 지난번에 이잠李潛이라는 자가 소를 올렸는데, 그 말이 지엽적이고 분별이 없어서 비록 정확하지 못했더라도, 그 요점은 모두 동궁東宮의 처지를 위한 것이었으니, 그 정상은 진실로 용서할 만한 것이고 노여워할 만한 것이 아닙니다. 만약 이잠李潛을 죄줄 만하다고 여기신다면, 반드시 형벌을 담당하는 자에게 맡겨 신중하게 죄를 다루어서 귀양 보낼 만하면 귀양 보내고 죽일 만하다면 죽여야 할 것인데, 어찌하여 전하께서는 천천히 그 정상을 깊이 살펴 그 죄를 용서하지 않으시고, 분노를 폭발시켜 급작스레 죽이셨습니까? 이잠은 전하를 위해 말하고 동궁을 위해 죽으며 그 몸을 돌보지 않았으니 죽었어도 후회하지 않을 것입니다. 그러니 종사宗社에 있어서 충신이겠습니까? 아니겠습니까? 전하의 벼락같은 위엄 아래에 온 조정이 두려워하며 일찍이 한 사람도 전하를 위하여 그가 충신임을 밝힌 바가 없었으니, 신은 조정을 위하여 부끄럽게 생각합니다.

......

이 상소를 본 임금 숙종은 크게 분노하여 김세흠의 벼슬을 빼앗고 도성 밖으로 내쫓으라고 명하였다. 이 상소에 대해 서인을 중심으로 하는 조정의 여러 관료들이 "종사宗社에 있어서 충신이겠습니까? 아니겠습니까?"라는 구절은 상소로는 매우 방자한 표현이라고 비난하는 등 많은 논란이 일어났다. 어쨌든 김세흠에 대한 이러한 처분에 대해 조정의 의론은 두 가지로 나뉘어 갑론을박하였다. 하나는 이 상소가 임금의 위엄을 크게 손상하고 조정의 공론을 무시했으므로 더 가혹한 벌을 내려야 한다는 입장이고, 다른 하나는 홍문관 수찬의 임무는 임금에게 간언하는 일이므로 벼슬을 빼앗고 도성 밖으로 내쫓는 벌은 지나치다는 입장이었다. 그러던 중 10월 22일 사헌부 지평으로 있던 청사晴沙 권두기權斗紀(1659~1722)가 이잠의 옥사와 김세흠의 상소에 대한 임금의 처분에 대하여 김세흠을 옹호하는 상소를 올렸다. 사헌부 관리의 직분 중 하나가 관리의 처벌에 대한 타당성을 검토하는 일이기 때문에, 권두기로서는 자신의 역할을 다 한 것일 수 있다. 그러나 이 상소는 임금의 더 큰 분노를 불러와 거센 파란이 일어났다. 상소를 본 임금은 권두기를 멀리 귀양 보내라는 명을 내려 권두기는 전라도 해남으로 유배되었고, 그 여파로 다음 날인 23일에는 김세흠 조차 흥양(고흥)으로 유배를 보내라는 명이 떨어지고 말았다. 그래서 칠탄과 청사 두 분은 고흥과 해남에서 같이 귀양살이하는 처지가 되고 말았다. 청사는 칠탄의 제문에서 상소 당시의 입장과 귀양살이의 상황에 대해 다음과 같이 서술하였다.

……

한마디 말이 임금을 거슬려　一言批鱗
갑자기 벼슬에서 내쫓겼기에　遽遭黜削
내 사헌부 관리로서　余忝憲臣
구명하는 게 직분이었네　申救是職
함께 변방에 내쳐져　一倂投荒
고흥 땅과 해남 땅에서　高興棠岳
같이 환난을 겪었기에　同罹患難
정은 골육보다 갑절이었네　情倍骨肉
공이 부르고 내가 화답하며　公唱我和
형이 질 나발 불고 아우가 젓대 불 듯했지　篪仲塤伯
육 년 만에 사면되어 돌아와서　六載賜環
한가로이 옛날로 돌아갔네　婆娑初服
……

먼 바닷가 아득한 고흥 땅에서의 귀양살이는 힘들기만 하였다. 칠탄은 1708년 창설재蒼雪齋 권두경權斗經(1654~1725)에게 보낸 편지에서, 귀양지에서 집안의 여러 상喪을 겪어야만 했던 슬픔, 그리고 숙부 일류당이 동지중추부사가 되어 이를 조상에 고하는 분황焚黃 의식, 그리고 일류당의 경수연에 참여하지 못한 한스러움을 토로하였다. 한편으로는 주변의 절에서 만난 시와 경학經學에 밝은 어떤 중들과의 만남에 대한 신선함, 맑은 날 주변의 풍광이 빼어난 팔영산八影山에서 멀리 제주도 한라산을 바라보는 장관을 전하고 있다. 고흥에서의 유배생활은 감형이 되어 고향에 가까운 진보로 유배지를 옮기게 되면서 끝이

奉列大夫行長水縣監權斗寅謹撰
再從姪通善郎前弘文館校理知製
無經筵侍讀官春秋館記注官金世欽
謹書

**칠탄 김세흠의 글씨**

칠탄이 쓴 적암 김태중의 묘비명

났다. 진보로 귀양지가 옮겨진 그는 1712년 귀양이 풀려 고향으로 돌아왔다. 모두 6년의 유배생활이었다. 그로부터 8년 뒤인 1720년 6월 등극한 경종이 관작을 회복하고 다시 등용한다는 명을 내렸다. 그러나 그가 병으로 세상을 떠난 지 이미 두 달이 지난 뒤였다. 귀양의 실마리가 되었던 1707년의 이 상소에 대해 이잠의 족후손 금대錦帶 이가환李家煥(1742~1801)은 칠탄집 발문에서 "공의 소는 성학聖學에 근본하여 임금의 마음을 바로잡으려 한 것으로 평소 학문의 공력이 담긴 더할 나위 없이 뛰어난 문장이다."라고 칭송하였다.

귀향 후 그는 사촌인 월탄과 귀주, 그리고 창설재 권두경, 청사 권두기, 난은 이동표 등 인근 고을의 명망 있는 인사들과 교유를 나누며 남은 생애를 보냈다. 그와 깊은 교유를 맺은 사람으로는 어려서 같이 자랐고 또 비슷한 시기에 과거에 급제하여 벼슬살이도 하고 요동치는 정국을 같이 맞닥뜨린 사촌 월탄과 귀주가 있고, 같은 해에 태어난 종숙 적암 김태중이 있다. 봉화 닭실의 창설재, 청사 형제들과도 매우 가까웠다. 특히 청사는 칠탄을 변호하다 같이 유배당하기도 한 터였다. 갈암의 막내아들인 밀암密菴 이재李栽(1657~1730)와도 매우 가까웠다. 칠탄이 부친 무위당과 가까운 벗이었던 갈암의 은근한 후견아래 조정에서 벼슬살이를 하고, 또 고산찰방으로 있으면서 종성으로 유배가던 갈암과 만나 회포를 나누었다는 이야기는 앞에서 한 바가 있다. 갈암의 종성 유배길을 동행하며 모신 사람이 밀암이었으므로 칠탄과 밀암의 정분은 그 일을 계기로 더더욱 두터워졌을 것이다. 칠탄과 막역한 숙질간이던 적암 또한 갈암의 제자로서 밀암과 막역한 사이였고, 칠탄과 매우 가까웠던 창설재도 밀암과는 막역한 사이였다. 이들 모두 당대 이 지역의 대표적 문인 학자로서, 또 동년배로서 서로 마음의 벗이 될 수밖에 없었던 것이다.

적암 김태중은 당시 내앞 김문을 대표하는 학자였다. 그는 갈암 이현일에게 학문을 배웠다. 벼슬길에 나가지 않았고, 조부 표은이 살아갔던 삶의 길을 좇고자 한 처사이기도 했다. 칠탄은 종숙 적암에게 보낸 편지에서 학문은 큰 근본을 세우는 것이 중요하다고 하면서, "유가의 학문은 본래 차례가 있으니 성현의 고원高遠한 경지에 이르고자 하면서, 뜻을 세우고 방향을 정하지도 않은 채 단계를 뛰어넘고 절차를 무시한다면, 학문의 성과를 얻지 못할 뿐 아니라 도리어 큰 병통에 빠질 것이다."라고 하였다. 이어 "일상생활을 하는 과정에서 마땅히 행해야 하는 바를 실제로 체험하는데 힘을 써서, 뜻을 세움이 확고하고 기초를 정함이 굳다면, 이익과 사물에 흔들리지 않는 대장부의 경지에 이를 것이다."라고 하였다. 방 5대손인 정와訂窩 김대진金岱鎭 (1800~1871)은 묘갈명에서 칠탄의 문학성은 이런 마음가짐에서 오는 근본이 있는 문학성이었다고 기록하였다. 칠탄이 귀양이 풀려 돌아왔을 때 적암은 이미 그 전 해에 세상을 떠나고 없었다. 칠탄은 제문을 지어 적암에 대한 자신의 애달픈 마음을 절절히 드러냈다.

아, 공께서는 惟公
도량은 드넓었고 恢如其量
키는 훤칠하였습니다 頎然而長
하늘 높고 바다 너른 것처럼 天高海闊
기품과 국량이 범상치 않았습니다 氣宇非常

......

같은 해에 태어났으나 同庚以降

숙질의 항렬이었습니다 叔姪輩行

......

내 옛날 죄에 걸리어 我昔罹咎

남쪽 황량한 곳에 귀양갔는데 擯于南荒

공께서 홀로 잊지 못하여 公獨眷眷

편지로 서로 그리워했습니다 篇牘相望

내 진보로 이배될 때 逮我移眞

고향 땅을 지나는 길에 路出桑鄕

공께서 기쁘게 맞이하여 公喜而迓

한 말 술로 함께 하였습니다 斗酒相將

......

사람의 일 갑작스러워 人事儵忽

흉한 소식이 곁에 이르니 凶報在傍

놀라 소리치고 쓰러져 驚嘷若霣

애간장이 찢어지는 듯 했습니다. 裂肝摧腸

평생 동안 애모하였는데 平生愛慕

마땅히 우러를 곳이 없습니다 宜莫如卬

......

귀양이 풀려 돌아온 칠탄이 고향의 벗들과 어울려 노닐며 생애를 보냈다는 사실은 바로 앞에서 서술하였다. 권두경의 『창설재집』 기록

### 청암정

칠탄 김세흠이 1719년 윤8월 14일 봉화 닭실을 찾아 하당 권두인, 청사 권두기, 창설재 권두경, 귀애 이완 등 닭실 인근의 여러 벗들과 밤늦도록 시흥을 즐겼던 곳이다.

을 근거로 그 중 한 장면을 대략 그려본다.

1719년 윤 8월 14일, 칠탄은 봉화 닭실의 청암정靑巖亭을 찾았다. 창설재 권두경, 청사 권두기 모두 막역한 사이였어도 그들이 사는 닭실(酉谷)의 청암정엔 가 본적이 없어서 늘 한스럽게 여기던 터였다. 그러니 청암정으로 향하는 칠탄의 발걸음은 가볍고 마음도 흐뭇하였다. 저녁 즈음 청암정에 이르니, 하당荷塘 권두인權斗寅(1643~1719)과 청사가 나와서 대접하였다. 좀 있다 창설재도 병을 무릅쓰고 참석하였다. 봉화 풍정에 사는 귀애龜厓 이완李琬(1650~1732년)도 저녁 늦게 도착하였다. 그날 비가 오고 날이 새롭게 개여서 달빛이 매우 밝았다. 칠탄이 칠순이고 좌중의 사람 모두 육십 이상이었다. 마음 서로 나누는 벗들이니 좋은 밤, 아름다운 모임이 되었다. 모두 시를 지으며 즐거워하였다. 다음날 칠탄은 하당 권두인, 단애丹崖 성대하成大夏(1647~1724), 귀애 이완, 천옹喘翁 정중원鄭重元(1659~?) 등 여러 명사들과 부석사浮石寺로 유람을 갔다. 모두들 취원루聚遠樓에 올라 눈앞에 보이는 가을 풍경을 실컷 바라보았다. 그리고 무릉武陵 주세붕周世鵬(1495~1554)의 산山 자 운에 차운하여 율시를 지었다.

이렇게 좋은 벗들과 산천에서 노닐며 한가롭게 여생을 보내던 그는 1720년 4월 72세의 나이로 세상을 떠났다. 부인 공인恭人 월성최씨月城崔氏는 선교랑 최경함崔慶涵의 딸이다. 가까운 벗, 밀암 이재는 제문에서 칠탄을 다음과 같이 추모하였다.

……

나 공을 볼 적에  我觀於公

늘 그 결정에 감복했네 每服其定

나아가고 물러남 惟屈與伸

오직 천명을 따랐네 惟天是聽

일찍이 대궐에 나아갔으나 鳳蠹禁密

어찌 평소의 행실이 변하랴 寧變素履

늘그막에 남쪽 먼 곳에 내쫓겼어도 晚斥炎荒

도리 지키며 후회하지 않았네 自靖靡悔

……

옛날에 나 노친을 모시고 昔余扶老

변고와 역경을 겪었는데 歷變履險

아득한 변경 漠矣楡關

막다른 처지 누가 생각했으랴 窮途誰念

공도 당시 좌천되어 있으면서 公時謫宦

실로 유배 길을 도왔으니 實相行李

공이 어찌 은혜를 바랐으랴만 公豈徼惠

나는 가슴속에 새겼었네 我則銘肺

……

칠탄이 오열하고 七灘幽咽

백운정이 적막한데 雲榭寥落

공의 넋을 생각하니 想公精爽

어디에 머물고 어디에 의탁하랴 焉泊焉託

……

칠탄은 옥 같은 모습에 신선 같은 풍모를 지닌 사람이었다. 1718년 안동부사로 부임했던 유회당有懷堂 권이진權以鎭(1668~1734)은 칠탄을 만나본 뒤 편지를 보내 "삼가 옥 같은 모습에 긴 눈썹을 보니 황홀하게 신선 세계 속 사람인 듯하여 가슴 가득한 때를 씻었습니다."라 하였고, 칠탄의 장례 때 뇌사誄辭에서는 "사람됨이 맑고 깨끗했고 관직생활 또한 맑고 깨끗했으니, 아, 깨끗하도다." 라 하였다. 칠탄은 사람됨처럼 문장도 맑고 곧았으며, 필법 또한 해서楷書로 유명한 중국 위魏나라의 종요鍾繇(151~230)와 서성書聖으로 일컬어지는 동진東晉의 왕희지王羲之(321~379)를 본받아 고풍스럽고 맑고 힘이 있는 명필이었다. 그래서 사람들이 한 글자라도 얻으면 보배로 여겼다고 한다. 그는 한마디로 말하면 맑고 곧은 사람이었다. 동애東厓 이협李浹(1663~1737)은 칠탄의 명銘에서 그 맑고 곧음을 다음과 같이 기리었다.

    온화함은 티 없는 옥이고 溫然玉之無瑕也
    밝기는 티끌 없는 거울이네 炯然鏡之無塵也
    시냇가 소나무와 같은 지조 지녔고 澗松之操也
    구름속의 학과 같이 여위었네 雲鶴之臞也
    길 웅덩이에서 흘러나온 맑은 물이고 發清流於行潦也
    평지에 우뚝 솟은 높은 산이라네 峙高岡於平陸也

# 8

# 유가의 자유인
### -질재 김창문-

▶ 김창문金昌文(1649~1675)의 자는 칙야則野이고 호는 질재質齋이다. 그는 아버지 일류당 김이기와 어머니 파평 윤씨 사이에서 1649년 6월 7일 외가 동네인 용궁현龍宮縣 동쪽 염송리廉松里 집에서 태어났다. 어머니 윤씨는 홍참의洪參議라는 사람이 큰 신령스러운 거북을 안고 와서 주는 꿈을 꾼 뒤 임신하였으며, 또 낳던 날 저녁 꿈에 스스로를 김한림金翰林이라고 하는 대인大人이 단서丹書 한 부를 주면서 "아이를 낳으면 반드시 이 책을 주거라."라고 하였는데, 그 날 밤에 과연 김창문이 태어났다고 한다.

그는 어려서부터 용모가 단정하고 정신이 맑고 깨끗하였다. 할머니 강씨康氏가 보고는 기뻐하며 "내가 아이를 많이 보았지만 이런 아이는 본 적이 없다."라고 감탄하였다. 글자를 배우면서 8세에는 이미 시를 지을 줄 알았고, 말을 하면 번번이 사람을 놀라게 하였다. 9세에는 배운 바 없이도 초서草書를 잘 쓰고 현판에 쓰는 큰 글자를 잘 써서 여러 곳에서 글씨를 구하는 사람이 모여 들었다고 한다. 이는 타고난 것이었다. 좀 성장해서 10여 세 즈음에는 제자諸子의 여러 책을 모두 섭

렵하였다. 집에 『성리대전』 한 부가 있었는데, 공부하고 외우는 여가에 마음을 가라앉히고 묵묵히 살펴서 스스로 이해한 것이 많았으나, 남들은 그러한 사실을 알지 못하였다. 소년시절부터 그의 시문은 웅장하고 강건하며 맑고 빼어나 자못 옛 선인들의 경지를 상당히 터득하였다. 사람들이 그의 시를 모두 서로 외우고 전하여 많은 사람들에게 회자되었는데, 당시의 많은 젊은 선비들이 공경하고 부러워하면서 사귀고 싶어 하였다.

질재는 1665년 17세 되던 해 봄에 목재木齋 홍여하洪汝河를 찾아 뵈웠다. 목재가 그를 한번 보고는 매우 기이하게 여기면서, "소동파蘇東坡 이후로 기이한 재주를 다시 보게 되었네."라 감탄하였다. 목재는 또 "그대의 시는 중국의 시단에서도 겨룰만하네. 근세의 석주石洲 권필權韠(1569~1612) 아래로는 논할 것도 없네. 반드시 실제의 일에 오로지 힘을 쓴 뒤라야 비로소 불후의 사업을 이룰 수 있다네."라고 편지를 보내 그를 지극히 칭찬하면서 앞으로 더욱더 힘쓰라고 격려하였다.

1666년 청량산을 유람하고 백여 수의 시를 짓고 소상팔경瀟湘八景 4시를 지으니 할아버지 야암공이 "이 아이 재주가 경와 김휴형 보다 훨씬 뛰어나다."고 칭찬하여 마지않았다. 경와 김휴는 그 조부 운천 김용이 그 재주를 치하하고 장래를 크게 기대한 손자였고, 뒤에 문장검을 전해 받을 만큼 타고난 재능이 뛰어난 사람이었다. 야암이 그 손자를 경와보다 뛰어나다고 평가한 것은, 그 재주가 얼마나 유난히 뛰어났는가를 알려주는 좋은 예이다. 또한 야암은 그 해 겨울 질재가 지은 「스스로를 경계하는 글」을 보고는 시를 지어 "내가 순숙이 아닌데도 문약을 두었구나.〔吾非荀淑有文若〕"라고 하며 매우 기뻐하였다. 순숙이 아닌데도 문약을 두었다는 것은 할아버지인 나는 순숙荀淑처럼 뛰어난 사람이 아닌데도 순욱荀彧과 같은 훌륭한 손자 질재를 두었다는 말로, 더할 나위 없는 기쁨을 표현한 것이다. 질재는 1667년에 조부 야암이 세상을 떠나자 과거공부를 그만 두고 예서禮書를 읽었다. 그가 그 즈음 집안에서 가장 학문이 뛰어났다고 평가되던 금옹錦翁 김학배를 찾아가 여러 가지 학설에 대해 의논을 하고 공부를 게을리 하지 않으니 금옹이 매우 칭찬하였다. 그런데 금옹은 질재의 타고난 천재성에 칭찬을 아끼지 않으면서도 시에 치우친 학문 경향에 대해서는 따끔하게 충고를 하였다. 금옹은 「족질 김창문에게 주는 글〔贈族姪金昌文序〕」에서 다음과 같이 말하였다.

> ……고인의 학문은 선후와 완급의 차례가 있고, 젊은이들이 할 일은 "가정에서는 효도하고 나가서는 공순하며, 널리 사람을 사랑하고 어진 이를 친히 하는 것이니 남는 힘이 있으면 글을 배운다."는 일을 벗어나지 않는다. 지금 군君은 청년 수재로서 만약 스스로를 돌이켜 성찰하고 차례를 따라 정밀하게 이루어가면, 앞으로의 성취는 어찌 여기에 그칠 뿐이겠는가. 이른바 글〔文〕에는 두 가지가 있으니, 성현聖賢들의 경전經傳의 글은 마땅히 먼저 급히 해야 할 것이오, 시인 묵객의 글은 마땅히 뒤에 천천히 해야 할 것이다. 하물며 바람·구름·달·이슬 같은 경물의 풍치만을 그리는 부화浮華한 글귀는 가장 낮은 것임에랴. 시는 본래 인간의 성정에 근본을 둔 것이어서 성현도 일찍이 폐하지 않았다. 그러나 만약 한 방향으로만 빠져들면 반드시 도리어 누가 될 것이다. …… 지금 군의 나

이는 겨우 열다섯을 넘었는데, 지은 시는 이미 책을 이루었으니 성현의 가르침에 어긋나며 장자莊子의 이른바 '지나치게 일찍 도모하는 사람'에 불행히도 가까운 것이 아니겠는가. 군은 나를 매우 부지런히 종유從遊하나, 나는 군에게 도리에 맞지 않는 칭찬을 할 수는 없다. 그러므로 나에게 있고 없고를 헤아리지 아니하고 공연히 억측하여 이같이 말하니, 군이 만약 이로 인해 생각을 바꾸어 잠시 이미 능한 바를 놓아두고 아직 미치지 못한 바에 더욱 힘쓴다면, 이는 비단 우리들의 다행한 일일 뿐 아니라 우리 선대의 가법에 따르는 것이리니, 바라건대 군은 힘쓰라.

금옹은 질재에게 유가의 학문 방법에 따라 먼저 도덕적 행위를 실천하고 다음으로 자신을 성찰하며 단계를 밟아 학문을 익혀 가면, 그 성취는 헤아릴 수 없을 것이라 하였다. 나아가 글도 성현의 글을 먼저 익힐 것을 권한다. 그것이 진정한 학문의 길이요, 우리 선대의 가법에도 따르는 일이 된다는 것이었다. 질재가 금옹의 충고에 어떻게 반응하였는지 정확히 알 수 없다. 그러나 질재의 그 뒤 행보로 보면 금옹의 가르침에 많은 영향을 받았을 것으로 생각된다.

그는 1670년에 풍기의 황유黃瑜 집안으로 장가들었다. 당시에 구재九齋 김계광金啓光(1621~1675)이 풍기군수로 있었다. 구재는 집안의 어른들과도 교분이 깊은 당대의 명사였다. 구재는 질재의 재주와 행실을 아껴서 항렬을 따지지 않고 매우 가까이 지냈고 날마다 시를 주고받았다. 구재는 늘 사람들에게 "김모는 언행과 도량이 고인古人과 부합되니 훗날 반드시 대인군자가 될 것이다."라고 칭찬하였다. 그는 이와 같이 선배들에게 인정받고 신임을 얻었던 것이다.

질재는 일찍이 향시에 두 번 합격하였으나 끝내 성시省試에는 낙방하였다. 그 재주와 능력을 아는 여론은 모두 이를 안타깝게 여겼다. 그는 성시에 낙방하였을 때, 한강 가에서 다음과 같은 시를 지어 마음 속 생각을 드러냈다.

밤에 한강에 정박하다.〔夜泊漢江〕

사업은 뜬 구름 같고 事業浮雲外
공명은 가을 낙엽 같구나 功名落葉秋
한강 천 리 밝은 달 아래 漢江千里月
외로운 배에 비스듬히 기대어있네 斜倚一孤舟

이 시에서 보이듯, 그는 과거를 포기하여 공명을 멀리하고 학문의 참된 길로 나아갈 것을 마음속으로 은근히 다짐하였다. 그는 동갑이자 집안의 숙부 되는 적암 김태중에게 보낸 시에서, 당시 과거에만 급급하고 참된 학문을 멀리하는 세태에 대한 환멸을 적고, 이어 벼슬을 멀리하고 학문의 길로 나아가는 적암이 큰 성취를 이루기를 바랐다. 이는 축원을 빙자해서 참된 학문을 하고자 하는 자신의 마음을 다시 한 번 다짐하는 것이리라.

적암 숙부께 드리다.〔贈適庵叔〕

우리 영남의 문물이 매우 찬란했는데  吾南文物極彬彬
애석하게도 근래에 크게 참됨을 잃었네  可惜年來大失眞
한번 급제하려 소매와 상투 잡고 다투고  要取一科爭袖髻
세 가지 덕 따르고 심신 수양하기를 부끄러워하네
恥從三德做心身
운세 다시 왕성해지기 어려움 이미 알았으니  已知運氣難重旺
연원이 이로부터 사라진들 어찌 하겠는가  將奈淵源自此湮
다행히 그대는 여기에서 훌쩍 벗어났으니  幸有吾君能脫略
장차 큰 사업 이루시기 바라네  願將鴻業趂青春

　　질재는 그 뒤로는 날마다 성현의 책을 읽으며 더욱 부지런히 노력하였다. 자리 옆에 "마음이 외물에 물들면 오직 배워야 밝아진다.〔心爲物漬 惟學乃明〕"는 여덟 글자와, 주자와 소옹邵雍의 사상팔괘도四象八卦圖, 그리고 여대림呂大臨의 「극기명克己銘」을 직접 써서 걸어두고 항상 바라보면서 자신을 수양하였다. 그는 화려한 것을 크게 배척하고 근본과 실체를 추구하였다. 그는 일찍이 "잘 꾸미는 일은 말단이고 바탕이 근본이다."라고 하면서, 자신의 자字인 칙야의 '야野' 자가 지닌 바탕〔質〕이라는 뜻을 따서 그 집의 이름을 '질재質齋'라 하였다. 이는 할아버지 야암이 지녔던, 바탕을 중시하는 삶의 정신을 잘 이은 것이라 할 수 있다.
　　질재는 어느 날 목재 홍여하를 찾아가 『주역』의 「건괘乾卦」와 「곤괘坤卦」에 대해 토론하였다. 젊은 질재의 『주역』에 관한 깊은 공부에, 목재가 매우 놀라며 스스로 미칠 수 없다고 여겼다고 한다. 또한 그는 성리학의 수양서인 『심경心經』과 『근사록近思錄』을 매우 좋아하여 그 책을 품에서 내려놓지 않았다. 그는 수양의 자세와 마음가짐에 대해 다음과 같은 시를 지었다.

마음이 없지 않으나 방심을 거두지 못해 非是無心放未還
평생토록 미친 물결처럼 갈팡질팡 하였네 一生顚倒似狂瀾
천 길 벼랑에 선 것처럼 하면 若敎定脚千尋壁
이 세상에 어려운 일이 어디 있으랴 那有人間下手難

대장부가 이 세상에 태어나 男兒生此世
사업에 당연한 바가 있으니 事業有當然
학문을 닦을 때는 익숙하게 해야 하고 講學要須熟
마음을 잡을 때는 오로지 함이 귀중하네 操心貴必專

그는 학문이 깊어질수록 더욱 타고난 자신의 재능을 숨기고 사람들에게 알려지기를 바라지 않았다. 그러나 명성은 저절로 날로 커졌고, 당시의 많은 명사들이 칭송하며 사귀고자 하였다. 그를 만나고자 찾아온 사람들도 많았고, 매우 간절히 초청한 사람들도 적지 않았으나, 그는 가볍게 사귀거나 초청에 응하지 않았다. 그는 이처럼 자기의 지조를 지키고 자중했던 것이다.

1674년 그의 어머니 윤씨가 세상을 떠났다. 그는 한결같이 예법에 의거하여 장례, 상례, 제례를 행하였다. 그는 대·소상을 마칠 때까지 상복을 벗지 않았고, 아침저녁으로 미음만 먹었다. 장례를 마치고도 채소와 국을 먹지 않으며 "부모님의 상은 참으로 인정을 다해야 하는 것이다." 하고 예설을 모아 작은 첩에 기록하여 『송종의편고送終儀便考』라 하였다. 또 『예기禮記』 등의 글을 뽑아 『관물당구결觀物堂口訣』이라 하였는데 둘 모두 책으로 완성하지는 못하였다. 질재는 이듬해 1675년 2월에 병이 들어 윤5월 9일에 27세의 젊디젊은 나이로 세상을 떠났다. 옛말에 "재주 많은 이와 아름다운 사람은 명이 박하다.〔才者與佳人薄命〕"라 했던가. 그의 운명 안에는 뛰어난 재주를 발휘할 시간만큼 후한 수명이 들어있지 않았던 것이다.

그는 성품과 행실이 고결하였고 재주와 덕성을 겸비하였다. 어릴 때부터 이미 과거공부 외에 '자기의 덕성 수양을 위한 학문〔爲己之學〕'이 있다는 것을 알고, 마음을 단단히 먹고 그 길로 나아가고자 하였다. 그는 딱히 스승을 찾아가 배우지는 않았다. 하지만 그는 성현의 말씀을 정밀하게 궁리하고 깊이 생각하여 가슴에 새겼다. 그러한 내면의 공부에 힘쓰면서 그것을 밖으로 실천하는 바탕으로 삼았다. 늘 여러 아우들에게 가르치기를 "학문을 하면 반드시 자기의 덕성을 수양하는 학문을 해야지 과거공부는 단지 말단의 일일 뿐이다."라고 하였다.

어버이를 모실 때는 사랑과 공경을 독실하게 하였고, 아우들과는 조화롭고 즐거운 마음으로 우애의 정을 지극하게 나누었다. 그는 매우 가난하여 끼니를 자주 잇지 못했는데, 「가난한 선비의 즐거움〔貧士樂〕」이라는 시를 지어 그러한 곤궁함을 편안히 여기는 뜻을 보였다.

## 가난한 선비의 즐거움〔貧士樂〕

고니는 오래도록 목욕하지 않아도 희고　素鵠不長浴
까마귀는 날마다 검게 칠하지 않아도 검네　玄烏非日黔
자연스럽게 이미 하늘이 정했는데　自然已天定
억지로 끝까지 마음을 쓸 일이 있겠는가　勉强終費心
남쪽 산 아래의 우리집은　我家南山下
생계가 넉넉하지 않네　生計不自深
집 앞은 뜰이 거칠어지고　堂前園欲荒
집 뒤는 대나무 숲이 되었네　堂後竹成林
거친 밥일망정 늘 상위에 오르니　脫粟常在案
어찌 좋은 땅을 바라겠는가　何由問一金
아이들은 조석으로 울부짖고　兒童朝暮叫
주린 배는 거문고처럼 늘어졌네　枵腹長如琴
안석에 기대 조용히 말이 없으니　隱几寂無言
밝은 달만 옷과 갓을 비추네　明月在冠襟
안연은 또 어떤 사람인가　顔子復何人
지극한 즐거움 지금 일처럼 보네　至樂猶視今
벼슬길이 세상에 없는 것 아니나　靑雲非世無
저절로 찾아오는 것도 아니라네　未卽自來臨
추위 닥쳐도 기꺼이 달갑게 여기고　信甘寒冷迫
옛 도를 즐기며 그냥 살아가리라　古道聊浮沈
세찬 바람이 일어날 때면　長風有時起

만리에 교룡 울음 울리리라 萬里蛟龍吟

　자신의 뜻에 따라 이미 나아갈 방향을 정했고, 도를 이처럼 독실하게 믿었으니, 만약 질재에게 하늘이 수명을 연장해 주었다면 그의 문장은 나라를 빛내고 그의 도를 잘 지켜나갔을 것이다. 그러나 불행히 단명하여 그는 교룡의 울음을 떨치지 못하고 세상을 떠났다.
　당시 가까운 집안 사이에 그를 비롯한 세 사람의 뛰어난 1649년생 동갑내기가 있었다. 하나는 숙부 항렬의 적암 김태중이고, 다른 하나는 종형 칠탄 김세흠이고 다른 하나가 바로 질재 김창문이었다. 같은 나이에다 한 집안이었으므로 서로 매우 가깝게 지냈을 것이라 생각되는데, 25살 되던 1674년 세 사람은 집안의 거룩한 장소로 여겨지는 백운정에 올라 새해를 맞이하였다. 이 때 질재는 적암과 칠탄에게 다음과 같은 시를 주었다.

적암 숙부와 칠탄 형께 드리다.〔贈適庵叔七灘兄〕

세 사람 나이가 같고 또 뜻도 같은데　三人同甲又同志
함께 백운정에 올라 새해를 맞았네　共上雲亭作新年
이제부터 반드시 명료하게 공부하여　自此工夫須直截
이십 오년 전과는 달라야 하겠지요　無如二十五年前

　나이도 같고 뜻도 같이하며 매우 가까웠던 세 사람이 모여 미래

**백운정**

질재 김창문은 1674년 새해를 맞아 25세 동갑내기이던 적암 김태중, 칠탄 김세흠과 함께 이곳에 올라 다음 25년의 희망을 담은 시를 지었다.

의 25년을 기약하고 다짐하였으나 그들 각자 앞에 펼쳐진 생애의 길은 마치 운명이 따로 있는 것처럼 서로 달랐다. 적암 김태중은 그 뒤 학문의 길로 매진하여 이른바 내앞의 학문을 융성시킨 금적제구의 한 사람이 되었고, 칠탄 김세흠은 과거에 급제하여 홍문록에 드는 등 벼슬길에 들어서 내앞 삼문관의 한 사람이 되었으나, 질재 김창문은 27세의 너무 아까운 나이에 뜻을 펴지 못하고 세상을 등지고 말았다. 그러나 그의 마음속에 웅크리고 있던 웅지雄志를 살펴볼 수 있는 몇 구절이 그의 시에 남아 있다. 앞에 「가난한 선비의 즐거움」 시의 뒷 구절에서 '시절을 만나면 교룡의 울음을 터뜨리고 싶다'는 희망을 피력한 바 있었고, 「폭우暴雨」라는 시에서는 거칠고 어두운 세상을 바로잡아 밝은 세상을 만들고자 하는 희망을, "상자 속 간장검을 내 오늘 시험하여 짙은 구름 잘라내고 광명을 보리라.〔匣中雄劍吾今試, 欲截頑雲見大明〕"라고 드러내었다. 그는 품고 있는 큰 뜻과 현실의 괴리, 그가 추구하는 학문과 당시의 학문경향의 차이를 방가행이라는 시에서 그 속내를 드러내고 있다.

방가행 放歌行

발이 있어도 문을 나서지 말고 有足莫出門
손이 있어도 소매에서 빼지 마라 有手莫出袖
문 앞에 함정이 있어 내 발이 빠지고 門前有穽陷我足
소매 속에 가시가 있어 내 손을 찌르네 袖底有刺傷我手

오직 손을 모으고 발을 거두어　惟當拱手且斂足
오뚝하게 홀로 빈 집에 저녁 내내 앉았네　壞然獨坐虛堂夕
위로 삼백 도의 푸른 하늘이 있고　上有靑天三百度
아래에 일 만 축의 여러 책이 있네　下有群書一萬軸
온 세상은 나의 자리이고　九垓八極爲我席
곤륜산 오악의 큰 산은 나의 평상이네　崑崙五嶽爲我床
……
요순의 공업 놀랄 것도 없고　虞唐事業不足驚
곧바로 원기와 함께 날아오르리　直與元氣同翶翔
부귀가 그 마음을 흔들지 못하고　富貴不能動其中
위무가 그 강직함을 꺾지 못하네　威武不能挫其剛
……
어떻게 하면 저승의 주자를 불러 일으켜
安得九原喚起紫陽老宗師
풍속에 크게 놀란 이 회포를 이야기할까　說與我懷大駭俗

　그는 벼슬을 바라던 사람도 아니고, 도학자도 될 수 없었던 유가의 자유인이었다고 할 수 있다. 그가 생각하는 이상적 인간상은 '부귀가 그 마음을 흔들지 못하고 위세와 무력도 그 꿋꿋함을 꺾지 못하는〔富貴不能動其中, 威武不能挫其剛〕' 이른바 대장부이면서 하늘로 이불을 삼고 땅으로 요를 삼으며 천지의 운행과 더불어 사는 자연인이고 자유인이었다. 그는 어찌 보면 진정한 자유를 찾아 일찍 세상을 떠났다고 할 수 있다.

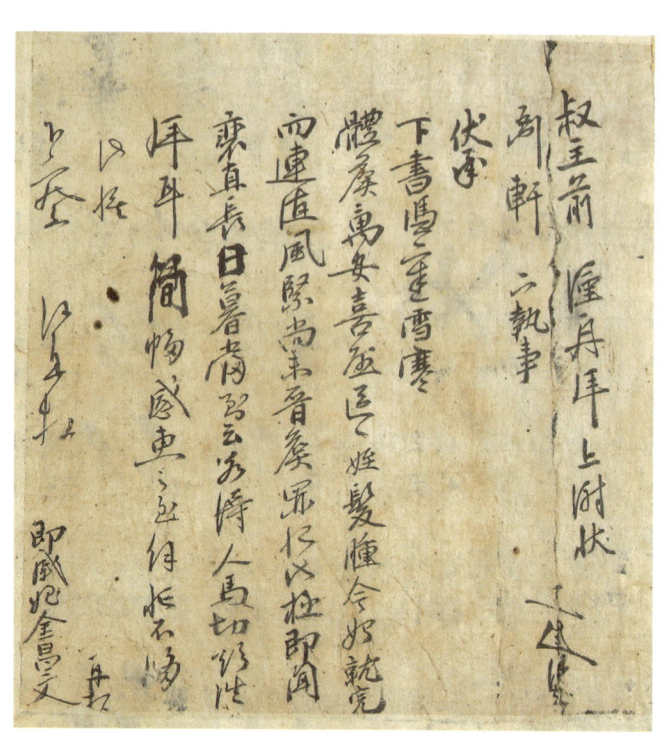

질재 김창문의 글씨

그는 타고난 시재와 문장으로 지은 시문이 거의 수천 편이었다고 한다. 그러나 그는 글을 스스로 없애버려 대부분 전하지 않고 극히 일부만 남아 있었다. 그나마 남아 있던 원고를 아우 월탄 김창석 등이 겨우 수습하여 집안에 소장해오다가 『장고세고』에 실린 것으로 보인다. 임종할 때 자리를 바르게 하라고 하고 다른 일은 한 마디도 언급하지 않고 단지 "내가 죽거든 만사輓詞를 구하지 말고, 묘지명은 장신張璶 공에게 요청하라."고 하였다. 지촌 김방걸은 질재의 묘지명에서 집안의 손자가 되는 질재의 죽음을 안타까이 여기면서, "군은 우리 유가의 사업에 절로 마땅히 해야 할 공부가 있다는 것을 알고 마음을 가다듬고 공부에 매진하여 크게 성취할 수 있을 것 같았다. 그러나 하늘이 수명을 연장해 주지 않아 이 지경에 이르렀으니 운명일 뿐이다."라 하고 한 유가 이관李觀의 묘지墓誌에 쓴 "재주는 당세에 뛰어났고 행실은 고인보다 뛰어났네."라는 말을 인용하여 척야가 바로 그런 사람이라고 평가하였다.

귀주 김세호는 월탄의 제문에서 월탄의 형 질재를 다음과 같이 언급하였다.

옛날 우리 질재 형 昔我質齋
문장이 웅장하였으나 爲文章雄
꽃을 피우고도 열매 맺지 못해 秀而不實
우리 도가 곤궁해졌네 吾道之窮

# 9
## 삼절 학사
### -월탄 김창석-

▶ 김창석金昌錫(1652~1720)의 자는 천여天與요, 호는 월탄月灘이다. 몽선도객夢仙道客이라고도 하였다. 일류당 김이기의 아들이자 질재 김창문의 아우이다. 타고난 재질이 빼어나고 남달랐던 월탄은 어려서부터 스스로 밤낮없이 글 읽기에 힘썼다. 그러나 집이 매우 가난하여 등잔불을 밝힐 기름을 구할 수 없었고, 이에 관솔을 구해 기름 대신으로 태워서 그 빛을 이용하여 글을 읽었다. 그는 「송명설松明說」이라는 글에 이러한 사실을 적고 있는데, 그는 그 글에서 "방의 북쪽 모퉁이에 작은 구멍을 내고 죽은 소나무의 관솔을 채취하여 잘게 쪼갠 뒤에, 그것으로 불을 밝히고 그 아래에서 독서에 열중하니 부귀한 사람의 집에서 쓰는 세 자루 촛불이나 다섯 가지 등불이 부럽지 않다."고 하였다. 또 떡갈나무 잎을 따다가 글씨 공부를 하였는데, 그 잎사귀가 방에 가득하여 들보까지 쌓였다고 한다.

월탄은 1674년 모친상을 당하였다. 그 상중에 형 질재 김창문이 병을 얻어 1675년 27세의 젊은 나이로 세상을 떠나자, 형의 행적을 기록하고 시문을 수습하여 후세에 전하였다. 그는 1687년 36세에 사마시에 합격하였다. 고산 이유장의 문집에는 다음과 같은 기사가 실려 있다. "자임 김세중, 천여 김창석, 택여 김세선이 함께 생원시에 합격하였다. 안동부사 홍만조가 시를 지어 축하하였다. 천여가 나를 만나서 성주의 그 운자로 화답하기를 바랐다. 그래서 부를 지었다.〔金子任 世重 金天與 昌錫 金澤如 世銑 俱中蓮榜 地主洪公 萬朝 爲作詩賀之 天與邀吾 和其韻 故賦之〕" 한 고을에서 세 사람이 동시에 생원시에 합격한 것은, 그 고을의 원조차 크게 축하할만한 일이라는 점을 잘 알려주는 기록이다. 생원시에 합격한 김창석은 성균관에 유학하였다.

월탄은 성균관 유학 중에 재약齋約 육조를 정하고 잠언箴言을 지어 동재생들과 함께 이를 지켰다. 재약은 성균관에서의 학습과 생활을 위한 실천 규약이다. 2년 뒤인 1689년 5월에 기사환국이 일어나고 숙종이 정비인 민씨를 폐출하는 사건이 있었다. 이 때 월탄은 성균관 유생들과 함께 상소문을 올려 폐출이 부당하다고 주장하였으나, 승정원이 받아들이지 않아 뜻을 이루지 못했다. 이 사실은 『조선왕조실록』숙종 15년 5월 1일 조에 "태학생太學生 김창석金昌錫 등과 생원生員 조명선趙明善 등이 상소하여 폐비廢妃의 일을 간하였으나, 승정원承政院에서 받아들이지 아니하였다."라고 기록되어 있다.

월탄은 그 다음 해인 1690년 봄에 대과에 급제하여 승문원 부정자에 임명되었다. 겨울에 외직으로 나가 제원찰방濟原察訪이 되었다. 청렴하고 근실하게 정사를 돌보니 제원역의 하인들이 덕을 칭송하였다고 한다. 역사 근처에 경치가 뛰어난 곳이 있었는데, 월탄은 그곳에 작은 정자를 짓고 '빙허정憑虛亭'이라 이름 붙인 뒤 그 기문記文을 지었다. 『월탄문집』에는 채팽륜蔡彭胤(1669~1731)에게 자신이 직접 지은 빙허정 기문을 동봉하여 보내면서, 빙허정의 처마 사이에 걸 시를 지어 보내달라고 청탁한 서간문이 실려 있다. 채팽륜은 당시 시와 글씨로 매우 이름난 명사였다. 월탄집에는 채팽륜에게 보낸 편지 외에도 그에게 준 시 몇 편이 실려 있다.

월탄은 1691년에 아계찰방丫溪察訪으로 옮겼다가 1692년에 내직으로 들어와 박사博士가 되었으며, 겨울에 전적으로 승진하였다가 곧이어 사간원 정언正言을 제수 받았다. 사간원에 있을 때, 서리가 직첩을 써 올리면서 품계를 잘못 쓰자, "내가 아직 대부가 아닌데 대부의 품계를 쓰는 것이 옳은가?"라고 힐문하였다. 서리가 "편안히 어버이를 모시고자 하는 사람에게 이같이 품계를 올리는 전례가 있습니다."라고 대답하자, 그가 "어버이를 모시고자 하면서 먼저 임금을 속여서야 되겠는가?"라고 꾸짖으니 서리가 부끄러워하면서 물러갔다고 한다. 그러다가 1694년 갑술환국이 일어났다. 서인이 득세하고 남인 계열의 영남선비들이 모두 물러나게 되자, 월탄도 벼슬을 그만두고 고향에 돌아왔다. 월탄의 재종조 지촌 김방걸은 그 해 연말 즈음 귀양지에서 월탄의 문안 편지에 답장을 보낸다. 그 편지에, "자네 부모를 모시는 즐거움의 여가에 전원의 그윽한 정취를 만끽한다니 감격과 기쁨을 금할 수 없네."라는 구절이 있는 것으로 보아 당시 월탄은 부모를 모시고 전원생활을 누리고 있었다는 것을 알 수 있다.

월탄은 고향으로 물러나 소일하다가 1698년 봄에 아버지 일류당을 즐겁게 해드리고 노년을 보낼 계획으로 내앞의 동편 망천으로 옮겨가 살았다. 그는 약 2년간의 준비와 노력 끝에 1701년에 그곳의 남쪽 기슭 바위위에 작은 정자를 짓고 몽선각夢仙閣이라 이름 붙였다. 이는 그가 몇 년 전인 1696년 10월 15일 밤 꿈에 소동파와 만나 한바탕 즐겁게 노닌 적이 있어서 지은 이름이라고 한다. 그는 이곳에서 부친을 모시고 지냈는데, 서가에는 경전과 역사서 제자백가 등 수많은 책을 쌓아 두었고, 마루에는 거문고 하나를 놓아두었으며, 마당에는 두루미 한 쌍을 길렀다.

달 밝고 바람이 맑으면 난간에 기대어 적벽부를 노래하고, 객은 퉁소를 불어 화답하였다. 그러면 한 쌍의 두루미는 긴 목을 늘이고 날개를 펼쳐 훨훨 날아올랐다가 춤추며 내려왔다. 월탄은 고령인 부친 일류당을 모시고 그러한 즐거움을 누리며 나날을 보냈다. 이 광경을 본 조덕린은 "천여가 젊어서 어버이를 봉양하느라 벼슬하는 수고로움을 꺼려하지 않더니, 만년에는 벼슬을 버리고 산수 간에 살면서 어버이를 봉양하니, 그 편안하고 즐거움이 고을살이하는 것보다 낫다."라고 감탄하였다. 월탄이 몽선각에 제한 시는 다음과 같다.

몽선각에 제하다.〔題夢仙閣〕

천지 동남쪽에 작은 누각 하나 天地東南一小樓
소동파와 지난밤 꿈속에서 노닐었네 坡仙去夜夢中遊
옥퉁소 소리에 둥근달은 맑은 빛 비추고 玉簫轉月淸光動
흰 이슬 강을 가로질러 상쾌한 기운 떠도네 白露橫江爽氣浮
고금의 바람과 안개 누가 관리하는가 今古風烟誰管領
호산의 경치를 이곳에 남겨 두었네 湖山物色此分留

처마 사이에 아버지의 말씀도 걸려 있으니 楣間又有家君語

봄 나무 영롱하게 만세토록 비추리 春樹玲瓏映萬秋

월탄의 몽선각시는 주변의 여러 사람에게 회자 되었다. 갈암 이현일은 월탄의 몽선각 시를 보고 감탄하여 다음과 같은 차운시를 남겼다.

좋을시고 층층 바위 아스라한 누각에 好是層巖縹緲樓

좋은 날 벗들과 맑은 유람 즐겼나니 携朋勝日辦淸遊

바람 불면 수면에 잔잔한 물결이 일고 風來水面波紋漾

달뜨면 봉우리에 계수나무 그림자 아른거리네 月出峯頭桂影浮

꿈을 노래한 시들이 두루마리 이뤘으니 記夢瓊章聯卷軸

참된 흥취 찾아 시인들 몇 번이나 머물렀을꼬 探眞墨客幾淹留

조각배로 달 빛 강물에 노 저어 가고 싶나니 扁舟欲棹空明留

소동파의 임술년 적벽 유람이 문득 떠오르누나 忽憶蘇仙壬戌秋

구소鳩巢 권성구權聖矩(1642~1708)도 월탄의 몽선각시에 차운시를 남겼다. 몽선각은 월탄이 세상을 떠난 지 50여년 뒤 1771년 홍수 때, 그 안에 있던 서책 유문들과 함께 물에 휩쓸려 떠내려갔다. 집안의 후손 김양진金養鎭(1829~1901)이 쓴 「몽선각중건상량문夢仙閣重建上樑文」이 있으므로 100여년이 지난 뒤 자손들이 몽선각을 중건하였다는 사실을 확인할 수 있는데, 향산響山 이만도李晩燾(1842~1910)는 몽선각 중건을 기념하는 뜻으로 월탄의 몽선각 시에 차운시를 남겼다.

백옥루의 소동파 다시금 불러와서 　喚起蘇仙白玉樓
백 년 만에 같이 노니는 풍류의 장 마련했네 　風流曠百辦同遊
적벽 아래 배 안에는 외로운 학 돌아왔고 　赤壁舟中孤鶴返
구지 연못 물가에는 작은 하늘 떠있구나 　仇池水上小天浮
당대에는 삼 문관이 집안 명성 드높였고 　家聲當代三文壯
오늘에는 몽선각에 선대의 공업 남아있네 　先業如今一閣留
부끄럽게도 난 덧없는 티끌세상 사람으로 　愧我黃粱塵世客
각에 올라 천년의 달빛 헛되이 저버리네 　登臨虛負月千秋


　　그 때 중건했던 몽선각은 또 언제인가 다시 무너졌고 터만 남아 있었다. 그러다가 임하댐이 생기면서 그 터마저도 수몰되어 버렸다. 몽선각은 근년에 자손이 내앞 마을에 새로 지어 복구하였다.

　　월탄은 1706년에 강원도사가 되었다. 그는 평소 금강산을 구경하고 싶은 바람이 있었다. 어쩌면 족조 경와 김휴가 금강산에서 가져온 연하침을 보고, 또는 그 이야기를 들으면서 자랐을 터이니, 어려서부터 마음속에 금강산이 그리움으로 담겨 있었을 수도 있었을 것이다. 또 몇 해 전 사촌 아우 귀주가 강원도사로서 관동유람을 한 사실을 잘 알고 있던 터이기도 했다. 그는 숙원을 이룰 기회라 생각하고 바로 부임하여 관동지방을 두루 구경한 뒤에 돌아왔다. 이때의 기행문인 「금강유록金剛遊錄」이 남아있는데 여기에는 27일 동안 지은 「금강록金剛錄」이라 이름 붙인 49편의 시와, 「금강일기金剛日記」라는 제목의 기행문이 실려 있다. 「금강일기」는 강원도사로 부임하여 곧바로 금강산을 유람할 당시에 쓴 일기문이다. 1706년 8월 7일 몽선각을 출발하여

원주감영에 이른 뒤, 먼저 순행을 떠난 관찰사 김만채金萬埰를 뒤따라 춘천을 거쳐 내륙으로 금강산에 들어간 뒤, 8월 27일에 동해안의 고성에 이르기까지 21일 간의 여정을 상세히 기록하였는데, 출발지부터 매일 매일의 노정과 지나가는 곳곳의 풍정, 그 과정에서 만난 사람들과의 대화 내용을 시·서·화 삼절로 불리던 그인 만큼 그림처럼 시처럼 기록하였다. 특히 명소를 지나칠 때마다 소회를 표현한 시가 41제에 달한다. 금강산을 유람한 여정과 함께 명승고적의 이야기들, 산중 승려들과의 담론 등 풍부한 내용이 산문과 시로서 그려져 있는「금강유록」은 수없이 많은 조선시대 금강산 기행문 가운데 서도 매우 뛰어난 작품이라 할 만하다.

월탄은 그 다음 해인 1707년 전라도 도사를 제수 받았다. 56세의 많은 나이였으나 당시 종형 칠탄이 상소문을 올렸다가 임금의 분노를 사서 홍양에 귀양가 있었으므로 그를 만나기 위하여 부임하였다. 그의 시 작품 가운데 전라도 지역 명소에 관련된 시들은 아마 이 즈음에 지어진 것이리라. 이 해에 그의 부친 일류당이 80세가 되었다. 그리하여 시종신의 어버이라는 사유로 품계가 올라가 다음 해 수직으로 동지중추부사의 직첩을 받았고, 조상 삼대를 추은하는 영광이 있었다. 월탄이 교지를 받아들고 고향에 내려와 몽선각에서 경수연을 베풀었는데, 원근의 명사들이 시문을 지어 가지고 찾아와 축하하였다. 이 이야기는 앞서 일류당 부분에서 언급한 바 있다. 월탄은 이 뒤에 다시 충청도 도사를 제수 받았지만 부임하지 않았다.

그의 종형제인 칠탄과 귀주 또한 문과에 급제하여 삼종반이 모두 벼슬에 올랐지만, 이들이 살았던 시기는 남인과 서인 사이의 당쟁이

격심했을 때였다. 그런 사정으로 안타깝게도 그들은 조정에서 뜻을 펼칠 기회를 얻을 수 없었다. 그들은 벼슬에서 물러나 고향으로 돌아와 자연을 벗 삼아 남은 일생을 보냈다. 월탄 또한 고향의 몽선각에서 풍류를 즐기면서 지내다가 1720년에 69세를 일기로 세상을 떠났다.

제산霽山 김성탁金聖鐸(1684~1747)은 월탄의 제문에서 월탄의 몽선각에서의 생활을 다음과 같이 읊었다.

……
아, 嗚呼
망천 한 구역은 輞川一區
공이 터 잡은 곳 是公所卜
물가에 정자 짓고 築亭臨水
몽선각이라 이름 붙였네 名以夢仙
공이 그 안에 머무르니 公臥其間
왼쪽엔 소나무요 오른쪽엔 대나무네 左松右竹
바람과 달을 읊조리고 감상하며 吟弄風月
흥취를 풀어내고 희로의 정 잊었네 遣興忘情
붓을 휘둘러 초서를 쓰기도 하고 或揮草書
붓 잡아 그림을 그리기도 하였네 或拈畵筆
……

월탄은 시를 잘 짓기로 유명하였고, 글씨와 그림에도 능하여 당나라 때 시詩·서書·화畵가 모두 뛰어나 정건삼절鄭虔三絶이라 불렸던 정건을 비기어 삼절三絶이라 불렸다. 그가 삼절로 불릴 만큼 예술에 재능이 탁월한 사람이었음은 두 말할 나위가 없는데, 그 예술적 재능을 뒷받침 하는 마음속 정서는 다정다감함이었다. 그 다정다감함은 어버이에게는 몽선각을 지어 모시는 등, 지극한 효성으로 나타났다. 그는 아내에게도 매우 다정한 사람이었던 듯, 진사 심정현沈挺賢의 딸인 아내 청송심씨가 세상을 떠나자 애도하는 제문을 지어 아내에 대한 애틋한 마음과 그리움을 절절하게 전했다.

……
아, 인생의 짧은 기약이여　嗟人生之短期兮
죽음의 이별보다 슬픈 것은 없다네　悲莫悲兮死別離
동해로 흐르는 돌아올 수 없는 물결 같으니　若東流之無廻波兮
슬프도다, 한 번 가면 언제 돌아오려나　哀一去兮歸何時
예전 내가 그대와 약속하기를　昔余之與子成說兮
백 년을 함께하자 맹세했었네　盟百年之契闊
뜻이 맞고 정분이 친밀하여　義合兮情親
거문고와 비파 같았었지　如琴兮如瑟
……
세월이 마치 꿈과 같은데　光陰倏其夢婆兮
하늘이 어진 사람 급히 앗아가네　天奪速於仁壽
몸과 정신이 관 속에 갇혔으니　形神閟於一木兮
집안 일 마침내 황폐해졌네　家事遂以荒落
……

눈을 크게 떠도 보이지 않아 瞠余目而無見兮
울적한 내 마음 더욱 아프구나 悒余懷而增傷
평소의 그 모습 생각해보니 尋平生而想像兮
넋이 마치 그대 곁에 있는 듯한데 魂若君之在傍
답답한들 내 어찌 하겠는가 鬱鬱兮我何
　……
내가 무엇 때문에 크게 슬퍼하리오 我何爲乎作大悲
초나라 산이여 오나라 물이여 楚山兮吳水
우리 두 부부 언젠가 만날 날이 있겠지 兩龍相逢兮會有時

월탄에게는 소실小室이 하나 있었다. 그의 다정다감함은 소실의 깊은 마음속까지 미쳤다. 월탄이 세상을 떠나자 그 소실은 염습하기 전에 자결하여 월탄을 따랐다. 집안사람을 비롯한 많은 이들이 절개가 곧은 여인이라 칭송하면서, 그 소실을 월탄의 묘소 아래에 장사지냈다. 재산 김성탁은 그 소실의 이야기 또한 월탄의 제문에서 언급하고 있다.

　……
아아! 嗚呼
공의 측실이 公有側室
다른 뜻 없음을 맹세하고서 矢心靡他
그 목숨을 아끼지 않고 不愛其生
자결하여 공을 따랐으니 自決以殉

그 절개는 매서웠고　其節之烈

그 마음은 애달팠네　其情之哀

이제 공을 장사지냄에　今當葬公

그 산 발치에 뼈를 묻으니　歸骨山足

그 소원을 따른 것이라네　寔從其願

……

　월탄은 다정한 풍모와 덕망, 맑은 정취를 지닌 인물이었지만 앞에서 말한 대로 시절을 만나지 못해 큰 성취를 이루지는 못했다. 그러나 그는 고향에 돌아와 몽선각을 짓고 비슷한 처지에 있던 사촌 형제 칠탄 김세흠, 귀주 김세호 등을 비롯하여 향중의 벗들, 이웃 사람들과 어울려 주변의 명승을 유람하고 술과 시를 벗하여 강호의 삶을 누렸다. 그러한 생활에 관련된 시 한편을 소개한다.

　누대 앞에 감국이 활짝 피었는데 마침 마을 사람이 탁주를 가져왔기에 꽃잎을 따서 띄우고 마시며 절구 하나를 읊었다.〔樓前甘菊正開 適有村人進濁醪 掇英泛飮 口呼一絶〕

작은 시내 모퉁이엔 밤새 찬 서리 내리고　淸霜夜落少溪隈

누대 밖 노란 국화는 마음껏 피었구나　樓外黃花盡意開

천 년 전 도연명이 울타리 아래서 국화 따던 흥취를

千載淵明籬下興

오늘 이 늙은이의 술잔에 나눠 남겨주었네 分留今日老夫杯

그렇게 편안한 강호의 삶을 누리는 한편, 그는 1712년 몽선각 뒤편 선 바위에 작은 집을 짓고 '서암棲巖'이라 이름 붙인 뒤에 거처하면서 자질子姪들에게 학문을 가르치는 장소로 삼았다. 삼절로 일컬어질 만큼 문학적 예술적 재능이 탁월했던 그이기에 사방의 선비들이 찾아와 시를 청하기도 하고 비갈碑碣이나 병풍과 족자를 청하기도 하였다. 사람들은 월탄의 글이나 그림을 얻으면 보물을 받들 듯이 하였다고 한다. 그리 보면 월탄은 글이나 그림을 나누는데 결코 까다롭지 않았던 것으로 여겨진다. 백부 무위당이 고산 이유장에게 선물로 보낸 매화와 대나무 그림도 월탄이 그린 그림이요, 숙부 목암이 벽에 걸어놓고 즐겼던 목우 그림도 그의 솜씨였다는 사실은 이미 말한 바 있다.

그의 풍모와 덕이 문장과 글씨에 또렷이 남아있었을 터인데, 1771년 홍수 때 몽선각이 떠내려가면서 상자 속에 소장했던 시문 또한 흩어져 버렸다. 그래서 『장고세고』에 그의 유문이 아쉽게도 일부만 수록될 수밖에 없었다. 근년에 후손들이 그의 유작을 수습하여 『월탄문집』 4권을 합본하여 영인 간행함으로써 월탄의 풍모와 덕망을 좀 더 넉넉히 짐작할 수 있게 된 것은 퍽이나 다행한 일이다. 비교적 많이 그렸으리라 생각되는 그의 그림은 실제로 전해지는 것은 아주 적은데, 현재 도산서원 주변을 그린 도산도陶山圖가 연세대학교 도서관에, 그리고 화첩畵帖 하나가 한국국학진흥원에 소장되어있다.

월탄이 한 일 가운데 중요한 일 하나는 칠탄 귀주 두 사촌 형제와 더불어 고조부 운천 김용의 문집을 간행한 일이다. 1694년 권해

월탄 김창석의 그림 '도산도' 도산서원 부분

權瑎(1639~1704)가 지은 『운천집』 서문에 저자의 현손 김창석이 유고를 가져와서 서문을 부탁하였다고 기록되어 있고, 또 조덕린趙德鄰(1658~1737)이 지은 운천 행장에 저자의 현손 김창석, 김세흠, 김세호 셋을 들고 이들 여러 후손 군자들의 부탁으로 짓는다고 기록되어 있다. 그러므로 1694년경부터 당시 벼슬자리에 있었던 김세흠, 김창석, 김세호등이 『운천유고』의 편찬, 간행을 진행하였으나, 갑술환국으로 인해 남인 계열인 그들이 벼슬에서 물러남으로 인해 문집간행이 중단되었다가, 이후 1720년경 이들이 세상을 떠나기 이전에 이들을 중심으로 간행하였다고 생각된다.

 영인 간행한 『월탄문집』을 보면 월탄의 교유는 그가 벼슬살이를 했던 관계로 지역의 범위를 상당히 벗어나 폭 넓은 행보를 보이고 교유 대상도 많은 편이다. 그 점으로 보아 월탄은 다정다감하면서 상당히 활발한 성격의 인물이었던 듯하다. 『월탄문집』의 시들은 대체로 고을 사람들과의 교유와 벼슬살이 중의 지인들과 주고받은 것이 많고 김씨 문중의 선비들과 주고받은 것도 적지 않다. 관직생활 중의 시들은 대체로 상대방에게 지어준 시들이 많고, 전라도사 시절의 기행시, 강원도사 시절의 「금강록」 같은 기행시도 적지 않다.

 월탄의 교유를 일일이 확인할 수는 없지만 문집을 기초로 하여 그의 교유를 살펴면, 집안으로 당연히 종형 칠탄, 종제 귀주와는 아주 가까울 수밖에 없었을 것이다. 재종숙 적암 김태중과도 가까운 사이였다. 안동이나 인근 지역의 인사로는 동애 이협, 안연석, 밀암 이재, 옥천 조덕린 등과 가까웠고 봉화 닭실의 창설재 권두경, 송사 권두위, 청사 권두기 등과도 매우 가깝게 지냈다. 1718년 4월에 유회당有懷堂 권이진權以鎭(1668~1734)이 안동부사로 부임해 왔다. 그는 안동 인근의 선비들을 호계서원에 초빙하여 강회를 가졌는데, 이 때 월탄은 권두경, 권두기 이재 등과 함께 그 자리에 참여한 일이 있으므로 그의 지역에서의 행보 또한 활발하였으리라 짐작된다. 그는 만년에 창설재 권두경의 후임으로 도산서원의 원장을 맡아서 활동하기도 하였다.

월탄은 기개가 호탕하고 흉금이 맑고 깨끗하였다. 고요하고 담담하게 지조를 지켰으며, 재물과 이익에 대하여는 매우 담백하였다. 마음가짐이 평탄하고 넓어 구애되는 것이 없었다. 그의 행실은 순수하고 진실하여 꾸밈이 없었다. 종족宗族과 이웃을 대할 때는 오직 자기의 마음을 미루어 정성을 다하도록 힘썼고, 고을의 벗들을 대할 때는 정성스럽게 권면하여 이끌어 나갔다. 평생토록 괴이한 행동을 하지 않았으며, 또한 구차하게 남에게 영합하지 않았다. 만년에는 더욱 외물에 마음을 쓰지 않았으며, 초연하게 홀로 세상을 벗어난 태도로 삶의 나머지 시간을 보냈다. 그저 방 하나를 청소하고 조용하게 날을 보내다가, 때때로 흥이 일면 마음껏 말술을 마시고 크게 노래 불렀으며, 글씨를 휘갈겨 쓰기도 하고, 산보하며 시를 읊조리기도 하였다. 바람과 꽃이 선명한 날이나 눈빛과 달이 밝은 밤이면, 작은 나귀를 타고 어린 동자를 데리고서 강을 따라 한 줄기 긴 숲과 십리의 백사장을 오르내렸다. 칠탄七灘과 귀주龜洲 두 사촌 학사가 월탄이 그리워 작은 수레를 타고 몽선각에 오면, 기쁘게 서로 만나 자리를 깔고 앉아 술 한 잔에 시 몇 수를 지으며 서로의 회포를 털어놓기도 하였다. 귀주 김세호는 제문에서 월탄을 다음과 같이 그렸다.

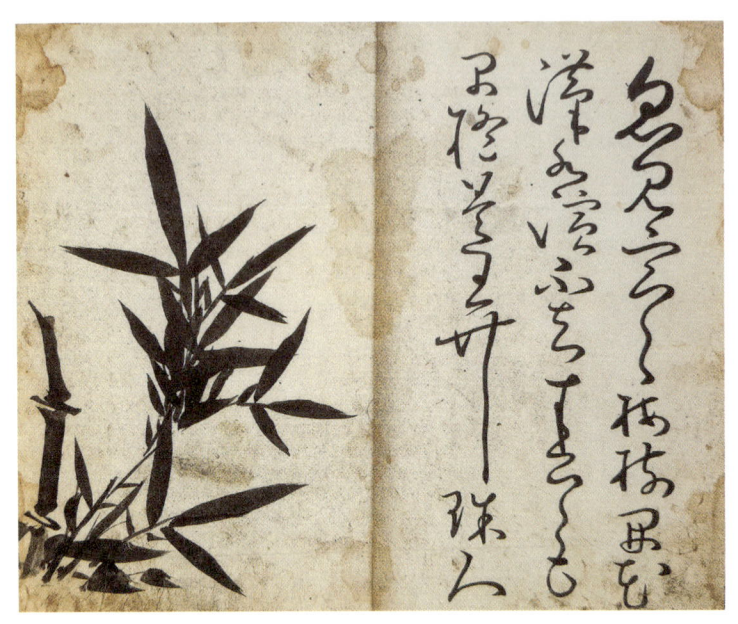

월탄 김창석의 글씨와 그림

……

옛날 우리 질재 형 昔我質齋

문장이 웅장하였으나 爲文章雄

꽃을 피우고도 열매 맺지 못해 秀而不實

우리 도가 궁색해졌네 吾道之窮

공은 그의 아우로 公惟其季

소식에게 소철이 있는 것 같네 若轍于軾

재주 뛰어나 삼절로서 才高三絶

영예가 성대하였네 其譽藹蔚

덕은 자애롭고 신실하며 德惟子諒

행실은 바르고 곧았네 行實方直

모나게 행동하지 않았고 不爲崖岸

영합하며 아첨하지 않았네 不爲脂韋

……

# 10

## 산처럼 꿈쩍하지 않는 지조
### -귀주 김세호-

▶ 김세호金世鎬(1652~1722)의 자는 경백京伯이고 호는 귀주龜洲이다. 야암 김임의 셋째아들인 김익기의 아들이다. 그는 어려서부터 총명하고 기억력이 뛰어났으나 성품이 조심스러워 자신을 굳이 드러내지 않았다. 글을 읽을 때도 반드시 깊고 외진 곳을 좋아하였기 때문에 남들은 그의 뛰어난 재주를 알지 못했다. 처음 『십구사략十九史略』을 배웠을 때, 한 번 보고 바로 외워 거듭 익히지 않아도 막힘이 없자, 어른들이 매우 놀라고 기특하게 여겼다. 그는 이처럼 매우 뛰어난 재주를 지니고 있는데다가 문장능력 또한 일찍부터 우뚝하였다.

귀주는 1681년에 사마시에 합격하고, 1690년에는 문과에 급제하였다. 종형 세흠世欽이 3년 먼저 급제하고 종형 창석昌錫과 동방으로 급제하여 함께 이름을 떨쳤으나, 그는 덤덤할 뿐 크게 영광으로 여기지 않았다. 벼슬길에 나가서는 홍문관에 선발되었고, 예문관 겸열을 거쳐 봉교랑에 올랐다. 이어 병조의 좌랑과 정랑, 전라도와 강원도의 도사都事를 역임하였다. 귀주는 무릇 내·외직을 맡으면서 모두 임금의 교서를 담당하는 지제교知製敎를 겸직하였다. 문장이 뛰어남을 조정에서 인정받은 것이다. 그는 청렴하고 검소하여 평생토록 집을 짓지 않았으며, 집안 식구의 생업에는 거의 마음을 쓰지 않았다.

귀주는 집이 가난하여 간혹 끼니를 잇지 못했다. 그는 그러한 상황을 편안히 여기고 스스로 즐거워하여, 그 마음이 흔들리지 않았다. 남루한 옷을 입고 부귀한 사람을 만나도 전혀 부끄러워하지 않았다. 집에서는 효도하고 우애롭고 화목하여 종족宗族이 흠잡는 말을 하지 않았다. 평소 고을에서 지낼 때는 진실하고 공경스럽되 말 수가 적어 사람들이 말을 잘 못한다고 생각하였으나, 의리義利를 분별하고 시비是非를 따질 때에는 주장이 확고하여 그 누구도 그 뜻을 빼앗을 수 없었다. 그래서 사람들이 "만 마리 소의 힘으로도 되돌릴 수 없는 지조〔萬牛難回之操〕"라고 평가하였다. 성균관에 있을 때는 성균관 사람들이 "산처럼 꿈쩍하지 않는다."고 말했다. 그는 정한 뜻은 절대 바꾸지 않는 고집을 지녔던 것이다.

그의 뜻을 바꾸지 않는 고집은 의리와 공사의 분별에 있어서 강직한 태도로 나타났다. 강원도사로 있을 때 오랜 벗이 삼척부사三陟府使가 되었는데 직무를 잘 수행하지 못한다는 소문이 있자 바로 파직시켰다. 선배 관료 이현기李玄紀(1647~1714)가 그 사실을 듣고 "김군의 이한 가지 일도 역시 남들보다 훨씬 뛰어난 것이다."라고 평하였다. 또 그가 관동關東에서 시험을 주관한 적이 있는데, 관동의 어떤 선비가 그의 중부仲父인 일류당에게 부탁하여 합격을 꾀하였다. 일류당이 차마 물리치지 못하여 그에게 편지를 보내 부탁하였는데, 합격자를 발표하고 보니 그 사람은 명단에 없었다. 뒷날 그가 돌아오자 숙부 일류당이 그 일을 나무랐다. 그는 "그 사람은 문장이 너무나 형편없어서 사사로운 정으로 공적인 일을 그르칠 수 없었습니다."라고 하였다.

그가 강원도사로 있던 1703년 당시, 강원도관찰사는 오래 전에 안동부사로 있으면서 칠탄의 소과 합격을 축하하는 시를 짓기도 했던 홍만조洪萬朝였다. 귀주는 강원도사로 있던 시기, 이미 안동에서부터 인연이 있었을 법한 관찰사 홍만조와 시를 주고받으며 나름 좋은 시간을 보냈던 듯하다. 『귀주집』에는 홍만조에게 증유한 시 3수, 홍만조의 시에 차운한 시 6수, 화답한 시 1수 등 모두 9수가 실려 있다. 귀주는 죽서루竹西樓, 경포대鏡浦臺, 낙산사洛山寺, 삼일포三日浦, 총석정叢石亭등 관동팔경과 정양사正陽寺, 유점사楡岾寺, 헐성루歇惺樓, 사선정四仙亭, 칠성봉七星峯 등 금강산의 명승지를 유람하며 그 기이한 장관들과 풍광에 관한 시를 여러 수 남겼다.

귀주는 성품이 책을 좋아하여 평소에도 손에서 책을 놓지 않았다. 성균관에 있을 때 남과 어울리는 것을 좋아하지 않고 혼자 날마다 성균관의 장서를 읽었다. 과거에 급제하여 벼슬에 종사한 뒤에는 더욱 스스로 힘써서 경전經傳을 모두 늘 외우고 있었다. 한림원에 있을 때, 임금이 밤에 경연을 열고 『주역』의 문장 뜻을 경연관들에게 물었는데, 그들이 모두 대답하지 못하였다. 어떤 이가 "오직 김세호만이 알고 있을 것입니다."라 아뢰니 임금이 사관을 그가 숙직宿直하는 곳으로 보내 묻게 하였다. 이때 이미 밤이 깊었다. 그는 막 잠자리에 들었다가 급하게 일어나 앉아 조목에 따라 대답하였는데, 조금도 막힘이 없었다. 당시의 관리와 여러 학사들이 모두 놀라 탄복하였다고 한다. 노년이 되어도 여전히 독서를 그만두지 않았고 밤이 되면 조용히 암송하였다. 사람들이 문 밖에서 가만히 들어보면 모두 『주역』, 『서경』, 『시경』과

**죽서루**

귀주 김세호는 강원도사로 있던 1703년 당시 죽서루 경포대 등 관동팔경과 정양사 유점사 등 금강산의 명승지를 유람하며 여러 수의 시를 남겼다.

사마천司馬遷의 『사기史記』, 한유韓愈의 비문碑文이었다.

그는 문장을 지을 때는 진부한 말을 없애는데 힘썼고, 옛 유명한 문장가들의 모범을 따랐다. 이현기는 사람들에게 "금석문金石文은 미수眉叟 허목許穆 이후로 오직 김모뿐이다."라고 하였고, 밀암密庵 이재 李栽는 그가 지은 문장을 보고 '비단처럼 아름다운 마음〔錦繡心腸〕'이라 극찬하였다. 시는 품격이 높고 웅건하였으나 평소에 즐겨 짓지는 않았다. 친구가 만시輓詩를 요구하면 대부분 사양하였다. 혹 지으면 그 문장은 매우 뛰어났다. 우담愚潭 정시한丁時翰(1625~1707)을 위해 만시를 지은 적은 있는데, 그 시가 널리 여러 사람에게 회자되었다고 한다.

귀주는 유가의 학문 이외에 백가百家에도 널리 통하여 점과 사주 등의 설도 궁리하여 환하지 않은 것이 없었으나 굳이 남들에게 말한 적이 없었다. 일찍이 후생들에게 "너희들이 품은 뜻이 어떠한가?"라 하니, 어떤 사람이 "과거에 급제하려고 할 뿐입니다."라고 하였다. 그가 웃으며 "어찌 그리 뜻이 낮은가. 품은 뜻이 높은 사람도 끝내는 오히려 세상의 습속에서 벗어나지 못하는데, 하물며 먼저 스스로 뜻을 낮춘 사람의 경우는 말할 것이 있겠는가."라고 나무랐다.

그는 과거에 급제하여 조정에 등용되었고, 뛰어난 재주로 앞길이 한창 형통할 듯 하였다. 그러나 서인과 남인으로 정국의 주도권이 여러 번 뒤바뀌는 과정에서 자신의 뜻을 제대로 펼 때를 만나지는 못하였다. 1694년 갑술환국 때 예문관 검열이 된지 불과 4개월 만에, 1689년 기사환국 이후 남인 집권 시에 우계 성혼과 율곡 이이를 문묘에서 출향黜享하자는 논의에 가담했다는 이유로 파직당하기도 하였다. 그래서 관직은 낮은 자리에 그쳤으며 자의반 타의반으로 은거하였다. 세상

사람들은 공론으로 그것을 매우 애석하게 여겼으나, 그는 담백하게 받아들이고 하늘을 원망하거나 사람을 탓하지 않고 오로지 자신의 지조를 지켰다.

전라도사가 되었을 때, 상신相臣 서종태徐宗泰가 그에게 "그대가 세상을 버리자 세상도 그대를 버렸구료."라고 하였다. 귀주는 웃으며 "상공께서는 어찌 이러 말씀을 하십니까. 저에겐 이 직책이 분수에 족합니다."라고 하였다. 서종태의 이 말은 그가 세상의 흐름과는 어울리지 않는 삶의 태도를 지녔고, 그 때문에 세상으로부터 소외되는 결과를 낳았다는 말로, 뜻을 펴지 못하는 안타까움과 세상과 어울려 뜻을 폈으면 하는 서운함이 담긴 표현이다.

그는 벼슬길에서 멀어진 뒤 수십 년 동안 은거하면서 종형 칠탄과 월탄 두 사람과 더불어 전원의 삶을 누리고 가난하고 조촐한 선비처럼 지냈으며 다시는 화려한 벼슬길에 나가려고 생각하지 않았다. 사람들은 이 때문에 그를 더욱 훌륭하게 생각하였다. 1722년에 병이 들어 숨이 넘어가려 할 때에 곁에서 모시는 사람에게 "내 머리를 바르게 하라."고 하고는 향년 71세로 세상을 떠났다. 부인 공인恭人 안동권씨 安東權氏는 졸와拙窩 권이시權以時의 딸이다. 이돈우李敦禹는 명에서 귀주를 다음과 같이 평가하였다.

  훌륭하신 선생께서는 賢允先生
  어릴 적부터 재능이 출중하여 蚤歲蜚英
  문헌있는 가문의 명성 이어서 文獻家聲
  밝은 세상에 이름 빛냈네 昭代完名

학문은 이미 완성되어서 學旣內成
임금의 물음에 대답이 분명하였네 進對之明
영화로운 벼슬에 얽매일까 두려워 榮瞿外嬰
물러나 은거하며 올곧았네 退藏之貞
문장은 금석문에 뛰어났고 金石文章
마음은 수놓은 비단 같았네 錦繡心腸
남긴 가르침 아직 고향마을에 있으니 餘敎在鄕
백세토록 꽃다운 이름 전해지리라 百世流芳
……

귀주는 행록이나 묘갈을 보면 문장에 매우 뛰어난 사람이라 평가되었으나 그것을 넉넉히 증명할 만큼 남긴 글은 많지 않다. 그나마 『장고세고』에 실린 적은 분량의 글도 제문이나 만사 묘갈 등이 주를 이루어서 그의 생각과 삶을 찾아내는 일은 쉽지 않다. 그러니 남겨진 단편 조각들을 모아 그의 생각을 어림짐작으로 그려보려 한다.

우연히 읊다.〔偶吟〕

맑은 선비 혼탁을 싫어하고 淸士厭渾濁
통달한 사람 진퇴를 안다네 達人知卷舒
그대 위수 가 강태공을 보았는가 君看渭川叟
팔십이 되어서도 낚시질 했네 八十猶釣魚

이 시는 자신의 생각을 우연히 드러낸 것이다. 그는 혼자 조용히 글을 읽기를 좋아하고 벗들과 어울려 노니는 삶이나 번잡한 벼슬살이에 맞지 않는, 어찌 보면 낯 가림도 좀 하고 주로 자기 자신의 내면세계에 충실히 침잠하는 사람이었을 것이다. 그러니 당연히 혼탁한 세상과는 어울리지 않았을 것이다. 그렇지만 그는 나아갈 때 나아가고 물러날 때 물러날 줄 아는 통달한 사람이 되고 싶었다. 그러나 시절이 수상하여 자의반 타의반으로 물러나고 말았다. 그가 강태공姜太公이 80이 되도록 은둔하며 품고 있는 뜻을 펼 때를 기다린 사실을 든 것은, 그의 마음에 때가 되면 나아가 자신의 뜻을 펴고자 하는 한 가닥 생각이 있었던 것은 아닐까 한다. 그러나 그는 평생토록 자신의 뜻을 이루지 못했다. 귀주는 그런 자신의 처지를 마음에 담아 다음과 같은 시를 지었다.

무제無題

난초처럼 깨끗한 자질　美質蘭無滓
옥처럼 흠 없는 흉금　清襟玉不玷
사귐은 거만하지 않고　與人交非傲
몸가짐은 덕이 겸손하네　行己德惟謙
경전에 밝아 명성 커지고　名以經明大
운수 막혀 지위 낮았네　位因數蹇纖
누가 알 까고 나온 학이런가　誰爲啄莩鶴

낚시에 걸려든 메기 가련하네  可惜上竿鮎

그는 자신이 학문과 문장에 뛰어났음에도 때를 만나지 못해 운수가 막혀 낚시에 걸린 메기와 같은 신세가 되었음을 한탄하고 있는 것이다. 그는 세상에 회자 되었다는 우담을 애도하는 만시를 통해 자신의 흉금을 털어놓기도 하였다.

……
달은 찬 강에 비치어 맑은 밤을 물들이고  月臨寒水晴宵色
거문고 높은 산에 울려 태고의 소리 퍼지네  琴到高山太古聲
천년토록 맑은 풍모가 우뚝하니 도가 있음이고  千載淸風宗有道
모든 꽃은 봄기운을 품었어도 이름이 없구나  萬花春意擁無名
……

이 시는 호방한 생각을 멋진 표현으로 아울렀다. 물론 갈암과도, 고산과도 절친했던 우담 정시한의 인품을 추모하는 만시이지만, 그 안에는 귀주 자신의 자부심 가득한 흉금이 들어 있다고 본다. 태고의 소리를 울릴 만큼 높은 인격과 도를 지녔어도 결국 세상에서 이름 없는 봄꽃 같은 존재로서 지낼 수밖에 없는 자신을 우담에 비기어 비유한 것이 아닐까 한다. 앞서 칠탄에 관한 글에서 칠탄이 어느 날 사촌인 월탄, 귀주 그리고 당시 안동부사이던 이현조, 난은 이동표, 청옹 이후영 등 당대의 유수한 관료 선비들과 옥연정사 앞 낙동강에 배를 띠우고 노닐고, 어느 날은 안동부사와  당시 귀양지에서 막 돌아온 김여건

金汝鍵(1660~1697)과 함께 이후영의 집인 임청각에서 밤새 술 마시고 시를 지으며 노닐었다는 사실을 적은 바 있다. 다음 시는 임청각에서 밤에 술 마시던 날 귀주와 월탄이 지은 시이다. 앞의 시는 귀주, 뒤의 시는 월탄의 시이다.

임청각에서 수창하며〔臨淸閣酬唱〕

강호의 천 년된 곳에서 湖海千年地
거문고와 술로 밤을 밝히네 琴樽一夜燈
티끌세상 밖을 되돌아보니 回看塵世外
풍랑이 몇 천 겹이로구나 風浪幾千層


임청각에서 안동 부사 및 김여건 천개와 밤에 술을 마시다.〔臨淸閣同府伯及金天開 汝鍵 夜飮〕

벗들과 한 잔의 술 마시며 故人一杯酒
임청각에 새벽까지 등 밝혔네 淸閣五更燈
강 가 하늘은 더욱 절경인데 江天更奇絶
달 높이 떠 산 그림자 겹치네 月高山影層

그는 나이 들어 칠탄, 월탄 등과 전원의 삶을 누리면서 비록 끼니를 잇지 못하는 가난한 삶이었으나 나름 만족을 느꼈던 듯하다. 풍랑이 겹겹인 풍진 가득한 세상을 벗어나, 가난하나마 거문고와 술과 시와 벗이 있는 강호의 삶을 누리는 일은 그에게 마음의 평안을 주었을 법도 하다. 밀암 이재는 제문에서 귀주를 추모하면서 나머지 두 학사도 아울러 추모하였다.

내가 비로소 약관을 넘긴 뒤　始余踰冠
공과 만나 종유 하였네　獲從公遊
글방과 산방에서　學舍山房
여러 차례 학문에 힘썼네　屢廁藏修
공은 이때 활보하며　公時闊步
천고를 내려다보았네　高視千古
노둔한 말이 열흘 달려도　駑驒十駕
어찌 그 뒤를 따라가겠는가　曷踵厥武
일찍 조정에 들어가　倏通金閨
마침내 심오한 경지를 실천하였고　遂踐秘奧
웅건한 문장을 베풀어　擬鋪鴻藻
부박한 풍조를 눌렀네　庶鎭浮噪
곧 이어 세상의 변고를 만나　旋遭世故
뜻을 얻지 못하고 불우했네　落拓不偶
늙어서도 은거하면서　老大隱約
그 지조는 확고하였네　有確其守
경전을 깊이 익혀서　大玩於辭

쌓인 학문 날로 풍부해졌고 其蓄日富

사마천의 고결한 문장이 뒤따랐으니 史潔是追

나란히 견줄 이 어찌 많겠는가 齊累寧數

세상이 여러 번 변하여 世道屢變

바람이 날로 드세졌네 風力日勁

남들은 공을 위해 탄식하였으나 人爲公嗟

공은 운명인 듯 편안히 여겼네 公安若命

때로 나라를 걱정하여 有時憂國

쏟은 눈물 한 되나 되었었네 儲淚一升

갑자기 세상을 떠나니 奄忽長終

선한 사람들이 가슴을 쳤다네 善類撫膺

오직 세 학사는 維三學士

아름다움 나란하여 並美齊徽

가문을 찬란히 빛냈으니 門闌焉奕

세상에 보기 드문 일이네 爲世所稀

어찌 차례대로 세상을 떠나 次第何歸

현인 잃어 슬프게 하나 殄瘁之悲

……

눈 깜짝할 사이에 睫未及回

그대가 돌아가고 文星晦彩

옛 벗들도 모두 죽으니 舊遊凋盡

남은 생 누구에게 의지할거나 餘生何託

귀주 김세호의 글씨

귀주가 세상을 떠난 다음해 1723년 4월, 상주에 사는 큰 학자 청대淸臺 권상일權相一(1679~1759)이 안동에 왔다. 그는 병산서원에서 밀암 이재와 만나서 강론하였는데, 그 즈음에 내앞 마을을 방문하였다. 방문 후 그는 「삼학사의 옛 거처에 이르러 느낌이 있어 읊다.(追三學士舊居感吟)」라는 시를 남겼다.

석양에 말 멈추니 애가 끊어지누나 住馬斜陽欲斷魂
내앞은 예로부터 이름난 마을 川前自是古名村
칠탄거사는 지금 어디에 있는가 七灘居士今何處
몽선각의 주인은 이미 지하에 있네 仙閣主人已九原
삼절의 재주는 정건의 신묘함에 비기고 三絶才稱鄭公妙
한 통의 소는 굴원의 원통함을 머금었네 一封疏抱楚臣寃
맑은 행실 곧은 절개 얻기 더욱 어려우니 清修孤節尤難得
내한의 영구는 처량하기만 하네 靈櫬凄凉内翰門

그는 칠탄, 월탄, 귀주 삼학사가 모두 돌아간 것을 애달픈 마음으로 추모하면서 시 속에 삼학사를 상징하는 표현을 담았다. 칠탄거사와 한통의 소는 칠탄, 몽선각 주인과 삼절의 재주는 월탄, 맑은 행실 곧은 절개와 내한은 예문관 검열을 지낸 귀주를 말한다.

삼학사가 떠난 뒤 내앞의 장고파는 한참 동안 적막해졌다.

## 11

# 집안의 안 기둥
### -강씨 부인-

▶ 야암의 둘째 부인 신천강씨信川康氏는 함양군수를 지낸 강이청康以淸의 손녀로, 부호군 강수윤康秀胤과 홍해배씨興海裵氏 배찬裵纘의 딸인 어머니 사이에서 1615년 2월 계곡리桂谷里, 지금의 안동시 예안면 계곡리 외가에서 태어났다. 타고난 성품이 단아하고 외모가 빼어났으며 어려서부터 집안에서 조신하게 부녀자의 행실을 닦았다. 그 조부 강군수가 "이 아이가 부녀자의 덕행을 갖추었으니 참으로 법도 있는 집안의 부인이 될 것이다."라고 칭찬하였다. 1635년 21세 되던 해 봄에 야암과 혼인하였다.

야암은 3년 전 돌아간 첫째부인 정씨와의 사이에 아들 넷을 두었다. 강씨 부인이 결혼할 때 맏아들 무위당은 11살, 둘째 일류당은 8살, 셋째 익기는 6살, 넷째 목암은 겨우 3살 이었다. 부인은 시어머니 안씨를 정성을 다하여 모시고 뜻을 받들어 공경하며 효도를 다하였다. 한편으로는 전실 소생 네 아들과 거듭 거듭 태어난 두 아들과 두 딸을 키우고, 한편으로는 결혼하던 해 사마시에 합격한 뒤 여러 해 동안 서울의 성균관을 오가며 과거를 준비하던 남편 야암을 뒷바라지 하며, 더할 나위 없이 힘들고 고단한 나날을 보냈다. 그 동안 1648년에는 생가 시어머니 권씨 상을 치러야 했고, 1649년에는 역병에 걸려 생사를 헤매기도 하였다. 그러다가 1651년 37세 때 시어머니 안씨安氏 상을 당하였다. 당시 남편 야암은 성균관에서 과거를 준비하고 있었는데, 집으로 돌아오기도 전에 갑자기 홀로 큰일을 당하였으나, 그 장례가 차질 없이 치러지도록 잘 주선하였다. 물론 주변에서 활옹 김암등 집안사람들이 여러모로 장례를 도왔겠지만, 아직은 큰일을 치러내기에는 어린 아들들을 데리고 장례가 무난하게 치러지도록 주선한다는 것은 결코 쉬운 일은 아니었을 것이다. 부인은 양시어머니 안씨安氏와 본생 시어머니 권씨權氏를 두 분이 돌아가실 때까지 곁에서 잘 봉양하였고, 돌아가신 뒤에는 남다른 정성으로 제사를 모셨다. 그 뿐 아니라 전실 소생 네 아들을 비롯하여 자신의 소생 아들 둘 딸 둘 8남매를 건사하고 혼인을 시켜 성가하도록 하였다. 이러한 일들이 절대로 수월하지 않았을 것임은 누가 생각해보아도 분명하다.

강씨 부인은 1667년 남편 야암이 세상을 떠나자 너무 심하게 슬퍼하여 매우 쇠약해졌으나 상기를 마칠 때까지 예에 따라 모든 절차를 시행하였고, 삭망은 물론 아침저녁 상식도 몸소 정성을 다해 깨끗이 마련하였다. 남편 야암이 돌아간 뒤로 가세가 더욱 기울었으나, 부인은 있는 힘을 다해 어려운 살림을 꾸려서 집안이 궁핍하지 않게 하였다. 그 뒤로도 제사를 모시는 일과 손님을 접대하는 일에 조금의 소홀함이 없도록 하여, 대를 이어온 유가의 전통을 지켜갔다.

부인은 1671년 57세 때 아들들에게, "이제 나도 나이가 많이 들어 집안의 여러 일들을 맡아서 할 수가 없다. 그러니 전답과 노비를 각자 나누어 나의 일을 대신했으면 한다."고 하였다. 맏아들 무위당을 비롯한 아들들이 어머니의 말씀을 받들어 재산을 나누기로 하였는데, 집안의 전통에 따라 문서를 작성하지 않고 강씨 부인이 생각하는 바에 따라 재산을 나누었다. 이는 강씨 부인의 평소 집안에서의 위상이 확고하였으며, 또한 그 자손들이 부인에게 극진하게 효도하였다는 사실을 알려준다.

1673년부터 20여년간 집안에 경사가 이어졌다. 칠탄 김세흠, 월탄 김창석, 귀주 김세호 등 세 명의 손자가 연이어 소·대과에 합격한 것이다. 1693년 79세 되던 해 겨울에 맏아들 무위당이 찰방에 보직되어 나가고 세 손자가 모두 이름난 관리로 외지에 나가 있으면서 여러 맛있는 음식과 녹봉에서 남은 것으로 봉양을 이어가니, 부인은 홀로 영화로운 봉양을 누리는 것을 안타까워하여 받지 않으려 하였다고 한다. 갑술환국이 일어난 1694년은 부인이 80세 되던 해였다. 그 해 시대 상황이 급변하여 손자들이 파직되어 돌아왔다. 강씨 부인은 이러한 힘든 상황을 그대로 받아들이고, 오직 집에서 밥 먹고 지낼 수 있는 것만으로도 다행으로 여겼다. 그 후 아들 셋이 시종신의 아비로서 통정대부 당상관의 지위에 올랐다. 도성 안팎의 사대부들이 그 집안의 큰 경사와 성대한 영예를 매우 부러워하고 찬탄하며 축하하였다. 부인은 "나는 너의 부친이 살아 계실 때에 이런 경사가 생기지 않아 나 혼자 이 즐거움을 누리는 것이 슬프다. 그리고 주변에서 축하하는 말이 아름답기는 하지만 나는 기쁘지 않고 도리어 두렵구나."라고 말하였다. 이는 가득 차면 덜어지게 되고 겸손하면 보태지게 된다는 가르침의 말씀이었다. 1699년 전염병이 만연하였다. 아들들이 당시 85세 된 어머니를 송오(松塢) 시골집에 모셨는데 쾌유하지 못하고 1월 30일 병으로 세상을 떠났다.

　　부인은 타고난 성품이 올바르면서도 따뜻하였고, 행동은 자상하고 신중하였다. 기쁨과 노여움을 표정에 드러내지 않았으며 꾸짖는 말을 입 밖에 내지 않았다. 남의 착한 일을 들으면 반드시 칭찬하고 남의 잘못된 일을 보면 반드시 덮어주었다. 어른들이 살아계실 때는 효도로 섬겼고 제사는 정성으로 받들었다. 일가친척에게 화목하고 이웃에 어질게 대하였다. 자제를 가르칠 때는 자애롭고 의로웠다. 집과 생업을 다스릴 때면 모든 일이 조리가 있고 법도가 있었다. 이런 부인의 고운 성품과 바른 행실은 자손들에게 깊은 영향을 끼쳤다. 아들들을 비롯한 모든 자손들은 부인을 존경하였고, 효성의 마음으로 정성을 다하여 받들었다. 특히 혼인 당시 3살이었던 전실 정씨 부인 소생인 목암은 사월(沙月)의 강씨 부인 무덤 아래에서 3년의 시묘를 하였고, 시묘살이를 마친 뒤에는 어머니가 묻힌 산 아래에 집을 지어 '목암(牧庵)'이라 이름하고 그곳에서 생을 마쳤다. 강씨 부인 소생인 일한옹은 평생을 어머니 곁을 맴돌며 어머니를 모셨다. 그는 어머니가 돌아가신 뒤에는 어머니의 세계와 평생의 삶을 언행록을 지어 기록하였고, 그 언행록을 지니고 갈암 이현일을 찾아가 어머니의 묘표를 받기도 하였다. 갈암은 강씨 부인의 묘표에서 '어질다'는 점을 거듭 강조하며 부인을 칭송하였다.

　　…… 자기가 낳은 자식만 편애하지 않고 전처의 자식까지 똑같이 사랑하고 공평하게 길렀으며, 여러 집안일들을 주선하여 집안의

**강씨 묘표**

비문은 갈암 이현일이 지었다.

복을 두터이 하였고, 또 자식들이 국록國祿을 받아 봉양하는 것을 영광으로 여기지 않고 항상 조심하고 두려워하는 경계의 마음을 지녔다. 이는 실로 당세의 사대부라도 매우 어렵게 여기는 것인데 부인은 자연스럽게 행하였으니 아, 어질도다. 이것이 장수하여 종족과 향리 사람들이 칭송하는 까닭일 것이다. 아, 어질도다.

인명설명

강이청(康以淸, ?~?) : 자는 중정(仲瀞), 본관은 신천(信川)이다. 1594년 무과에 급제하였다. 야암 김임의 두 번째 부인 강씨의 조부이다.

권두경(權斗經, 1654~1725) : 자는 천장(天章), 호는 창설재(蒼雪齋), 본관은 안동(安東)이다. 1710년 문과에 급제하였다. 사간원 정언, 홍문관 부수찬 등을 역임하였다. 갈암 이현일의 문인이다. 저서로『창설재집』등이 있다.

권두위(權斗緯, 1656~1732) : 자는 중장(仲章), 호는 송사(松沙), 본관은 안동(安東)이다. 권두경의 동생이다.

권두기(權斗紀, 1659~1722) : 자는 숙장(叔章), 호는 청사(晴沙), 본관은 안동(安東)이다. 권두경(權斗經)의 동생이다. 1696년 문과에 급제하였다. 예조 좌랑, 사헌부 지평, 사간원 정언 등을 역임하였다. 저서로『청사집』이 있다.

권두인(權斗寅, 1643~1719) : 자는 춘경(春卿), 호는 하당(荷塘), 본관은 안동(安東)이다. 1677년 진사에 합격하였다. 영춘 현감, 공조 정랑 등을 지냈다. 저서로『하당집』이 있다.

권선(權瑄, 1617~1671) : 자는 재지(在之), 호는 묵재(默齋), 본관은 안동(安東)이다.

권성구(權聖矩, 1642~1708) : 자는 서여(恕余), 호는 구소(鳩巢), 본관은 안동(安東)이다. 1678년 문과에 급제하였다. 승문원정자, 전적, 병조정랑을 지냈다. 백졸암 유직(柳稷)의 문인이다. 저서로『구소선생문집』이 있다.

권연하(權璉夏, 1813~1896) : 자는 가기(可器), 호는 이재(頤齋), 본관은 안동(安東)이다. 1849년 사숙(私塾)을 설치하여 한문과 신학문을 후진에게 가르쳤다. 경학으로 천거되어 선공감 가감역, 돈령부 도정을 역임하였다. 정재 류치명의 문인이다. 문집으로『이재집』이 있다.

권위(權暐,1552~1630) : 자는 숙회(叔晦), 호는 옥봉(玉峰), 본관은 안동(安東)이다. 1601년 문과에 급제하였다. 해미현감, 형조좌랑, 예조좌랑을 지냈다. 예조정랑에 임명되었으나 나가지 않았다. 야암 김임의 외조부이다.

권이진(權以鎭, 1668~1734) : 자는 자정(子定), 호는 유회당(有懷堂), 본관은 안동(安東)이다. 1694년 문과에 급제하였다. 정언, 부수찬을 거쳐 동래 부사, 호조 판서, 평안도 관찰사 등을 역임하였다. 저서로『유회당집』이 있다.

권필(權韠,1569~1612) : 자는 여장(汝章), 호는 석주(石洲), 본관은 안동(安東)이다. 뛰어난 시인으로 성격이 자유분방하였다. 동몽교관으로 추천되었으나 나아가지 않고 평생 야인으로 지냈다. 뒤에 사헌부 지평에 추증되었다. 저서로『석주집』이 전한다.

권해(權瑎,1639~1704) : 자는 개옥(皆玉), 호는 남곡(南谷), 본관은 안동(安東)이다. 1665년 문과에 급제하여, 예조·병조좌랑, 정언, 대사성, 대사헌 경기도관찰사 평안도관찰사 호조참의를 지냈다. 문장과 글씨에 뛰어났다. 저서로『남곡집』이 있다.

권환(權寏, 1580~1651) : 자는 택보(宅甫), 호는 이우당(二愚堂), 본관은 안동(安東)이다. 1639년 문과에 급제하고 성균관 전적에 제수되었다. 예부 좌랑, 유곡도 찰방, 강원 도사를 역임하였다. 저서로『이우당집』이 있다.

구사당→김낙행

김계광(金啓光, 1621~1675) : 자는 경겸(景謙), 호는 구재(鳩齋), 본관은 안동(安東)이다. 1660년 문과에 급제하고, 성균관 박사·직강 등을 역임하였다. 1669년 풍기군수에 제수되었다. 저서로『구재집』이 있다.

김광계(金光繼, 1580~1646) : 자는 이지(以志), 호는 매원(梅園), 본관은 광산(光山)이다. 학행으로 여러 번 천거되었으나 나아가지 않았으며, 정묘호란과 병자호란 때 의병장으로 활약하였다. 저서로『매원유고』와『매원일기』가 전한다.

김광수(金光燧, 1604~1677) : 자는 맹견(孟堅), 본관은 광산(光山)사이다. 양정당(養正堂) 김부신(金富信)의 손자로, 무위당 김태기의 장인이다.

김낙행(金樂行, 1708~1766) : 자는 간부(艮夫), 호는 구사당(九思堂), 본관은 의성(義城)이다.. 제산 김성탁의 아들로 밀암 이재의 문인이다. 문장과 학행이 뛰어나 사림의 존중을 받았다. 저서로「구사당집」이 있다.

김대진(金岱鎭, 1800~1871) : 자는 태수(泰叟), 호는 정와(訂窩), 본관은 의성(義城)이다. 1840년 생원에 합격하였으나 출사를 단념하고 후진 양성에 전력하였다. 학행으로 천거되어 목릉 참봉을 제수 받았다. 저서로『정와집』이 있다.

김도(金燾, 1602~1686) : 자는 자인(子仁), 호는 갈계(葛溪), 본관은 의성(義城)이다. 갈라곡(葛蘿谷)에 정자를 짓고 학문에 정진하였으며, 수직으로 부호군을 제수 받았다.

김도행(金道行, 1728~1812) : 자는 중립(中立), 호는 우고(雨皐), 본관은 의성(義城)이다. 1765년 사마시(司馬試)에 합격하여 진사가 된 뒤 과거에 응시하지 않고 학문에 열중하였다. 저서로『우고집』이 있다.

김만채(金萬埰, 1644~1715) : 자는 자봉(子封), 본관은 광산(光山)이다. 1680년 문과에 급제하였다. 지평, 부수찬, 수찬을 지냈다. 경상도관찰사, 병조참의, 승지, 대사간을 거쳐 강원도관찰사, 경기도관찰사를 지냈다.

김방걸(金邦杰, 1623~1695) : 자는 사흥(士興), 호는 지촌(芝村)·무언자(無言者), 본관은 의성(義城)이다. 1660년 문과에 급제하여 예조 정랑, 대사간, 대사성 등을 역임하였다. 표은 김시온의 넷째 아들이다. 저서로『지촌집』이 있다.

김방렬(金邦烈, 1616~1692) : 자는 사현(士顯), 본관은 의성(義城)이다. 1652년 생원시에 합격하였다. 표은 김시온의 맏아들이다. 김방걸의 백형이다.

김방형(金邦衡, 1618~1699) : 자는 사평(士平), 호는 순포(蓴浦), 본관은 의성(義城)이다. 김방걸의 중형이다.

김봉조(金奉祖, 1572~1630) : 자는 효백(孝伯), 호는 학호(鶴湖), 본관은 풍산(豊山)이다. 1613년 문과에 급제하여 사도시직장 임명되었으며, 성균관전적, 예조정랑, 사헌부지평, 제용감정을 역임하였다. 문학에 조예가 깊어 동생 김영조(金榮祖)와 함께 영남에서 문명을 떨쳤다. 저서로는『학호집』이 있다. 표은 김시온의 장인이다.

김수일(金守一, 1528~1583) : 자는 경순(景純), 호는 귀봉(龜峰), 본관은 의성(義城)이다. 청계 김진의 둘째 아들이다. 1555년 생원시에 합격하였다. 퇴계 이황에게 가르침을 받았다. 유일(遺逸)로 천거되어 자여도찰방(自如道察訪)에 임명되었다. 사직 후 백운정을 지어 은거하였다. 운천 김용의 부친이다.

김숭조(金崇祖, 1598~1632) : 자는 효달(孝達), 호는 설송(雪松), 본관은 풍산(豊山)이다. 1629년 문과에 급제했다. 1632년 승정원주서 겸 춘추관기주관에 임명되었다. 천연두에 걸려 35세의 젊은 나이에 세상을 떠났다. 김봉조(金奉祖)의 막내 동생이다.

김선기(金善基, 1623~1692) : 1662년 생원시에 합격하였다. 본관은 의성(義城)이다. 갈계 김도의 아들이다.

김성탁(金聖鐸, 1684~1747) : 자는 진백(振伯). 호는 제산(霽山), 본관은 의성(義城)이다. 1735년 문과에 급제하여 사헌부지평이 되었고, 이어서 사간원 정언, 홍문관 수찬 등을 역임하였다. 1737년 스승 이현일(李玄逸)의 신원소(伸冤疏)를 올렸다가 정의(旌義)에 유배되었다. 그 뒤 광양으로 이배되어 배소에서 죽었다. 저서로『제산집』이 있다.

김시구(金是榘, 1594~1673) : 자는 계방(季方), 호는 학사(鶴沙). 본관은 의성(義城)이다. 만년에 학사에 집을 짓고 거처하면서 세속을 멀리하고 자연을 벗 삼아 소요하며 처사로서 지냈다.

김시온(金是榲, 1598~1669) : 자는 이승(以承), 호는 표은(瓢隱), 본관은 의성(義城)이다. 절의의 선비로서 숭정처사로 불렸다. 1735년 사헌부 집의에 증직되었다. 저서로『표은집』이 있다.

김시정(金是楨, 1579~1612) : 자는 이간(以幹), 호는 경재(敬齋), 본관은 의성(義城)이다. 1609년 진사시에 합격하였다. 저서로『경재집』이 있다. 경와 김휴의 부친이다.

김시주(金是柱, 1575~1617) : 호는 개호(開湖). 본관은 의성(義城)이다. 1613년에 문과에 급제하여 승정원주서, 병조 좌랑을 지냈다. 저서로 『개호집』이 있다. 야암 김임의 생부이다.

김식(金湜, 1482~1520) : 자는 노천(老泉), 호는 사서(沙西)·동천(東泉) 또는 정우당(淨友堂), 본관은 청풍(淸風)이다. 1519년 4월 조광조·김정(金淨) 등 사림파의 건의로 실시된 현량과에서 장원으로 급제하였다. 대사성을 제수받았으나 곧 이어 일어난 기묘사화로 유배되었다가 자결하였다.

김암(金黯, 1600~1654) : 자는 직유(直儒), 호는 활옹(豁翁), 본관은 의성(義城)이다. 벼슬을 멀리하고 처사로 지냈다. 금옹 김학배의 부친이다.

김양진(金養鎭, 1829~1901) : 호는 우헌愚軒, 본관은 의성(義城)이다. 안동좌수를 지냈다. 저서로『우헌집』이 있다.

김여건(金汝鍵, 1660~1697) : 자는 천개(天開), 본관은 의성(義城)이다. 1687년 문과에 급제하여 정언, 지평을 역임하였다. 1693년에는 도당록에 오르고 수찬이 되었다. 1694년 갑술환국때 명천(明川)으로 귀양갔다. 저서로는『북천록』이 전한다.

김여만(金如萬, 1625~1711) : 자는 회일(會一), 호는 기산(箕山)·추담(秋潭), 본관은 순천(順天)이다. 고산 이유장과 도의로 강마하였다. 평생토록 벼슬길에 나가지 않았다. 후에 용양위부호군에 제수되었다. 저서로『기산집』이 있다.

김용(金涌, 1557~1620) : 자는 도원(道源), 호는 운천(雲川)이다. 본관은 의성(義城)이다. 1590년 문과에 급제하였고, 승문원 권지정자, 성균관 전적, 이조 정랑 등을 지냈다. 저서로는『운천집』,『운천호종일기』가 있다. 김임의 조부이다.

김응조(金應祖, 1587~1667) : 자는 효징(孝徵), 호는 학사(鶴沙) 또는 아헌(啞軒), 본관은 풍산(豊山)이다. 1623년 문과에 급제하였다. 대사간, 예조 참의, 공조 참의 등을 지냈다. 저서로『학사집』등이 있다.

김인후(金麟厚, 1510~1560) : 자는 후지(厚之), 호는 하서(河西)·담재(湛齋), 본관은 울산(蔚山)이다. 1540년에 문과에 급제하였다. 설서, 부수찬을 거쳐 옥과 현령을 지냈으나, 을사사화 때 낙향하여 성리학 연구에 전념하였다. 저서로『하서집』이 있다.

김이실→김확

김이성(金爾聲, 1609~1677) : 호는 사휴당(四休堂), 본관은 의성(義城)이다. 과거에 여러 차례 실패하고 향리에서 학문에 열중하였다. 저서로『사휴당집』이 있다.

김지지金以志→ 김광계

김종명(金宗溟, 1625~?) : 자는 호원(浩源), 호는 월헌(月軒), 본관은 예안(禮安)이다. 풍채가 빼어나고 문장도 뛰어났다. 성품이 단아하고 신중하였으며 효성이 지극하였다.

김태중(金台重, 1649~1711) : 자는 천삼(天三), 호는 적암(適庵), 본관은 의성(義城)이다. 1678년 향시에 입격했으나 벼슬을 단념하고 학문에 전념하였다. 만년에 도연에 정사를 짓고 후진을 양성하였다. 저서로『적암집』이 있다.

김학기(金學基, 1621~1666) : 자는 경시(敬始) 호는 한계당(寒溪堂) 본관은 의성(義城)이다. 김휴의 아들이다. 1660년 진사시에 합격하였다. 저서로『한계당집』이 있다.

김학배(金學培, 1628~1673) : 자는 천휴(天休), 호는 금옹(錦翁), 본관은 의성(義城)이다. 김시온(金是榲)의 문인으로, 1663년 문과에 급제하고, 예조 좌랑을 지냈다. 저서로『금옹집』이 있다.

김확(金確, 1583~1665) : 자는 이실(而實), 호는 정지재(定止齋), 본관은 광산(光山)이다. 1603년 사마시에 합격하였다. 병자호란 때에 김광계(金光繼)와 함께 의병을 일으켜 부장으로 활약하였다.

김효징(金孝徵)→김응조

김후(金煦, 1613~1695) : 자는 춘경(春卿), 호는 도암(陶庵), 본관은 의성(義城)이다. 약관에 생원시에 합격하였으나 1636년 병자호란 이후에 청성산 낙동강 변 율리(栗里)에 은거하였다. 문집으로『도암집』이 있다. 김임의 막내아우이다.

김훈(金薰, 1608~1667) : 자는 덕이(德而), 호는 소운암(小雲庵), 본관은 의성(義城)이다. 문장이 뛰어났으며, 병자호란 후 은거하였다. 저서로『소운암집』이 있다. 김임의 바로 아래 아우이다.

김휴(金烋, 1597~1638) : 자는 겸가(謙可), 호는 경와(敬窩), 본관은 의성(義城)이다. 노경임(盧景任)·장현광(張顯光)의 문인이다. 1627년에 진사시에 합격하였다. 저서로『해동문헌록(海東文獻錄)』,『경와집』 등이 있다.

김흥락(金興洛, 1827~1899) : 자는 계맹(繼孟), 호는 서산(西山), 본관은 의성(義城)이다. 을미사변이 일어나자 곽종석(郭鍾錫), 김도화(金道和) 등과 함께 의거하여 을미의병을 주도하였다. 1995년 건국포장을 추서 받았다. 저서로는『서산집』이 있다.

남구(南俅, 1619~?) : 자는 덕심(德心), 본관은 영양(英陽)이다. 1651년 생원시에 합격하였다.

남노성(南老星, 1603~1667) : 자는 명서(明瑞), 호는 운곡(雲谷), 본관은 의령(宜寧)이다. 1631년 문과에 급제하였다. 이조 정랑, 집의, 응교 등을 역임하였다. 그 후 대사간, 승지 등을 거쳐 이조 참의, 병조 참판, 호조 참판을 지냈다.

남몽뢰(南夢賚, 1620~1681) : 자는 중준(仲遵), 호는 이계(伊溪), 본관은 영양(英陽)이다. 1651년 문과에 급제하여 세자시강원설서에 기용되고, 뒤에 예조정랑(禮曺正郞)이 되었다. 1666년 진주목사(晉州牧使)가 되었으나 곧 파직되었다. 그 뒤 이계정사(伊溪精舍)를 지어서 후진을 교육하였다. 저서로는『이계집』이 있다.

남천택(南天澤, 1619~1684) : 자는 소우(蘇宇), 호는 태암(苔巖), 본관은 영양(英陽)

이다. 1648년 문과에 급제하였다. 사헌부지평, 예조정랑, 호조참의, 충청도사, 경주부윤을 거쳐 승지를 지냈다. 남천한의 동생이다. 저서로『태암집』이 있다.

남천한(南天漢, 1607~1686) : 자는 장우(章宇), 호는 고암(孤巖), 본관은 영양(英陽)이다. 1646년 문과에 급제하였다. 지평, 대사간, 승지를 거쳐 호조참의가 되었으나 1680년 경신대출척으로 파직되었다.

덕이德而→김훈

류성(柳城, 1533~1560) : 청계 김진의 첫째 사위이다.

류세익(柳世翊,1618~1681) : 자는 시용(時用), 호는 회와(悔窩), 본관은 풍산(豊山)이다. 1652년 진사에 합격하여 참봉을 지냈다

류의남(柳義男, 1583~1655) : 자는 의언(宜彦), 호는 지곡(芝谷), 본관은 풍산(豊山)이다. 1615년 진사시에 합격하였다. 효행으로 남별전 참봉(南別殿參奉) 제수 되었으나 부임하지 않았다.

류의언→류의남

류인배(柳仁培, 1589~1668) : 자는 덕재(德栽), 호는 원계(猿溪), 본관은 전주(全州)이다. 장흥효(張興孝)와 김용(金涌)의 문인이다. 승지에 추증되었으며, 저서로『원계유고』가 있다.

류정휘(柳挺輝, 1625~1695) : 자는 중겸(仲謙), 호는 공공재(空空齋), 본관은 전주(全州)이다. 1652년 문과에 급제하여 예조 정랑, 사간원 정언, 여주 목사 등을 지냈다.

류직(柳㮨, 1602~1662) : 자는 정견(廷堅), 호는 백졸암(百拙庵), 본관은 전주(全州)이다. 1630년 진사시에 합격하였다. 1635년 황해도 유생들이 성혼(成渾)과 이이(李珥)를 문묘에 배향하려는 논의를 일으키자 영남의 만인소 영수로 추대되어 그 부당함을 주장하였다. 저서로『백졸암집』이 있다.

류치명(柳致明, 1777~1861) : 자는 성백(誠伯), 호는 정재(定齋), 본관은 전주(全州)이다. 1805년 문과에 급제하여 전적, 대사헌, 병조참판 등을 역임하였다. 저서로『정재집』,『가례집해(家禮集解)』등이 있다.

류학(柳𣗳, 1607~1688) : 호는 야계(冶溪), 본관은 전주(全州)이다.

민세정(閔世貞, 1471~?) : 자는 정숙(正叔), 본관은 여흥(驪興)이다. 1519년 현량과(賢良科)에 합격하여 도사(都事)가 되었다.

박희민(朴希閔, 1655~?) : 자는 성칭聖稱, 본관은 함양(咸陽)이다. 1687년 문과에 급제하여 정언을 지냈다.

배윤전(裵潤全, 1604~1660) : 자는 덕언(德彦), 호는 도장(道藏), 본관은 흥해(興海)이다. 금역당 배용길(裵龍吉)의 셋째 아들이다.

배익겸(裵益謙, 1587~1654) : 자는 형도(道亨), 호는 부훤당(負暄堂), 본관은 흥해

(興海)이다. 경당 장흥효(張興孝) 문인이다. 문예가 빼어나고 효행이 특출하였다

배용길(裵龍吉, 1556~1609) : 자는 명서(明瑞), 호는 금역당(琴易堂), 본관은 흥해(興海)이다. 1592년 임진왜란 때, 김해(金垓)와 함께 안동에서 의병을 일으켜 활약하였다. 1602년 문과에 급제하였다. 문집으로『금역당집』이 있다.

성대하(成大夏, 1647~1724) : 자는 하경(夏卿). 호는 단애(丹崖), 본관은 창녕(昌寧)이다. 1693년에 생원시에 합격하였다.

신경윤(愼景尹, 1624~1704) : 자는 중임(仲任), 본관은 거창(居昌)이다. 1666년 문과에 급제하여 사과 등의 여러 관직을 지낸 뒤 외직으로 김해부사, 안동부사 제주목사를 역임하고 동지중추부사 자리에 올랐다.

우원(芋園)→ 이유장

윤휴(尹鑴, 1617~1680) : 자는 희중(希仲), 호는 백호(白湖) 또는 하헌(夏軒), 본관은 남원(南原)이다. 대사헌, 우찬성 등을 지냈다. 일생을 대부분 포의로 보냈으며 학문적인 업적이 많다. 문집으로『백호전서』가 있다.

이관징(李觀徵, 1618~1695) : 자는 국빈(國賓), 호는 근옹(芹翁) 또는 근곡(芹谷), 본관은 연안(延安)이다. 1653년 문과에 급제하였다. 대사성, 대사헌, 이조 판서를 지내고 행 판중추부사로 치사하고, 봉조하(奉朝賀)가 되었다.

이긍(李亘, 1618~1687) : 자는 만길(萬吉), 호는 난롱(懶聾), 본관은 진성(眞城)이다. 1652년 생원시에 합격하였다. 경옥 이보의 형이다.

이돈우(李敦禹, 1807~1884) : 자는 시능(始能), 호는 긍암(肯庵), 본관은 한산(韓山)이다. 대산(大山) 이상정(李象靖)의 현손이다. 1850년 문과에 급제하였다. 승문원 정자, 형조 참의, 이조 참판 등을 역임하였다. 저서로『긍암집』이 있다.

이동표(李東標, 1644~1700) : 자는 군칙(君則), 호는 난은(懶隱), 본관은 진성(眞城)이다. 1683년 문과에 급제하고, 1687년 창락도 찰방, 성균관 전적, 홍문관 부수찬을 역임하였다. 기사환국 이후에 여러 관직에 제수되었으나 나아가지 않았다. 이조 판서에 증직되었다. 저서로『난은집』이 있다.

이만도(李晩燾, 1842~1910) : 자는 관필(觀必), 호는 향산(響山). 본관은 진성(眞城)이다. 1866년 문과에 장원급제하였다. 최익현을 변호하다 파직되었으며, 후에 복직하여 집의(執義)가 되고 1882년 공조 참의에 올랐다. 1910년 국권이 강탈되자 24일간 단식하다가 순국하였다. 저서로『향산집』이 있다.

이문발(李文潑, 1622~?) : 자는 대원(大源), 본관은 전의(全義)이다. 1651년 진사시에 합격하였다.

이보(李簠, 1629~1710) : 자는 신고(信古), 호는 경옥(景玉), 본관은 진성(眞城)이다. 사옹원 참봉을 지냈다. 저서로『경옥집』이 전한다.

이성전(李成全, 1669년~1737) : 자는 회징(會徵), 호는 신당(新塘), 본관은 전의(全

義)이다. 고산 이유장의 문하에서 수학하였는데 마침내 그의 고제(高弟)가 되었다. 천거되었지만 관직에 나아가지 않았다. 『풍산지(豊山誌)』를 저술하였고, 유집으로『신당집』이 남아 있다.

이시선(李時善, 1625~1715) : 자는 자수(子修), 호는 송월재(松月齋), 본관은 전주(全州)이다. 당송고문(唐宋古文)을 멀리하고 진한고문(秦漢古文)을 숭상하였다. 저서로『송월재집』등이 있다.

이영기(李榮基, 1583~1661) : 자는 광선(光先) 호는 추만(秋巒), 본관은 전주(全州)이다. 문장에 뛰어났다. 전주이씨 봉화 풍정리 입향조이다. 송월재 이시선의 아버지이고, 소운암 김훈의 장인이다.

이유장(李惟樟, 1625~1701) : 자는 하경(夏卿), 호는 고산(孤山), 본관은 예안(禮安)이다. 1660년 사마시에 합격하였다. 학행으로 천거되어 공조 좌랑, 안음 현감 등을 제수 받았으나 부임하지 않았다. 익위사 익찬을 제수 받았으나 부임한 지 7일만에 사직하고 귀향하였다. 저서로『고산집』, 『이선생예설(二先生禮說)』등이 있다.

이유강(李惟橿, 1621~?) 자는 수경(壽卿), 본관은 예안(禮安)이다. 1652년 생원시에 합격하였다. 고산 이유장의 중형이고, 일한옹 김유기의 장인이다.

이이송(李爾松, 1598~1665) : 자는 수옹(壽翁), 호는 개곡(開谷), 본관은 진성(眞城)이다. 1635년 문과에 급제하여 성균관 직강, 공조·예조 좌랑, 함평 현감, 풍기 군수 등을 역임하였다. 저서로『개곡집』이 있다.

이이순(李頤淳, 1754~1832) 자는 치양(穉養), 호는 후계(後溪), 본관은 진성(眞城)이다. 이황(李滉)의 9세손이다. 저서로『후계집』이 있다.

이잠(李潛, 1660~1706) : 자는 중연(仲淵), 호는 섬계(剡溪) 또는 서산(西山), 본관은 여주(驪州)이다. 1706년 세자 책봉에 대한 상소를 올렸다가 당시 국정을 장악하고 있던 서인의 거센 반발과 숙종의 진노를 일으켜 47세의 나이로 죽임을 당하였다.

이재(李栽, 1657~1730) : 자는 유재(幼材), 호는 밀암(密菴), 본관은 재령(載寧)이다. 벼슬은 주부에 이르렀으나 사직하고 학문에만 몰두하여 성리학의 대가가 되었다. 후진양성에 힘써 많은 문인을 배출하였다. 저서로『밀암집』이 있다.

이주천(李柱天, 1662~1711) : 자는 이능(爾能), 호는 낙저(洛渚), 본관은 벽진(碧珍)이다. 1691년 문과에 급제하여 한림, 정랑을 역임하였다.

이진휴(李震休, 1657~1710) : 자는 백기(伯起), 호는 성재(省齋)·성암(省菴), 본관은 여흥(驪興)이다. 1682년 문과에 급제하였으며, 1686년에는 중시문과에 급제하였다. 정언, 장령, 집의, 사간 등을 역임하고, 도승지·동지의금부사를 거쳤다. 그뒤 동지의금부사, 안동 부사, 예조 참판 등을 역임하였다.

이하경(李廈卿) → 이유장

이현기(李玄紀, 1647~1714) : 자는 원방(元方), 호는 졸재(拙齋) 본관은 전주(全州)이다. 1676년에 문과에 급제하여 사관, 수찬에 올랐다. 문장이 뛰어나 나라의 주요한 문자를 많이 지었다. 1694년 갑술옥사에 연루되어 고금도(古今島)로 유배되었다가 1699년에 풀려났다.

이현일(李玄逸, 1627~1704) : 자는 익승(翼昇), 호는 갈암(葛庵)·남악(南嶽)이고, 본관은 재령(載寧)이다. 이조 참판, 병조 참판, 우참찬을 지냈고 뒤에 이조 판서를 제수 받았다. 1694년 갑술옥사로 남인이 축출 당하자 홍원(洪原)에 유배되고, 다시 종성(鍾城)에 위리안치(圍籬安置)되었다가 1697년 광양에 이배되었다. 저서로『갈암집』등이 있다.

이현조(李玄祚, 1654~1710) : 자는 계상(啓商), 호는 경연당(景淵堂), 본관은 전주(全州)이다. 1682년 문과에 급제하고 성균관 전적, 사간원 정언, 홍문관 수찬, 이조 좌랑, 대사간, 형조참의를 거쳐 강원감사를 지냈다. 저서로『경연당집』이 있다.

이협(李浹, 1663~1737) : 자는 열경(悅卿), 호는 동애(東厓), 본관은 연안(延安)이다. 허목과 홍우원(洪宇遠)의 문인이다. 1689년 문과에 급제하여 사옹원 봉사 등을 역임하였다.

이형상(李衡祥, 1653~1733) : 자는 중옥(仲玉), 호는 병와(瓶窩) 또는 순옹(順翁), 본관은 전주(全州)이다. 1680년 문과에 급제하였다. 호조 좌랑, 금산 군수, 제주 목사 호조 참의 등을 후에 가선대부에 올랐다. 벼슬을 그만두고 영천(永川) 성고(城皋)에 호연정(浩然亭)이라는 정자를 짓고 여생을 마쳤다. 문집으로『병와집』이 있다.

이효제(李孝濟, ?~?) : 본관은 한산(韓山), 대산 이상정의 증조부이고, 야암 김임의 형 김희의 사위이다.

이후영(李後榮, 1649~1711) : 자는 사구(士久), 호는 청옹(淸翁), 본관은 고성(固城)이다. 1687년 문과에 급제하여 고성 군수, 병조 정랑 등을 역임하였다.

이휘일(李徽逸, 1619~1672) : 자는 익문(翼文), 호는 존재(存齋), 본관은 재령(載寧)이다. 장흥효(張興孝)의 문인이다. 학행으로 천거되어 참봉에 임명되었으나 부임하지 않았다. 저서로는『존재집』,『홍범연의』등이 있다.

장신(張璶, 1629~1711) : 자는 중온(仲溫), 호는 직방재(直方齋) 또는 금강(錦江), 본관은 인동(仁同)이다. 저서로『금강집』이 있다.

장현광(張顯光, 1554~1637) : 자는 덕회(德晦), 호는 여헌(旅軒), 본관은 인동(仁同)이다. 1576년 학덕과 행실로 조정에 천거되었다. 여러 벼슬에 임명되었으나 나가지 않거나 짧은 기간 만 출사하였고 오직 학문에만 마음을 기울여 대학자가 되었다. 저서로『여헌집』,『성리설(性理說)』등이 있다.

장흥효(張興孝, 1564~1633) : 자는 행원(行源), 호는 경당(敬堂) 본관은 안동(安東)이다. 김성일(金誠一)과 유성룡(柳成龍)에게 배웠으며, 뒤에 정구(鄭逑)의 문하에서 학문을 닦았다. 벼슬을 포기하고 교육에 전념하여 수많은 제자를 길렀다. 역학(易學)에 조예가 깊었다. 뒤에 지평에 추증되었다. 존재 이휘일과 갈암 이현일의 외조부이다. 저서로 『경당집』이 있다.

정선(鄭鍹, 1634~1717) : 자는 기언(器彦), 호는 삼기재(三棄齋), 본관은 청주(淸州)이다. 고금의 예서(禮書)에 매우 밝았다. 수직으로 부호군(副護軍)을 제수 되었으며, 저서로 『삼기재집』 등이 있다.

정중원(鄭重元, 1659~?) 자는 선장(善長), 호는 천옹(喘翁), 본관은 초계(草溪)이다. 1678년 진사시에 합격하였다.

정시한(丁時翰, 1625~1707) : 자는 군익(君翊), 호는 우담(愚潭), 본관은 나주(羅州)이다. 1650년 생원에 합격했으나 과거에 나아가지 않았다. 갈암 이현일, 고산 이유장 등과 학문으로 교유하였다. 저서로 『우담집』이 있다.

정윤목(鄭允穆,1571~1629) : 자는 목여(穆如), 호는 청풍자(淸風子), 본관은 청주(淸州)이다. 1616년 소촌도 찰방(召村道察訪)이 되었고, 1618년 통훈대부에 가자(加資)되었다. 만년에 용궁(龍宮)의 장야평(長野坪)에서 후학을 가르쳤다. 약포 정탁의 아들이다. 저서로 『청풍자집』이 있다.

정칙(鄭侙, 1601~1663) : 자는 중칙仲則, 호는 우천(愚川), 본관은 청주(淸州)이다. 1627년 진사시에 합격하고, 장릉 참봉을 제수 받았으나 부임하지 않았다. 통정대부 승정원 좌승지에 추증되었다. 저서로 『우천집』이 있다.

조덕린(趙德鄰, 1658~1737) : 자는 택인(宅仁), 호는 옥천玉川, 본관은 한양(漢陽)이다. 1691년 문과에 급제하여 여러 관직을 거쳤다. 1728년 이인좌(李麟佐)의 난이 일어나자 영남 호소사(嶺南號召使)가 되어 의용병을 규합하였다. 1725년 종성(鍾城)으로 유배되었다. 1736년 다시 제주로 유배되어 가던 중 강진(康津)에서 죽었다. 저서로 『옥천집』이 있다.

조이홍(趙以興, 1612~1681) 자는 공망(公望), 호는 위천(渭川), 본관은 한양(漢陽)이다. 문장이 뛰어났다. 평생 속세에 뜻을 두지 않고 후학을 양성하며 안빈낙도의 삶을 살았다.

주세붕(周世鵬, 1495~1554) : 자는 경유(景游), 호는 신재(愼齋)·무릉도인(武陵道人), 본관은 상주(尙州)이다. 1522년 문과에 급제하였다. 공조·병조좌랑, 강원도 도사를 거쳐 사간원헌납을 지냈다. 1541년 풍기 군수가 되어 1543년 백운동서원(白雲洞書院)을 건립하여 우리나라 서원의 시초를 이루었다. 저서로 『무릉잡고』가 있다.

채팽윤(蔡彭胤, 1669~1731) : 자는 중기(仲耆), 호는 희암(希菴)이고, 본관은 평강

(平康)이다. 1689년 문과에 급제하여 병조 참판, 동지의금부사, 부제학을 역임하였다. 시문과 글씨에 뛰어났다. 문집으로 『희암집』이 있다.

허목(許穆, 1595~1682) : 자는 문보(文甫), 호는 미수(眉叟), 본관은 양천(陽川)이다. 우참찬 겸 성균관제조를 지내고 우의정에 올랐다. 1680년 경신대출척으로 남인이 실각하자 파직을 당해 고향 연천(連川)에서 저술과 후진양성에 전심하였다. 문장과 전서(篆書)에 뛰어났다. 저서로 『미수기언』 등이 있다.

홍만조(洪萬朝, 1645~1725) : 자는 종지(宗之), 호는 만퇴(晩退), 본관은 풍산(豊山)이다. 1678년 문과에 급제한 뒤 여러 관직을 거쳐 충청도와 전라도 관찰사를 지냈다. 도승지와 강화 유수를 거쳐 각도의 관찰사를 지내고, 좌참찬에 이르렀다.

홍여하(洪汝河, 1620~1674) : 자는 백원(百源), 호는 목재(木齋) 또는 산택재(山澤齋), 본관은 부계(缶溪)이다. 1654년 문과에 급제하였다. 1674년 병조 좌랑이 되고, 이어 사간에 이르렀다. 저서로는 『휘찬려사』 『목재집』 등이 있다.

홍중하(洪重夏, 1658~?) : 자는 천서(天叙), 호는 두담(杜潭), 본관은 풍산(豊山)이다. 1686년 문과에 급제하였다. 전라도·강원도·충청도 관찰사, 승지, 형조 참의 등을 역임하였다.

## 지명설명

고산정사(孤山精舍) : 안동시 도산면 가송리(佳松里)에 있는 고산정(孤山亭)을 말한다. 성재(惺齋) 금난수(琴蘭秀)가 지었다.
계곡(桂谷) : 안동시 예안면(禮安面) 계곡리를 말한다.
계상(溪上) : 안동시 도산면 퇴계 이황의 종가 앞 냇가. 경와 김휴가 이곳에 살았다.
낙연(落淵)→ 도연폭포(陶淵瀑布)
남연사(南淵寺) : 경상북도 안동시 임하면 금소에 있던 통일신라 시대에 창건된 절. 지금은 터만 남아 있다.
내앞(川前) : 안동시 임하면 천전리. 의성김씨 내앞파의 세거지이다.
단사협(丹砂峽) : 안동시 도산면 단천리(丹川里) 대세〔丹砂〕 마을의 동쪽에 있는 지명이다. 벼랑이 병풍처럼 둘러쳐져 있고, 낙동강이 그 밑을 흘러 경치가 빼어난 곳이다. 퇴계 선생이 이름 붙였다고 한다. 당시 안동이나 도산에서 청량산을 유람할 때 주로 거쳐 가는 장소이다.
도산(陶山) : 이황의 도산서원(陶山書院)을 말한다.
도연폭포(陶淵瀑布) : 경상북도 안동시 길안면 용계리에 있던 폭포. 표은(瓢隱) 김시온(金是縕)이 이곳에 와룡초당(臥龍草堂)을 지어 학문을 닦고 후학을 가르쳤다. 임하댐으로 인해 수몰되었다.
만송정(萬松亭) : 경북 안동시 풍산읍 하회마을에 있던 정자. 정자는 홍수에 떠내려가고 정자가 있던 소나무 숲만 남아 있다.
만폭(萬瀑) : 금강산 내금강에 있는 만폭동을 말한다.
망천(輞川) : 안동시 임동면에 있던 마을. 임하댐 건설로 원래 마을은 수몰되었다. 일류당 김이기가 살던 마을이다.
모산(茅山) : 안동시 와룡면 지내리(池內里) 모사골〔茅沙谷〕이다.
몽선각(夢仙閣) : 월탄(月灘) 김창석(金昌錫)이 벼슬에서 물러나 연로한 부모를 모시기 위해 지은 정자. 안동시 임동면 망천리에 있었으나, 임하댐 건설로 현재의 위치인 임하면 천전리로 옮겼다.
무실〔水谷〕: 안동시 임동면 수곡리 박곡리 일대의 전주 류씨 세거지. 임하댐으로 수몰되었다.
박연(朴淵) : 황해도 개성에 있는 박연폭포(朴淵瀑布)이다.
백운정(白雲亭) : 안동시 임하면 내앞마을 맞은편에 있는 정자로 귀봉 김수일이 지은 정자이다.
병산서원(屛山書院) : 경상북도 안동시 풍천면 병산리에 있는 서원. 서애 류성룡을 배향하였다.
봉정사(鳳停寺) : 안동시 서후면 태장2리 천등산(天燈山) 아래 있는 신라시대 고찰이다.
부암(傅巖) : 안동시 임하면 백운정(白雲亭) 남쪽에 있는 바위로, '범바우'라고도 한다
빗골〔雨谷〕 : 안동시 임하면 천전리(川前里) 북쪽의 마을로 김임의 야암정이 있던 곳이다.
석문정사(石門精舍) : 안동시 풍산읍 막곡리에 있는 석문정(石門亭)을 말한다. 석문정은 1587년에 학봉 김성일이 지었다.
선몽대(仙夢臺) : 예천군 호명면 백송리에 있다. 1563년에 이열도(李閱道)가 창건하였다.
선유정(仙遊亭) : 청계 김진(金璡)이 도연폭포 남쪽 경치 좋은 곳에 지은 정자이다.
선찰암(仙刹庵)→선찰사
선찰사(仙刹寺) : 안동시 길안면 용계리 도연폭포 부근에 있었던 신라시대 사찰이다.
아양루(峩洋樓) : 안동시 임하면 임하리에 있었던 누대로, 운천 김용의 정자이다.
약산(藥山) : 안동시 임하면 오대리(梧岱里) 뒷산이다.
여강(廬江) : 안동시 임하면 임하리에 있는 여강서원(廬江書院) 앞을 흐르는 강이다.
여강서원(廬江書院) : 안동시 임하면(臨河面)에 있는 여강서원(廬江書院)을 말한다. 1573년 여산촌 오로봉 아래 백련사 절터에 창건하였는데, 1605년 대홍수로 유실되어 다시 지었다. 1676년 '호계서원(虎溪書院)'이라 사액을 받았고, 흥선대원군의 서원 철폐령으로 훼철되었다가 7년 뒤 강당만 새로 지었다. 현재 안동시 예안면 서부리에 복설하였다.
여부(廬阜)→ 여강서원(廬江書院)
옥연(玉淵) : 안동시 풍천면 하회마을 앞 부용대(芙蓉臺) 아래 옥연정사(玉淵精舍)를 말한다. 서애 류성룡이 지었다.
용궁현(龍宮縣) : 현재의 경북 예천군 용궁면이다.
원곡(猿谷) : 학봉 김성일의 별장이 있던 곳으로 일명 '납실'이다. 현재 안동시 임동면 갈전리(葛田里)이다.
율리(栗里) : 안동시 풍산읍 막곡리 솔밤다리 건너편 왼쪽에 있는 마을. 도암 김후가 이 마을에 터를 잡고 은거하였다. 율리는 도암이 도연명을 사모하여 도연명이 살던 율리산의 이름을 따서 지었다 한다.
장고(長皐) : 내앞 마을 남쪽에 있는 마을로 산기슭에 이어져 있다. 의성김씨 장고파

의 세거지이다.
청량산(淸凉山) : 경북 봉화군 명호면 북곡리에 있는 산. 산세가 웅장하고 수려하여 퇴계를 비롯한 많은 선비들이 즐겨 찾던 곳이다.
청성산(靑城山) : 안동시 풍산읍 막곡리에 있는 산이다.
청암정(靑巖亭) : 현재 봉화군 닭실에 있는 정자로, 권벌(權橃, 1478~1548)이 건립하였다.
축융봉(祝融峯) : 청량산(淸凉山)에 있는 열두 봉우리 가운데 하나이다.
칠탄(七灘) : 일월산에서 발원한 반변천을 따라 안동시 임하면 망천에서 내앞 장고에 흐르는 물길을 이르는 말이다.
팔영산(八影山) : 전남 고흥군 영남면과 점암면에 걸쳐 있는 산. 암석으로 이루어진 봉우리가 병풍처럼 이어지며 다도해의 절경을 감상할 수 있다.
풍정(楓井) : 경북 봉화군 법전면 풍정리. 송월재 이시선이 살던 곳이고, 소운암 김훈의 처가 동네이다.
하상(河上) : 안동시 임하면 내앞 마을, 무위당 김태기가 살던 곳을 말한다.
하지(下枝) : 안동시 풍산읍 하리리, 고산 이유장이 살던 곳이다.
학가산(鶴駕山) : 안동시 북후면 신전리, 서후면 자품리와 예천군 보문면 경계에 있는 산. 안동에서는 가장 높은 산이다.
한송정(寒松亭) : 내앞 마을 앞을 흐르는 반변천 가에 있던 정자. 청계 김진의 부친 김예범이 만년에 거처하였다고 한다.
현사사(玄沙寺) : 안동시 와룡면 와룡산에 있던 절이다. 당시 명사들이 계를 맺거나 강회를 열고, 시문을 남기기도 하였다.
호은정(壺隱亭) : 청계 김진의 아우 김정(金珽)의 정자로, 안동시 임하면 천전리에 있었다.
황사(黃寺)→ 황산사
황산(黃山)→ 황산사
황산사(黃山寺) : 안동시 임동면 수곡리(水谷里)에 있는 봉황사(鳳凰寺)를 말한다.

## 바람타고 날아올라라
- 안동 어느 명문가 3대의 100년

**초판 1쇄** 2018년 12월 25일 | **지은이** 이해영
**펴낸이** 김기창 | **펴낸곳** 도서출판 문사철 | **기획** 임종수 | **디자인** 박소희
**주소** 서울 종로구 창경궁로 265 상가동 303호
**전화** 02-741-7719 | **팩스** 0303-0300-7719
**출판등록** 제300-2008-40호 |
**홈페이지** www.lihiphi.com | **이메일** lihiphi@lihiphi.com

ISBN 979-11-86853-52-8  03910

• 값은 뒤표지에 있습니다.